北方阳光系列丛书

新概念大学体育教程

学术顾问　李宝山

主　审　刘　坚　刘学民

主　编　薛　斌　王健波　吕冬伟

副主编　肖子一　李满朝　蓝　刚
　　　　姜　亮　何小平

科学出版社
北　京

内 容 简 介

本书共 9 章，包括健康运动、运动理论、商务运动、三小球、三大球、武术、组织比赛。本书紧扣经济、社会和学生自我发展需求，具有较强的针对性、时代性和科学性；教材编写注重新颖性和实用性，图文并茂、通俗易懂，便于教师操作，易于学生自学，可帮助学生社团自己策划比赛，是一本实用性较强的参考书。

本书可作为普通高等学校及高职高专大学体育公共基础课程的教材，也可供体育爱好者学习参考。

图书在版编目 CIP 数据

新概念大学体育教程/薛斌，王健波，吕冬伟主编. —北京：科学出版社，2015

（北方阳光系列丛书）

ISBN 978-7-03-045471-3

Ⅰ.①新… Ⅱ.①薛… ②王… ③吕… Ⅲ.①体育-高等学校-教材 Ⅳ.①G807.4

中国版本图书馆 CIP 数据核字（2015）第 191380 号

责任编辑：胡云志 滕亚帆／责任校对：胡小洁
责任印制：徐晓晨／封面设计：华路天然工作室

科 学 出 版 社 出版
北京东黄城根北街 16 号
邮政编码：100717
http://www.sciencep.com

北京京华虎彩印刷有限公司 印刷
科学出版社发行 各地新华书店经销

*

2015 年 8 月第 一 版　　　开本：787×1092 1/16
2017 年 8 月第五次印刷　　　印张：16 1/2
字数：420 000

定价：35.00 元
（如有印装质量问题，我社负责调换）

本书编委会

学术顾问　李宝山

主　　审　刘　坚　刘学民

主　　编　薛　斌　王健波　吕冬伟

副 主 编　肖子一　李满朝　蓝　刚　姜　亮
　　　　　何小平

参　　编　（按姓氏音序排序）

包耀俊	蔡文婧	陈　浩	陈　贞
陈志远	樊　唅	郭生鼎	黄　磊
黄　卓	康雨辰	刘　莉	李　梅
刘　昆	刘　庆	刘旭东	李　燕
李英顺	李迎雪	李宗宇	龙　波
马国霞	莎　金	宋　楠	邵雨微
童树涛	王　晶	汪庆谊	王　涛
吴　强	吴燕红	谢光美	杨丹丹
杨志仙	俞海东	张克明	张利盈
张晓莺	赵　欣	赵小山	钟森梅
朱荣平	朱英庚		

序

　　随着科教兴国的理念不断深入人心，教育改革已成为社会关注的焦点。高校体育作为培养高层次教育的手段，应为培养适应时代需要的人才而作出自己的贡献。

　　早在 2002 年，教育部就制定了新的教学指导纲要，即《全国普通高等学校体育课程教学指导纲要》。2006 年，教育部、国家体育总局发布《关于进一步加强学校体育工作，切实提高学生健康素质的意见》，提出了学校教育要树立"健康第一"的指导思想，要切实贯彻落实国家对学校体育工作的要求。2007 年 5 月 7 日，中共中央下发了《中共中央国务院关于加强青少年体育增强青少年体质的意见》，提出了进一步加强青少年体育，增强青少年体质，对全面落实科学发展观、深入贯彻党的教育方针、大力推进素质教育，培养社会主义事业的合格建设者和接班人具有重要的意义。

　　全面贯彻落实"健康第一"的指导思想是高校现代体育课程体系构建的关键。这一指导思想是我国新世纪人才教育培养要求的高度总结和概括，它规定了新世纪人才培养的目标和方向。高等学校对于素质教育的探索已有几年时间，其间的经验亟待总结。而"健康第一"的指导思想正是素质教育的重要组成部分，它旨在培养学生终身运动的习惯，使学生掌握一到两项具体的运动技能，以便亲身实践，长期坚持。

　　为适应和满足大学生的实际需要，学校公共体育课程体系的改革就是要更有效地激励学生选择自己所喜爱的运动项目，作为终身锻炼的技能加以掌握，这对教师的能力也提出了更高的要求。

　　近几年，云南师范大学商学院等高校在公共体育教学模式的改革实践中，较好地体现了"以学生为本"的教育理念，积累了一些教育经验，形成了共同的教学特色，开展了校际合作。为此，联合编写的《新概念大学体育教程》体现了近几年高校较受欢迎的体育课教学内容。

　　希望该书的出版，对进一步规范教学、指导普通高校现有体育课的开展起到更好的作用。同时，也希望得到同行的反馈，以便进一步修改完善，真正起到提高教学和科研水平的作用。

李宝山

2015 年 5 月

前　言

　　在全球经济日趋一体化，各学科知识日益交叉、融合和渗透的今天，医学、生物学、社会学、文化学、人类学、美学、管理学和艺术等多学科领域逐渐渗透到大学体育这门文理兼备的课程中，该课程的综合性、娱乐性、休闲性、交叉性、个性化、大众化、终身化和科学化等特点也已见端倪。生态体育、休闲体育、大众体育、终身体育、旅游体育和商务体育等新的体育观念、模式、概念正在形成。传统的以竞技体育为主导的教学模式正在向以全民健身为主导的大众体育锻炼模式转变，这就意味着大学体育课程的设置将从思想层面、教学理念层面，教学内容、方法、手段及教学组织形式等多维的角度进行深化改革，主要表现在以下六个方面。

**　　1. 课程改革将由封闭走向开放**

　　随着大学体育课程改革的不断深化，国外大学体育先进的教育思想、观念、文化与价值观传入，许多新的体育教育思想、观念、方法、手段及经验也随之被引进。譬如生活与健康的新理念、养生与健康的新方法、大学生运动的自我评价与运动处方，以及高尔夫球、有氧运动、瑜伽、体育舞蹈、健美操、啦啦操等一系列新兴体育项目的涌入，使我国的大学体育课程也不再固守过去几十年一成不变的"前苏联教学模式"，出现了百花齐放、百花争艳的格局。表现在教学内容和形式上变得更为丰富多彩，师生互动交流的形式更多、范围更广、层次更高。

**　　2. 课程改革将由本土化、竞技化走向民族化、生活化和国际化**

　　经济全球化使得各民族的文化进一步交融。大学体育课程也正在由本土化、竞技化向"本土化-民族化-生活化-国际化"转变。这种转变要求我们既要继承本民族的优秀体育文化传统和传承本民族的体育文明成果，又要融入到国际社会中去广泛地吸收世界各民族的优秀体育文化，形成既有民族特色又适应全球化发展的大学体育课程体系。既符合大学生个人兴趣和愿望，又可以实现愉悦身心、增强社会适应能力、实现自我价值、可持续发展为目标的终身体育态度与意识。

**　　3. 课程改革将由单一化走向多元化**

　　大学体育课程正朝着多元化的方向发展，从单一结构向多种结构演化，这是当今大学体育课程发展的重要态势之一。大学体育教学目标已由过去的"以增强体质为中心"、只注重体育的生物学功能的目标体系向充分拓展体育的社会学和教育学功能，在全面育人的基础上努力培养学生的终身健康与终身体育意识、能力和行为转变；教育模式由传统的"生物学模式"向新型的"生物-心理-社会模式"转变；教育内容和方式已由单一的、无助于增进健康的"竞技型"教学内容和方式向"快乐体育、终身体育及休闲体育"方向转变。

4. 大学体育将由精英化教育走向大众化教育

过去在大学体育课程教学中更多的是强调如何提高学生的运动技术水平，准确掌握技术动作，教师的知识结构也是竞技运动的那一套理论和方法。所以人们开口就说训练，闭口就谈比赛，认为只有竞技运动才是体育，大多数人只知道什么是 Sports，早就忘记了什么是 Physical Education，更不用说 Fitness & Wellness（体能与健康），因此，在教学过程中，更多的精力是倾向于那些运动成绩好的学生，而忽略了大多数学生的体质与健康。大学体育课程必须面向全体学生，为他们的身心健康服务，这已成为大家的共识。这就要求我们尽快调整大学体育的教学思路和课程结构，以课程改革为龙头，来带动教师教育思想观念的变化、教学组织形式和内容的变化。改革传统大学体育教育象牙塔式的结构，实现体育教育结构和方式类型的多样化、服务对象的大众化。大学体育教育的大众化、普及化和个性化是历史的必然选择。

5. 大学体育将由阶段化走向终身化

经济全球化使得知识和技能的传播、创新变得异常迅速。任何阶段性的体育与健康教育已远远不能满足个人身心健康发展和社会发展的需要。终身体育教育已经成为人们所公认的体育教育理念。大学体育由本土化走向国际化的一个重要标志，就是学习终身化、教育终身化。目前越来越多的国家或地区着手构建和完善大学体育终身教育的体系，以满足学生身心不断发展的需要。从经济全球化的趋势来看，我国大学体育教学当务之急是加强对终身体育教育理论的研究，在实践中不断总结经验，依据中国国情和借鉴他国经验，逐步发展完善终身教育体系。

6. 大学体育课程将由标准化走向个性化

由标准化走向个性化教育的根本目的是充分挖掘学生的身心潜能和特质，在学生接受社会外在的各种要求的基础上，使其个性和兴趣爱好得以充分展示，发挥每一个受教育者的创造性。大学体育教育的大众化、国际化和多元化发展趋势给学生提供了更广阔的展示个人运动才能的舞台。大学体育课程也将树立"以人为本"的新理念，改造千人一面的标准化、模式化的教学方式，更注重挖掘和培养学生的个性特长，努力培养学生的终身健康与终身体育意识、能力和行为。

综上所述，《新概念大学体育教程》就是在应对上述变化的基础上应运而生的，它是基于传统学校体育课程设置、教学思想与方法、手段而进行的一种新的、积极的探索。它是大学体育教育工作者用新的思维方式和教学理念对现代大学体育教学内容进行的科学优化和重组，目的在于凝练大学体育的教学思想，探索大学体育的教学规律，寻找更有效的教学方法和手段，全面提高受教育者的学习积极性、自觉性及健身效果，为大学生的终身体育锻炼奠定坚实的基础。

本书紧扣经济、社会和学生自我发展需求，具有较强的针对性、时代性和科学性。

教材编写注重新颖性和实用性，图文并茂、通俗易懂，便于教师操作，易于学生自学，可帮助学生社团自己策划比赛，是一本实用性较强的参考书。

在本书编写过程中，我们严格按照本科院校的教学计划、培养目标和公共课程教学大纲规定的具体教学任务、教学时数、教学内容及考核要求，结合学生的体育基础、体质基础和应掌握的体育基本知识、技术、技能，以及各高校体育课程教学的实际，继承了以往不同时期所出版教材的优点，重点吸收了国内外各大学体育教育教学发展中的先进理论与实践内容，填补了独立学院体育课无自编教材的空白。

本书是在有关专家、学者认真研究的基础上，广泛征求多所高校一线的体育教师和学生的意见后编写完成的。所有编委姓名均按姓氏音序排序，还有多位同志参加影像摄制，在此表示衷心的感谢！

本书统编定稿由薛斌完成。北京北方投资集团副总裁、北方国际大学联盟总校副校长李宝山担任本书学术顾问并作序，云南师范大学（原）体育学院院长刘坚教授和云南师范大学商学院理事长刘学民担任主审，他们对本书的编写提出了许多宝贵的修改意见，在此表示衷心的感谢！

本书编写得到了各方面的鼓励和支持，特别是得到了多名专家的指导，科学出版社的部分编辑人员为此也付出了艰辛的劳动，在此一并表示衷心的感谢！对于在本书中未一一标明的被引用者的姓名和论著的出处，我们在此表示歉意，并同样表示感谢！

我们真诚地希望广大师生和专家对本书提出宝贵意见，以便我们今后对教材进行修订，并逐步加以完善和提高。

刘　坚

教授，博士生导师

2015 年 5 月

目　　录

序

前言

第一章 健康运动篇

☞ **本章要点** ≫

1. 掌握健康的概念，了解大学生健康的标准及影响健康的因素；
2. 理解四维健康观，了解健康与生活的关系；
3. 了解健康教育的内涵及发展趋势。

在社会发展的历史进程中，人们对健康的认识不断深入和完善，逐步形成了基本的健康观念。健康观念影响着人类的生活，更影响着人类的整体发展。因此，我们要正确认识健康的本质及对大学生进行健康教育的意义。

第一节 健康概论

健康是人类生存和发展的基本条件，是人类社会发展和进步的重要标志。古往今来，由于受到历史、地理、文化、社会等因素的影响，人们对健康这一概念有着不同的解释。

健康是一个发展着的概念。传统的健康观念是：健康就是没有疾病。这种观点直观明了，易于理解。但也有缺点，表现在三个方面：一是过于片面，只强调了人的生物属性；二是导入循环法，健康等于无病、无病等于健康，这等于没有定义；三是犯了"非此即彼"的错误，它否认了健康与疾病之间还存在的"第三状态"，即"亚健康状态"。1948 年，世界卫生组织提出了著名的健康三维概念，即"健康不仅是没有疾病或不虚弱，而是身体的、心理的和社会的完美状态。"1990 年，世界卫生组织进一步定义了四维健康概念，将健康定义为一个人躯体、心理、社会适应能力和道德四方面都健康才称为健康。明确了健康不仅仅是指没有疾病或身体不虚弱的状态，而是包含心理、社会适应能力和道德的全面状态。

作为一名现代社会的大学生，应正确理解现代四维健康观。现代四维健康观认为，健康的特征包括：生物学特征（生理健康、心理健康）和社会学特征（道德健康、社会健康）。由此概念可以得出，评价一个人的健康状况需从其生理健康——各器官组织结构是否完整，发育是否正常，功能是否良好，生理生化指标是否正常；心理健康——人格发展是否健全，智力、情感、意志行为活动是否正常；道德健康——人际关系是否良好，社会适应能力是否强；社会健康——家庭教育、群体关系、社会环境、应变能力、处理角色和工作能力等是否正常。

（一）健康的统一性

现代四维健康观认为，健康应当包括生理健康、心理健康、社会健康、道德健康四个不可分割的部分，这四部分并非机械地罗列在一起，而是以有机的方式形成了一个统一的整体，四者的和谐发展构成了人的健康状态。当然，这四个方面在人类活动中不一定必须达到完美，但只要达到可能达到的最佳状态，我们就可以认定人是处于健康状态的。

（二）健康的动态性

人的健康是一个动态的过程，它所展现的是机体的平衡状态。美国健康教育学家科纳千叶、奥尔森等认为，健康包括了多元的现象，无法简单定义。健康是机体从良好健康到疾病变化过程中呈现的状态，其间有许多变化。人的身体状况不能简单地分为完全健康和完全疾病，在完全健康与完全疾病之间并没有一个明确的界限。20世纪80年代中期，苏联布赫曼教授通过研究发现，除了健康状态和疾病状态之外，人体还存在着一种非健康非患病的中间状态，称为亚健康状态（sub-health），又称第三状态、灰色状态或中间状态。处于这种状态时，人的机体虽然无明显疾病，但呈现出活力降低、适应力减退、免疫力下降等，这其中包括轻微心身失调、潜临床状态、前临床状态等轻重不同的状态，一旦症状明显得以确诊，那就是疾病状态。所以，从现代医学理论的角度来看，人的健康呈现出动态的特点，疾病与健康的相互转化是双向性的，疾病、健康以及二者之间的相互影响正是健康教育所应研究的课题。人的健康状态是需要个体根据不断变化的身心状态，借助良好的调节措施方能达到的。

（三）健康的客观性

虽然人的健康是动态发展的，但是个体的健康状况是可以借助一定的客观手段加以衡量的。生理的健康可以借助医疗设备对人体生化指标、生理指标测量的结果来把握，心理健康与社会健康也可以借助相关科学的发展实现客观的评定，根据对人的生理、心理和社会性发展情况的测量结果，我们可以对不同人的健康状况进行客观的评价。

（四）健康的全面性

现代的四维健康观，将健康的关注视角进一步拓展，在关注个体全面健康问题的基础上，开始关注人群的整体健康，并将道德指标加入健康评价体系之中，将个人全面健康与人类整体健康结合起来。人类个体的健康与整体健康是密不可分的，个体的健康构成了人类整体的健康，人类整体的健康影响着个体的健康。这种视角的拓展，反映了人类对于健康概念内涵的更深层次的解读。现在世界公认健康是社会进步的一个重要标志和潜在动力，促进健康不仅是卫生部门的责任，也是社会成员的共同任务。个体不但要对自己的健康负责和向社会寻求医疗帮助，更重要的是在促进他人和全社会的健康方面承担责任。

我们相信随着人类对自身以及客观世界认识的不断深化，健康将被赋予更新、更丰富的内涵，追求健康及高质量的生活是历史发展的必然趋势。

（五）健康标准

1947 年，世界卫生组织在其宪章中明确提出："健康是生理、心理和社会的健全状态，而不只是没有疾病或虚弱现象。无论种族、宗教、政治信仰和经济状况有何差别，所有人都拥有享受现有最高的健康标准这一基本权利。"根据世界卫生组织对健康的定义，一个身体健康、心理健康和社会适应良好的人，才能称得上是一个健康的人。世界卫生组织对于健康有十条标准。

（1）有足够充沛的精力，能从容不迫地应付日常生活和工作的压力，而不感到过分紧张。

（2）处世乐观，态度积极，乐于承担责任，不挑剔事务的巨细。

（3）善于休息，睡眠良好。

（4）应变力强，能适应环境的变化。

（5）能抵抗一般性感冒和传染病。

（6）体重得当，身材匀称，站立时，头、肩、臂位置协调。

（7）眼睛明亮，反应敏锐，眼睑不发炎。

（8）牙齿清洁，无空洞，无痛感，齿龈颜色正常，无出血现象。

（9）头发有光泽，无头屑。

（10）肌肉、皮肤富有弹性，走路轻松。

（六）影响健康的因素

人类的健康是由多方面构成的，疾病是由多种因素所引发的，所以影响人类健康的因素也是多种多样的。健康是诸多相互交叉、渗透、影响和制约的因素交互作用的结果，大学生的身体、心理和社会适应的健全状态有赖于他们所处的良好自然环境和社会环境，也有赖于其自身的身心基础，还与其作用于环境的方式以及环境对其的反作用有关联。对于影响健康的主要因素，20 世纪 70 年代，加拿大学者从预防医学角度提出影响健康行为的生活方式、环境、生物学和卫生服务四大因素，得到国内外学者的一致认可。一般认为影响人类健康的主要因素，可以归纳为以下四点。

1. 身心基础

生物学、心理学因素是影响健康的重要方面。生物学因素主要包括遗传、病原微生物以及个人生物学特征等。现代医学研究发现，人类的多种疾病都与遗传因素有关，例如高血压、糖尿病等。目前已知由遗传因素直接引起的人类遗传缺陷和遗传疾病近3000 种，约占人类各种疾病的 1/5 以上。各种病原微生物，如细菌、病毒、真菌等在人体内的繁殖也会引发新陈代谢的紊乱、生理功能障碍最终导致罹患各种疾病，因而这也是致病的主要因素之一。个人的年龄、性别等生物学特征在人的健康维护中也起到了重要的影响作用，在相同的环境下，不同个体的健康状态存在明显的个体差异。

随着自然科学和社会科学的迅速发展，个体的生理与心理的关系问题越来越受到人们的关注。身体健康是心理健康的基础，而心理健康又是身体健康的必要条件，生理活动与心理活动是相互联系、相互影响的。社会上的许多事件通过人的心理反应到机体上，引起生理的种种变化，从而影响健康甚至诱发疾病。由于心理因素引起的疾病，是介于躯体疾病与神经症之间的一类疾病，在疾病的治疗方面有别于一般生理性疾病。通常认为，以躯体症状为主，心理因素与个性特征在疾病的发生、发展以及治疗中起到主要或重要作用的一类疾病称为心因性疾病。日常生活中的心理性肥胖、偏头痛、精神性厌食、支气管哮喘、胃溃疡、月经不调、神经性皮炎等就属于这一类型的疾病。由此可见，个体的身心基础对健康有重大影响。

2. 环境因素

环境是以人类为主体的外部世界，是人类赖以生存和发展的基本条件。环境的发展与变化对人类的健康产生着重要的影响。通常所说的环境可分为自然环境与社会环境。自然环境中的空气、阳光、水源以及气候等，给人类提供了基本的生活条件，人类的健康需要良好的自然环境。近些年来对自然环境的人为破坏日趋严重，已经对人类健康产生了不良影响，所以保护自然环境，保持人与自然的和谐已经成为全人类的共识，这也是维护人类健康的基本要求。社会环境主要由社会政治制度、社会经济关系、法律、伦理道德、宗教、文化、社会人际关系、教育等构成，社会环境能直接影响人类的生活质量和健康水平。不同的社会为人们提供的生活环境和生活条件是不同的，特别是社会经济和政治发展水平，是影响健康的最主要的社会因素。近几十年来，国际社会大众健康领域提出的首要问题就是社会不平等造成的健康差异问题，全世界在健康方面所面临的公认挑战就是如何减低社会的不公平，减低健康的不平等。

3. 生活方式

生活方式指人类个体或群体长期受一定文化、民族、社会、经济、风俗习惯等影响而形成的一系列的生活观念、生活态度、生活习惯和生活制度等。美国学者博特将生活方式分为 12 个方面：应付方式、适应方式、决策方式、冒险方式、工作方式、自我保护方式、环境保护方式、休闲方式、营养方式、寻求快乐方式、消费方式、衣饰方式。一个人的健康行为取决于他选择这些生活方式的行动过程，包括衣、食、住、行、休息、娱乐、社会交往等方面。现实生活中，生活方式是影响现代人健康的首要因素，据统计，美国前十位致死病因中，不良行为和生活方式在致病因素中占 70%，中国为 44.7%。不难看到，随着社会经济的发展，人们尽情享受着现代文明的成果，但是，不良的生活方式却在无情吞噬着人们的健康。例如，吸烟、酗酒、暴饮暴食以及不规律的作息等，使亚健康人群不断增加，甚至由此导致死亡。所以，帮助人们选择健康的生活方式成为保护人类健康的关键。1992 年，国际心脏保健会议发布的《维多利亚心脏保健宣言》，提出人类健康的四大基石，即合理的膳食、适量的运动、戒烟和限制饮酒、心理健康。这一宣言进一步明确了科学的生活方式对人类健康的重要价值。

4. 医疗卫生服务

医疗卫生服务是指社会卫生机构和专业人员为了防治疾病，增进健康，运用卫生资源和各种医疗手段，有目的、有计划地向个人、群体和社会提供必要社会服务的活动过程。从社会发展的角度我们可以清楚地看到，随着社会的发展与经济水平的提高，社会的医疗卫生服务逐步完善，医疗机构日益健全，卫生资源投入逐步增加，卫生服务的网络覆盖越来越广泛，医疗卫生服务质量的提高有效地保障了广大人民群众的卫生条件和健康水平。正如1978年世界卫生组织在《阿拉木图宣言》中所指出的："达到尽可能高的健康水平是世界范围内的一项最重要的社会性目标，而其实现，则要求卫生部门及社会与经济各部门协调行动。初级卫生保健是全世界在可预见的将来达到令人满意的健康水平的关键。"

此外，个体的经济收入、社会地位、健康生活技能等也在维护健康中起到了一定的影响作用。

（七）大学生健康教育

1. 健康教育的内涵

健康教育概念的产生是建立在人们对健康的认识和需要的基础上的。鉴于各国经济水平、文化传统、卫生政策和保障要求等方面的差别，人们对健康教育持有不同的理解和要求。历年来，不同的学者从不同的角度，对健康教育的涵义进行了界定。1981年世界卫生组织健康教育处慕沃勒菲（A. Hoarefi）博士认为："健康教育帮助并鼓励人们有达到健康状态的愿望，知道怎样做才能达到这样的目的，每个人都尽力做好本身或集体应做的努力，并知道在必要时如何寻求适当的帮助。"美国著名学者劳伦斯·格林（Lawrence W. Green）在1982年提出："健康教育是综合各种学习经验，以促使人们主动采取有利于健康的行为。"1988年，世界卫生组织第13届世界健康大会上，与会专家将健康教育定义为："健康教育是一门研究如何传播保健知识和技术、影响个体和群体行为、消除危险因素、预防疾病、促进健康的科学。"在第14届世界健康大会上又提出："健康教育是帮助人们通过系统的、有计划的社会行动和学习经验的综合，使人们获得控制健康和健康相关行为的决定因素，控制影响个人和他人健康的环境条件的能力。"

尽管健康教育的定义各有不同，但综合看来，健康教育包括了这样一些基本涵义。

（1）健康教育以人的身心健康作为教育的终极目标。

（2）健康教育是以教育为中心的过程，是一种主体性教育。

（3）健康教育需要社会行动和行政干预，采取社会行动和行政干预是推动健康教育的良策。

（4）健康教育者应先了解健康的决定因素。对当前（也包括将来）影响人们健康和健康相关行为的决定因素，以及影响健康的环境条件有一个基本了解，才能有针对性地开展教育活动。

（5）健康教育的关键在于健康知识与个人实际行为的统一。

当前，根据我国的卫生水平、社会结构、经济文化发达程度以及人民的生活基本方式，健康教育可以这样阐述："健康教育是一种有计划、有目的、有评价的教育活动，帮助和鼓励人们树立增进健康的愿望，促使人们采取有益于健康的行为，形成科学的生活方式，以消除或降低危险因素的影响，创建健康的环境，并学会在必要时求得适当的帮助，从而达到保护和促进健康的目的。"

2. 健康教育的发展趋势

健康教育有着悠久的历史，早在远古时期人们就已经开始关注生老病死、健康与疾病等生命现象，开始寻求摆脱疾病、延长寿命的方法。可以这样说，健康教育与人类是不可分的，有了人类，健康教育也就出现了。我国著名的医学典籍《黄帝内经》中大量论述了防病治病、养生健体的基本方法。在西方，欧洲"医学之父"古希腊著名医生希波克拉底在公元前 400 年就明确指出："医生有两件宝，一是治病，一是语言。""我必须尽我的能力和智慧，指导病人的生活，使他们及早恢复健康。"

随着人类的发展，健康教育从原始的落后状态逐步走向成熟完善。从 20 世纪 70 年代起，健康教育开始被纳入社会发展与进步的基本战略，健康教育机构从学校拓展到社会的各个层次。从事健康教育的国际机构是世界卫生组织（WHO），它是国际卫生保健事业权威性的协调机构。该组织将协助在各国人民中进行健康教育作为自己的目标。现阶段健康教育的核心问题是促使个体或群体改变不健康的行为和生活方式，尤其是组织行为改变。

综合健康教育的发展，我们可以看到，健康教育随着社会的发展以及人类对健康问题认识的逐步深入，呈现出四个发展趋势：

（1）观念更新。在传统的健康教育中，将关注的焦点更多地集中在个人的健康知识上，进行卫生宣传、传播健康知识是唯一的健康教育途径。但是事实上我们更应当看到，个人健康行为和健康观念的形成不仅与个人的基本素质相关，还与社会生活中的组织系统和社会环境关系密切。所以，从整体性的角度来看，健康教育必然要涵盖两个基本的方面：一是通过基本健康知识的普及，培养个体良好的自我保健意识，掌握健康生活所必需的自我保健能力，选择有益健康的生活方式，养成良好的卫生行为习惯；二是不断发展和完善有益于人类健康的社会政治、经济条件。对于现代社会而言，人们的生活方式和健康状况深受其所生活的社会结构、社会关系的影响，因此，社会政治、经济、文化等条件的改善，会极大地促进个体健康水平的提高和健康行为的形成。健康教育强调创造一种促进健康的良好环境，要求通过信息传播、社区参与、行政立法等多种措施，借助全社会的共同努力，实现生活条件的有效改善，消除危及健康的各种外部条件。健康教育和健康促进两者是相互联系的。可以说，健康教育是健康促进的一个重要组成部分，而健康促进是健康教育的发展，它比健康教育更为全面。

（2）人人参与。大众介入健康教育计划已成为健康教育模式发展的新趋势。在传统的思想观念中，人们往往认为卫生保健是医生或专家的事，因而习惯将自己被动的置于健康教育活动之外，通常很少考虑自己能在健康教育和自我保健中发挥什么作用。《阿拉木图宣言》强调，个人和集体参与促进自身健康是人们的责任和权力。鼓励人们积极参与各种有益于健康的活动，健康教育绝不仅是要为公众或儿童做几件事，而且还要实施一种使公众和儿童直接生活、感受并融为一体的计划。不仅使人们懂得健康是掌握在每个人的手中，同时还要让人们了解如何进行自我保健、促进健康，这是一种主动积极的促进健康的方式。激励人们自己采取决策，自己处理有关的健康问题，才可能使每个人更加注意自身对健康的态度，继而确立为个人所接受的健康生活方式，最终创造一个健康的世界。

（3）传播与教育并重。早在"健康教育"一词出现初期，人们就常将卫生宣传和健康教育相提并论，两者在取得公共卫生的目标时具有同样的作用。目前人们则更加看重这两者的意义，不少国家在开展健康教育计划时，不仅注重运用传播学的理论、技术和手段，从实际出发，通过各种渠道向公众普及健康知识，加速改善人们对健康知识的严重匮乏状态，而且更加重视让健康教育系统地走进托幼机构和各级学校，以帮助成长的一代人形成全新的健康观念。健康教育和健康促进不单是卫生部门的事，更需要全社会的积极配合与支持，只有人人参与，才能人人享有健康。所以，社会各部门应当相互协作，充分利用各种资源与条件，利用各种可以利用的渠道，组织和动员广大民众改变自己不健康的生活方式，以增进健康追求幸福。

（4）行政干预。健康教育的实践证明，行政干预是推动健康教育发展的重要手段。毫无疑问在进行健康教育时，卫生知识的传播是十分必要的，但当个体和群体做出健康选择时，更需要得到有利政策，物质、社会和经济环境的支持，一定的卫生服务等，否则要改变行为很困难。就政府而言，健康教育工作是一项分内的职能，是贯彻"预防为主"卫生工作方针的组成部分。依据世界卫生组织《国家健康促进行动规划框架》，2005 年我国卫生部制定了《全国健康教育与健康促进工作规划纲要（2005—2010年）》，规定了健康教育与健康促进的目标、任务及要求，其中提出："要发展和完善适应社会发展的健康教育与健康促进工作体系，在各级政府的领导下，建立起以政府负责、部门合作、社会动员、群众参与、法律保障为特点的健康教育与健康促进工作体制和协调、高效的运行机制。"各级政府应承担健康教育与健康促进的主体责任。健康教育与健康促进要列入政府长期工作规划和任务。政府应调整卫生事业经费支出结构，逐步增加对健康教育与健康促进的投入，完善相关政策措施，引导社会资源投入健康教育与健康促进工作，多渠道募集经费，提高全社会特别是特困群体医疗预防的保障水平。这是社会文明与发展的要求。

第二节　生活与健康

生活和健康是相互影响的两个方面，生活是健康的基本条件之一，健康可以给生活带来生机，提高生活质量。20 年前世界卫生组织向全世界倡议"全民健康"，共同建立一个促进健康的社会环境。目前，我国学生体质健康状况不容乐观，为什么会出现这种现象？影响学生健康的因素有哪些？怎样保持健康？我们应该提高对健康的认识，树立"健康第一"的理念，丰富生活内容，提高生活质量。

$$
影响健康的因素
\begin{cases}
人体生物学：遗传、心理 \\
生活环境：自然环境、社会环境 \\
生活方式：饮食、睡眠、运动习惯等 \\
卫生保健：医疗卫生、保健等
\end{cases}
$$

一、生活环境与健康

人类的一切活动都离不开生活环境，生活环境是人类赖以生存的外部条件。我们生活在不断变化的环境中，要生存和发展，就必须适应生活环境、改变生活环境，从而提高健康生活水平。

生活环境包括 { 自然环境：化学因素、物理因素、生物因素等
社会环境：经济、制度、人口、文化等

（一）自然环境

自然环境是指人类周围的客观物质世界。由化学因素、物理因素、生物因素等构成自然环境的因素。它包括人类赖以生存的自然环境如空气、阳光、水、土壤等，也包括人类生活必需的物质如粮食、水果、蔬菜、肉类等。自然环境在为人类的生活提供有利的因素的同时，也会给人类带来危害，直接或间接地影响人体健康。

1. 自然环境对人体健康的正面影响

自然环境中的化学因素如铁、碘、铜、锌、氟等，通过水、土壤和食物供给人体，调节人体的生理功能，是保证人体健康的必要条件。空气、阳光、水等物理因素对机体的良性刺激，有利于人体的新陈代谢，促进人体生长发育，如阳光浴是利用阳光的紫外线杀菌。生物因素中的动物、植物、微生物等在自然界的物质循环和能量转换中直接影响着人体健康，如土壤中的氨化微生物可将含氮有机物分解为对人体无害的氨和铵盐。

2. 自然环境对人体健康的负面影响

自然环境在给人体提供营养物质的同时，也会传播对人体健康有害的物资。随着社会不断进步和发展，现代工业产生的有些化学物质进入环境，对生活环境造成极大的破坏，如空气污染、水污染等，严重影响了人体的健康。物理因素的利用，如果对强度、剂量和作用的时间等掌握不得当，就会对人体造成危害，甚至引发疾病。如高温中暑、紫外线皮肤炎、噪声污染等。生物因素中的有些微生物，如细菌、病菌、真菌、寄生虫等是人类致病的主要因素，它们通过空气、水、土壤、食物等环境条件传播，极大的危害人体健康。

（二）社会环境

由于社会是一个复杂的有机体，它包括社会制度、法律、经济、文化、教育、人口等诸多方面。因此，社会是人类生存和发展不可忽视的重要环境。社会制度、经济、人口等对人体的健康都有一定的影响。

1. 社会制度对健康的影响

一个国家对人民健康的关注，主要体现在方针、政策的制定。随着社会的发展，社会保障、医疗保障、体育卫生等一些制度法规的逐渐形成和建立，为人们的健康提供科学的保障。如《国家学生体质健康标准》的实施、两年一次的全民体质检测，都是围绕提高国民体质健康采取的一系列措施。

2. 社会经济对健康的影响

经济的发展为人们的物质生活创造条件，为人们增进健康提供物质基础。随着卫生、体育设施的改善，人们有条件和能力自觉参加体育锻炼、卫生监督，进而提高健康水平。

3. 社会人口对健康的影响

人口的数量和质量与健康息息相关。健康、人口与发展是相互不可分割的。人口过多过快增长，与经济发展不相适应，给社会带来诸多问题，生活无保障，健康也就失去保障。人口的密集，容易传播流行疾病，污染环境。人口增长过快，造成人口老

龄化等。这些严重威胁着人体的健康。

4. 社会文化对健康的影响

人们的思想意识、道德规范、风俗习惯、教育等形成文化环境。思想意识的提高，就会选择有易于健康的行为，反之，则会给健康带来危害。如吸毒、淫乱等严重危害个人健康和社会健康。人的道德行为规范对健康的影响极大，乱倒垃圾和工业废料，造成环境污染；食品卫生不合格，对人体直接造成危害，三鹿奶粉事件就是最具代表的违反道德行为的案例。教育是传授知识和传播道德行为规范的渠道。通过教育，使人们树立健康意识、形成良好的道德规范、掌握科学体育锻炼方法和卫生知识等。因此，教育事业发展水平直接影响国民的健康水平。

二、生活方式与健康

生活方式是指社会整体结构极其运行状态具体而生动的反映形式，是人们在全部客观条件的制约下，生活活动的典型和总体特征。狭义地讲是人们在生活中，由于长期受民族、文化、经济、风俗、家庭等影响而形成的生活意识、生活制度和生活习惯。影响生活方式的因素很多，生产方式、自然环境、社会环境、经济发展水平、社会制度和历史传统文化等诸多因素都会对生活方式起到影响作用，使生活方式发生千姿百态的个性变化。良性的生活方式可以促进人体健康，提高生活质量。反之，不良的生活方式和行为是影响健康的主要因素。

不良的生活方式是指有损于自我身心健康，对社会及他人造成不良影响的生活习惯和行为方式。如双休日综合征、空调综合征、网瘾等各种各样与现代生活有关的病症，都是不良生活引发的。不良的生活方式能诱发疾病、传染疾病、影响心理生理正常发育等，对身体健康造成极大的危害。

不良生活方式包括 $\begin{cases} \text{不良的本能生活行为：如厌食、偏食、暴饮暴食、性变态、失眠症等} \\ \text{不良的社会生活行为：如吸烟、吸毒、酗酒等} \\ \text{与社会文化相关的不良行为：如网络成因、赌博、迷信等} \end{cases}$

（一）饮食与健康

科学的饮食方法，合理的营养和平衡膳食，是提高人体的健康水平的前提，它可以促进生长发育、保持健康、延年益寿。反之，造成营养结构失调、消化系统功能紊乱，就会影响正常生长发育和健康。比如无节制的饮食、盲目节食、偏食、高脂饮食、低纤维饮食、进食过快、常吃烧烤食品、不卫生的饮食方式等都有损身体健康。唐代著名医学家孙思邈科学全面的对饮食宜忌进行论述，如"食不可过饱，务令简少""常宜温食""常宜轻清甜淡之物"等。对饮食方法、饮食卫生也有描写，如"美食宜熟嚼，生食不粗吞""食勿大语""每食以手摩面及腹""勿食生菜、生米、小豆、陈臭物，勿饮浊酒"等。《内经》中对饮食不节而造成的危害也有记载，如"阴之所生，本在五味""饮食自倍，肠胃乃伤""多食盐，则脉凝泣变色，多食苦，则皮枯而毛衰"等。那时人们就认识到饮食对健康的影响。如今，随着社会的发展进步，外来食品的进入，中国传统的饮食结构和习惯发生很大的变化，年轻人在接受外来新鲜东西的同时，也接受了不好的东西，如西方快餐等。随着生活水平的提高，营养过剩和挑食现象突出、垃圾食品增多等不利于身体健康的饮食方式，对现代学生的身体都构成威胁。所以养成科学饮食的习惯，一日三餐、均衡膳食是健康的需要。

案例1

不用早餐的危害

因某种原因错过早餐时间，在这种状态下学习、工作，随着大脑和其他器官机能活动所需要能量的消耗，血糖就会下降，当血糖降到每100ml血液中不足45mg时，就会严重影响脑组织的机能活动，全身乏力，注意力不集中。长此下去会引发疾病，损害人体健康。

案例2

节食减肥

节食减肥是目前大学女生普遍存在的一种现象，但过度节食对身体危害极大。由于长时间的营养物质缺乏，就会出现功能障碍和疾病，轻则头晕眼花、四肢无力，重则贫血、低血糖等。如摄取的热量不足，直接影响人体的正常发育。国外某名模因长期节食减肥，使身体机能逐渐丧失，当意识到健康出现危机时，已经无法控制，最后骨瘦如柴，因器官衰竭而死。

案例3

金字塔健康饮食模式

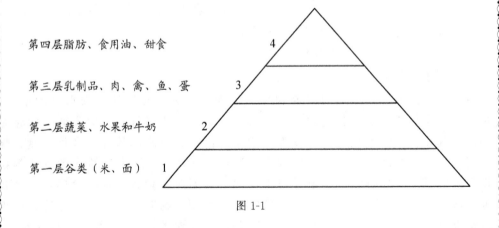

图 1-1

（二）睡眠与健康

睡眠是一种自我调节的状态，是人体正常生理需要。人一生有三分之一的时间是在睡眠中度过。睡眠时体内新陈代谢及一切生理功能都降低，机体处于保护性抑制状态，一方面避免神经细胞过度消耗而功能衰竭；另一方面使疲劳的神经恢复正常的生理功能。睡眠时，合成代谢大于分解代谢，为醒后做好能量的储备，并获得充沛的精神和体力。因而良好的睡眠，是获得高劳动效率的保证，也是维持体力和健康的基础。正常情况下，大学生每人每天要保证 8 小时睡眠。但这不是绝对的，因每个人的睡眠时间是不同的，睡得好坏不是以时间来决定，而是看是否解除困意、消除疲劳。如睡眠时间不能保证或睡眠质量不高，会出现疲倦无力、头痛头昏、注意力不能集中、烦躁、易怒、饮食减退等现象。因此，睡眠直接影响人的身心健康。正常的睡眠是健康的表现，睡眠的异常变化是机体病变的反应。临床上常见的失眠和嗜睡都属病态，是不良睡眠的反应。

　　影响睡眠的因素很多，主要包括环境、心理、生理、饮食、起居、睡姿等。

案例 4

改善失眠的方法

　　失眠是睡眠中最常见的一个问题，也是最复杂、最难治疗的。目前对失眠尚无简单易行的解决方法。最常用的治疗方法是药物疗法，但它治疗的只是症状，并不是问题本身，多数安眠药会减少对健康十分重要的浅睡眠期。如果经常失眠，那应当作一次全面的医学检查。对轻型或偶发的失眠病例，可以参考下述的建议。

　　（1）制订一份正规的作息时间表。起床定时，上床睡眠定时，不论是否睡得着。

　　（2）制订一份正规的进食时间表，最好在睡前四小时吃一份简单的晚餐。用餐时不要喝饮料，避免辛辣食品，晚饭后不要再吃东西，特别在临睡前。

　　（3）睡前不饮用含咖啡因的饮料。如咖啡、茶、可乐饮料、巧克力等。免酒类饮料，酒精能抑制必需的浅睡眠期。

　　（4）适当的体育活动。晚饭后作半小时轻松散步，适当的体育锻炼，可能会让你睡个好觉。

　　（5）温热疗法对失眠很有效的。温水淋浴或盆浴，水温在 38 度最为适宜。

　　（6）尽力为睡眠创造安静的环境，降低周围噪声的污染。必要时用耳塞。

　　（7）选择通风卧室，避开穿堂风。

　　（8）试试慢慢数数，听听催眠歌曲对你也可能管用。

　　（9）清理大脑。在你的床边放好纸和笔，把你的焦虑随时写出来，这样你就不再那么担心，可以安然入睡了。

　　（10）做深呼吸。用 5 秒吸气，然后屏住呼吸 5 秒，最后吐气，重复 3 次。此动作可以产生令人放松的物质——内啡肽，让大脑尽快平静下来。

（三）学习与健康

　　学生学习与健康状况是社会普遍关注的问题，也是检测素质教育质量的重要指标。学习是积极的思维方式，能使大脑产生一种叫神经肽的化学物质，这种物质可以增强细胞免疫力，从而有益身心健康。科学家们认为，提高文化修养能延年益寿的原理在于大脑运动。勤于用脑的人，大脑血管经常处于舒张状态，可以输入充足的氧气和营养物质，从而延缓中枢神经老化，同时促进血液循环，使全身各系统功能保持协调统一。此外，知识丰富的人懂得更多的保健知识，也更适应现代社会的挑战，因而自我保健能力较强。

大学生学习要养成好的习惯，不能一边学习一边看电视、吃零食，白天睡觉晚上看书等。这样既影响学习又影响健康。要有计划有规律的生活学习，才是当今大学生健康生活的一个方面。

案例 5

制定每天的学习计划

时间	内容	时间	内容
6：30	起床	14：20～18：00	上课，如 7、8 节无课，进行体育活动
7：00	早餐	18：00～18：40	晚餐
7：30～7：50	早自习，背诵英语	18：40～19：30	看、听新闻
8：00～12：00	上课，如 3、4 节无课则自习，复习专业课的内容	19：40～21：20	复习课上内容
		21：20～21：40	室外活动
12：00～13：00	午餐	21：40～22：40	英语学习
13：00～14：00	午睡	22：40～23：00	洗漱、上床睡觉

（四）运动与健康

运动可以改善身体形态，改善身体机能，提高身体素质。可以促进心理功能，培养心理素质，改善和缓解心理疾病。运动还可以预防常见疾病。详见运动理论篇。

第三节　养生与健康

中国传统养生理论和养生学的发展，系统的挖掘、整理，总结养生理论和方法，揭示养生规律和养生学发展规律，充分利用我国宝贵的遗产，普及和推广养生保健知识，为提高国民健康水平提供依据。

传统养生理论，是以"天人相应""形神合一"的整体观念为出发点，去认识人体生命活动及其与自然、社会的关系，特别强调人与自然环境及社会环境的协调，讲究体内气化升降、心理与生理的协调一致。养生讲究阴阳平衡、天人合一、动静有度、修身与养性结合、持之以恒、循序渐进，掌握人和自然的生活规律。提出养生之道必须"法于阴阳，和于术数""起居有常"，即顺应自然，保护生机，遵循自然变化的规律，使生命过程的节奏随着时间、空间的移动，随着自然气候的改变而进行调整。

传统养生学的主要思想特征有以下六点。

（1）整体性。整体性包括两个方面，一方面是人与天地宇宙，归于强调一特色，天人调谐；另一方面即自身这个"小宇宙"。人身是一个天地，四肢百骸，五脏六腑，共同组成一个整体，每一个局部都紧密地联系着整体，局部的状况反映着整体的状况、局部的安危。

（2）心性修养。中国养生学认为，人的心态如何，对于整体的损益兴衰有着不可估量的作用。养生求静，使身心处于万虑皆息独存一念的境地，要求人具有高尚的情操，心胸坦荡。

（3）天人调谐。人要顺应自然环境，改造自然环境，保护自然环境，这样才能更好地生存和发展。

（4）摄养生活化。养生之术无须远求，只要在饮食、起居、行性坐卧之间，时时留意调摄，就会受益无穷。

（5）一溉之功。人的一举一动，都会影响到身体的损益存亡。不能因益处小就忽略不做，无害处就任意而行。

（6）大道自然。养生方法之多，但最根本的是要合于自然。

一、运动养生

古人云："流水不腐，户枢不蠹。"同理，人的健康不是一种静态的机体状态，而是应该在变化中追求健康和保持健康。人是有机的整体，常运动会使精力充沛，身体健壮。早在汉代，名医华佗就倡导锻炼强身以防病，如"人体欲得劳动，动摇则谷气得消，血脉流通，病不得生。"孙思邈也有"养性之道，常欲小劳""体欲常劳，但勿多极"之说，提醒人们经常活动筋骨以强身。

中国传统运动养生方法在其历史演变的过程中，主要经历原始巫舞、导引行气、内丹、气功以及健身气功五个阶段。

案例 6

运动养生十八法（引自袁顺兴的养生十八法）

（1）发常梳。两手十指自然微屈成爪形，从头部前面向后方轻轻地梳发，反复做 36 次。能防治高血压、头晕头痛，提高智力。

（2）目常运。两眼睁开，眼珠慢慢地向左右、上下、远近各活动 18 次，再向顺时针和逆时针方向各转动 18 次。能防治眼病，提高视力。

（3）面常浴。两眼轻闭，先将两手掌前后搓动 24 次，随后将两手掌面从鼻旁两侧向上按摩到前额，又向两侧分开按摩到太阳穴，再向下按摩到下颌，反复浴面 18 次，最后两眼睁开。能防治面部疮疖，消皱美容。

（4）鼻常揉。用两手中指指面放在鼻孔旁的迎香穴上，轻轻地揉按 48 次。能防治感冒、鼻炎。

（5）齿常叩。先叩上下门牙 48 次，后叩两侧大牙 48 次，叩的力量不宜太大，以轻轻作响为度。能防治牙病，提高智力。

（6）舌常搅。口唇轻闭，先将舌头放在牙齿外面，嘴唇里面，按顺时针和逆时针方向慢慢地转动，各做9次。能防治牙周炎，提高语言能力，增加唾液。

（7）津常咽。当口腔中唾液较多时，要分三次，用意念诱导慢慢地吞咽到小腹部。能防治口腔炎，帮助食物消化吸收。

（8）耳常弹。口腔微闭，将两手掌心捂住两侧外耳道，十个手指放在后脑部，用食指指面压在中指指背上，轻轻地滑弹后脑部24次，可听到咚咚响声。可防治耳病，提高听力。

（9）头常抬。头部由前向后慢慢抬起，反复做24次。能防治颈椎病、头晕头痛。

（10）胸常撸。两手掌面在胸部自上而下反复撸胸24次。能防治咳嗽、喘症、心脏病、忧郁症。

（11）腹常摩。两手掌心重叠放在肚脐中央，先在肚脐周围按顺时针方向小范围摩腹12次，再大范围摩腹12次。随后按逆时针方向大范围摩腹12次，再小范围摩腹12次。能防治肝、胆、胃、肠、胰、盆腔诸病。注意：便秘宜顺时针摩腹，腹泻宜逆时针摩腹。

（12）腰常转。将两手掌心轻轻地放在两侧腰部的肾俞穴上，指尖朝下，慢慢地向顺时针和逆时针方向各旋转三次，随后以脊柱为轴，再向左侧和右侧各转腰三次。能防治腰椎病、腰肌劳损、肾脏病。

（13）丹常养。两目轻闭，两手掌心重叠放在肚脐下方小腹部，意念轻轻地集中在小腹部约5分钟。能提高人体的精力、体力、智力、免疫力、活力。

（14）肛常提。吸气时慢慢地收腹提肛，呼气时慢慢地鼓腹松肛，反复做20次。能防治痔疮、尿频尿急、小便失禁、大便失禁。

（15）肩常摇。两手臂由下，向后、向上、向前，再向下摇动做20次。能防治肩周炎、上肢酸痛麻木。

（16）膝常蹲。两膝稍屈、伸直，上下蹲膝反复做20次。能防治膝关节炎，增强下肢肌力。

（17）腿常跷。一侧下肢着地，另一侧下肢伸直上跷，固定在一定高度，约5分钟，两腿交替。能防治下肢肌肉萎缩，增强下肢活动力量。

（18）跟常颠。两脚跟慢慢踮起后用力下颠，反复做7～10次。能防治多种慢性病，提高体力、智力。

二、饮食养生

"药食同源"是中国传统养生文化的特色，食物的摄入与人的身体健康有紧密的关系，这是历代养生家的共识，可见科学饮食的重要性。

孔子的《论语》中提到科学丰富的饮食养生论，包含食的规矩、动作，食物的选择，食品的卫生标准以及食的心情氛围等。"食不语"已成了人人遵从的进食之训。而"九不食"更堪称食品营养与卫生法典。用当今的饮食原则来解释孔子的"九不食"就是，食品卫生标准：粮食陈旧变味，鱼不新鲜，肉腐烂，不能吃；

食物的颜色不正常，不能吃。烹饪加工标准：不按正确方法烹饪加工的食品，不能吃。时令标准：不到成熟季节的粮、果、菜，不能吃。食品搭配标准：不偏食，吃肉食的分量不能超过主食。调味标准：凡伤人胃肠的辛咸酸甘苦宜慎食，调味用的酱、醋放得不适当，不能吃。孔子对饮食的氛围与心情有这样论述："子食于有丧者之则，未尝饱也。"说明饮食的心情和氛围也不能忽视。从孔子的饮食养生观可见饮食养生对健康的影响。

第二章
运动理论篇

☞ **本章要点** 〉〉〉

1. 掌握科学锻炼身体的方法，了解运动对健康的影响；

2. 运动与生理、心理、营养的关系，大学生必须掌握的知识；

3. 了解体育锻炼中常见的运动损伤及应急措施，给予学生以有益的体育运动指导。

科学的运动理论知识能为运动实践的开展做更好的铺垫。通过运动理论的学习，能使学生基本了解体育运动的科学基础，并找到适合自己的运动处方。

第一节　运动的科学性

一、运动对健康的影响

（一）适量运动对个体健康的影响

适量运动：根据运动者的个人身体状况、场地、器材和气候条件，选择适合的运动项目，使运动负荷不超过人体的承受能力。

实验证明可用耗氧量控制运动强度。

（1）强度相当于最大吸氧量的 40％以下，运动负荷时心率在 110 次/分钟以下，机体的血压、心电图等多项指标没有明显变化，健身价值不大。

（2）大强度相当于最大吸氧量的 70％～80％，运动时心率在 160～170 次/分钟之间时，虽无不良得异常反应，然而锻炼后的健身价值不大。

（3）中等强度相当于最大吸氧量的 50％～60％，运动时心率范围控制在 110～150 次/分钟。健身效果最佳，锻炼时间达到 20～60 分钟，每周至少运动 3～5 次，才能取得理想的运动锻炼效果。

世界卫生组织倡导人们每天进行至少 30 分钟适度、有规律的体育锻炼，即便是轻松的散步也对健康大有裨益。世界卫生组织还提出了有规律的体育锻炼的十二大显著作用。

（1）减少过早死亡。

（2）减少心脑血管病的死亡，全世界 1/3 的死亡是由心脑血管病引起的。

（3）减少心脏病和直肠癌发病危险性 50%。

（4）减少Ⅱ型糖尿病发病危险性 50%。

（5）帮助预防和减少高血压病，世界 1/5 的人口受该病的影响。

（6）帮助预防和减少骨质疏松症的发生，可减少妇女骨质疏松症的发病率 50%。

（7）减少背下部疼痛发生的危险。

（8）促进心理健康，减少抑郁症、强迫症和孤独感的发生。

（9）帮助预防和控制不良习惯，特别是对儿童和年轻人，可帮助他们远离烟草、酒精、药品滥用以及不健康的饮食习惯和暴力。

（10）帮助控制体重，与久坐少动的人相比，可减少肥胖发生率 50%。

（11）帮助强健筋骨、肌肉和关节，使有慢性疾患及残疾的人改善他们的耐久力。

（12）帮助减轻疼痛，如背部疼痛和膝关节疼痛。

有规律的体育活动在增进健康的基础上还会带来许多社会和经济效益，如减少医疗保健费，提高生产力，降低职工缺勤率等。

（二）过度运动对个体健康的影响

过度运动是发生于体育运动中的一种运动性疾病，其发生发展过程既有运动方面的因素也有运动恢复、营养、心理及其他方面的因素，往往是多钟因素的综合作用的结果。过度运动不仅影响运动能力，甚至能严重损害身体免疫系统和健康。

（三）运动缺乏对个体健康的影响

运动缺乏是慢性非传染性疾病，它与慢性病（如高血压、冠心病、脑猝死、高血脂症、肥胖、糖尿病等）的发生密切相关。

运动缺乏对人体生理功能的不良影响有七个。

（1）对心血管功能的影响：运动缺乏可导致氧运输能力低下，血管弹力减弱，心脏收缩力不足，心功能降低。

（2）对呼吸功能的影响：运动缺乏可使肺的呼吸功能降低。

（3）对神经系统功能的影响：运动缺乏可使脑细胞的新陈代谢减慢，大脑皮质分析、综合和判断能力减弱等。

（4）运动缺乏易导致肥胖：可使体内储存的脂肪过多，导致肥胖或体重超出正常。

（5）对运动系统的影响：可导致骨质疏松，关节灵活和稳定性减低，肌肉收缩能力减退。

（6）对胃肠功能的影响：久坐不动者的胃肠蠕动慢，正常摄入的食物聚积于胃肠。

（7）运动缺乏可导致亚健康：可引起记忆减退、注意力难集中、精神不振、对自己的健康担心等亚健康症状。

二、运动与营养

（一）营养概述

营养是人体摄取、消化、吸收和利用食物中养料以维持生命活动的整个过程。

营养素指食物中对机体有生理功效的成分，人体共有七大类营养素：蛋白质、脂肪、糖、矿物质、维生素、水和食物纤维。

营养素具备的条件是：有生理功效（供给热能，构成机体组织或调节生理功能），且为身体进行正常的物质代谢所必须。

（二）运动时的营养特点

运动营养是研究运动员在不同训练和比赛情况下的营养需要、营养因素和机体机能、运动能力、体力适应与恢复、运动性疾病等关系的科学。

运动员合理营养的基本要求有六个。目前国内外强调的是能量适宜以获得最佳的体重、体脂水平以及多样化的膳食。

（1）食物的数量和质量应满足需要。

（2）食物应当多样化，保证营养平衡。

（3）食物应当浓缩、体积重量小。

（4）一日三餐食物能量的分配应符合运动训练或比赛任务的需要。

（5）运动员的进食时间应考虑消化机能和运动员的饮食习惯。

（6）合理使用营养补充剂。

（三）各类运动的营养特点

不同运动项目，因其项目特点不同，对机体的能量代谢要求也有所不同，对膳食营养有特殊的需要，针对各类比赛项目需要提供特殊的营养。

（1）速度性运动的营养特点：活动中高度缺氧，运动时的能量来源主要是糖原无氧酵解供应。

（2）耐力性运动的营养特点：热能与各种营养物质的消耗大，能量代谢以有氧氧化为主。

（3）力量性运动的营养特点：要求肌肉有较大的力量和爆发力，为了发展肌肉蛋白质和维生素的需要较大。

（4）灵巧性运动的营养特点：运动的热能消耗不大，但对机体的协调性要求较高，需要蛋白质的量较大。

（四）比赛期的营养

运动员在比赛期的合理饮食有助于提高健康和体力水平，促进运动员更好地发挥训练效果。赛前合理的营养，可在一定程度上预防比赛中体内一些症候的出现，并可促进赛后的恢复。相反，赛期饮食不当有时可引起赛中腹痛，甚至呕吐、能源耗竭、低血糖等现象，使疲劳提前发生。因此，饮食营养是影响比赛成绩的一个重要因素。

1. 赛前营养

此期的营养任务是：使运动员保持适宜体重，增加体内维生素、碱及糖原储备。具体要求是：

（1）随运动量的减少适当减少摄入热量，以免热量过多使体重增加。

（2）适当减少蛋白质和脂肪摄入，以免增加体内的酸性。

（3）增加糖分以提高糖原的储备，耐力项目可用糖原充填法：

A. 普通膳食——高糖膳食——比赛；

  B. 普通膳食——运动——高糖膳食——比赛；

  C. 普通膳食——运动——高蛋白质高脂肪膳食——高糖膳食——比赛。

（4）增加矿物质以提高碱的储备。

（5）增加维生素供给量。

（6）按比赛时的情况调整进餐制度，使运动员逐渐适应比赛时的膳食。

2. 赛前营养

（1）食物量不要太多，热量 500～1000 千卡，以七成饱为宜。

（2）食物要易消化吸收，不含粗纤维多和易产气的食品。

（3）热源物质的比例一般要求高糖、低脂肪、低蛋白质。

（4）用平时已经习惯的食物。

（5）于赛前 2.5～3 小时进餐，应在胃内容物基本排空的情况下进餐。

（6）低盐。

（7）赛前可吃糖。

（8）赛前还可服用维生素 C，用量大约是 150～200 毫克。

3. 赛中营养

进行长时间的比赛时，体力消耗量较大，食物以含糖为主并含多种营养素的流质膳食为宜。

4. 赛后营养

应及时合理的营养补充，以帮助消除疲劳和恢复体力为主。

（五）运动饮料

运动饮料是根据运动时生理消耗的特点而配制的，可以有针对性地补充运动时丢失的营养，起到保持、提高运动能力，加速消除运动后疲劳的作用。现阶段运动饮料分为：含糖为主的一般饮料、电解质饮料、天然果汁饮料、药物饮料、含氧饮料等。

运动饮料最有意义的成分是水，其次是糖。

（1）饮水量。运动中的饮水量以达到出汗量的 80％为宜。

（2）饮用的方法。运动中的饮水量，应该是少量多次，间隔 20～30 分钟一次，每次 150～200 毫升。

（3）饮料的成分。主要是水和糖，还可含有矿物质和维生素 C。

三、运动与肥胖

随着社会经济的快速发展，肥胖病的患病率和发病率迅速增加，患病年龄也呈明显的低龄化趋势，肥胖（obesity）是指因体内热量摄入大于消耗，脂肪在体内积聚过多，导致体重超常的一种能量代谢性疾病。

（一）肥胖的测定

1. Brogek 的公式

$$体脂\% = [(4.570 \div 身体密度) - 4.142] \times 100\%$$

身体密度：成年男子 $= 1.0913 - 0.00116X$，成年女子 $= 1.0897 - 0.00133X$，其中

X=肩胛角下及上臂部皮褶厚度之和。正常成人男性脂肪组织重量约占体重的 15％～18％，女性约占 20％～25％，当男性脂肪量大于或等于 25％、女性大于或等于 30％时即为肥胖。

2. 中国成人理想体重计算方法

本方法是于 1986 年由中国军事医学科学院等单位推荐并受到专家、学者认定的。南方、北方以长江为界。计算公式如下：

北方：标准体重（市斤）= ﹛［身高（cm）－150］×0.6﹜+50

南方：标准体重（市斤）= ﹛［身高（cm）－150］×0.6﹜+48

$$肥胖度（\%）=\frac{实际体重-理想体重}{理想体重}×100\%$$

当所得值超过 20％时就可以算肥胖。但这种方法计算出的只是体重超重的情况，并不能代表体脂含量的多少。17～27 岁的男子，体脂超过 20％就是肥胖，27～50 岁的男子，则超过 30％才为肥胖，7～27 岁的女子，体脂超过 30％就是肥胖，27～50 岁的女子，则超过 37％才为肥胖。

3. 标准体重的计算方法

标准体重（kg）= 身高（cm）－100（适用 165cm 以下者）

标准体重（kg）= 身高（cm）－105（适用 166～175cm 者）

标准体重（kg）= 身高（cm）－110（适用 176cm 以上者）

胖瘦判定如表 2-1 所示，其中女性体重比男性相应组别减去 2.5kg。

表 2-1 体重增减与胖瘦评定

体重增减	胖瘦评定
低于标准体重 25％以上者	Ⅲ度消瘦
低于标准体重 25％～20％者	Ⅱ度消瘦
低于标准体重 10％～19％者	Ⅰ度消瘦
低于或超过标准体重 10％以内者	正常范围
超过标准体重 10％～19％者	Ⅰ度肥胖
超过标准体重 20％～24％者	Ⅱ度肥胖
超过标准体重 25％以上者	Ⅲ度肥胖

4. 体重指数法（BMI）

BMI 测试是一种辅助性地测定身体成分的方法，体重指数反映了个人身体成分的状况。其计算公式如下：

$$BMI=\frac{实际体重(kg)}{身高^2(m)}$$

BMI 评价如表 2-2 所示。

表 2-2　常用 BMI 评价标准

中国标准		WHO 标准		ACSM 标准	
组别	BMI	组别	BMI	组别	BMI
体重过轻	BMI<18.5	轻	BMI<18.5	轻	BMI<18.5
体重正常	18.5≤BMI<24.0	正常	18.5≤BMI<25.0	正常	18.5≤BMI≤24.9
超重	24.0≤BMI<28.0	超重	25.0≤BMI<30.0	超重	25.0≤BMI≤29.9
肥胖	BMI≥28.0	肥胖Ⅰ	30.0≤BMI<35.0	肥胖Ⅰ	30.0≤BMI≤34.9
		肥胖Ⅱ	30.0≤BMI<40.0	肥胖Ⅱ	35.0≤BMI≤39.9
		肥胖Ⅲ	BMI≥40.0	肥胖Ⅲ	BMI≥40.0

注：ACSM 为美国运动医学学院；WHO 为世界卫生组织

（二）科学健康减肥的方法

肥胖不仅使人的体态不美，行动不便，还可引起一系列人体的生理、生化及病理等变化，使人的工作能力降低，容易发生多种疾病，甚至影响人的生命。研究表明，肥胖是遗传因素和环境因素及行为因素共同作用的结果，属多个易感基因参与的复杂性疾病。因此，应通过合理减少热能摄入量，或者通过增加体内能耗而达到减重的目的。

1. 常见的减肥方法

常见的减肥方法有四种，分别是控制饮食、药物减肥、运动减肥、有氧运动与膳食控制相结合的方法。

目前在运动减肥的过程中常采用有氧运动与膳食控制相结合的方法，这种方法是在食不过量的正常饮食条件下，通过机体积极的运动使消耗高于摄入以达到减肥的目的。不仅可使减肥的效果保持下去，避免单独限食性减肥造成的不良后果，还能提高患者心肺功能和神经肌肉的灵活性，美化形体，培养良好的心理品质。这种方法主要利用有氧运动促进脂肪的分解，同时刺激肌肉蛋白质的合成，这是单纯借助膳食控制来减肥所达不到的。实践与理论证明，有氧运动与膳食控制相结合的方法是最科学合理的减肥方法。

2. 减肥应注意的事项

（1）忌运动过度。运动减肥时运动量不可过度，以前很少运动或运动不足的肥胖者尤其要注意，有冠状动脉硬化的患者还要谨防运动诱发心绞痛及心肌梗死，运动量应逐渐增大，标准为脉搏跳动每分钟 110～130 次为宜。

（2）忌盲目节食。有些人为了减肥想方设法地减少进食，除了在量上尽可能控制外，在质上也煞费心机。不吃鸡、鱼、肉、蛋，甚至不吃荤，只吃素菜，凡是营养丰富的食品皆不入口。这样，人体必需的营养素无从获取，从而严重影响身体健康。

（3）忌时断时续。减肥的目的不在于一时的体重减轻，而在于长期维持正常体重。如若一经达到标准就不参加体育运动，放松饮食控制，恢复旧的饮食习惯，休重就会立即反弹，若再想降低，则往往更加困难。因此应长期坚持锻炼，并保持健康的饮食方式，才可能长期控制体重。

总之，有针对性的、科学适宜的运动，加上合理的饮食控制，方能达到良好的减肥效果。

四、运动损伤与预防

人们参与健身活动的目的是为了增强体质，增进健康，然而健身过程中如操之过急，盲目蛮干，违背人体运动的基本规律，将很有可能引起运动损伤等健身意外的发生。运动损伤将影响其健康、学习和工作，给健身锻炼者造成不良的心理影响，妨碍健身活动的正常开展。因此，运动损伤的预防比治疗更重要。但是，只要我们对预防运动损伤的意义有充分的认识，及时总结经验教训，掌握运动损伤的发生规律，做好预防工作，就能最大限度地减少或避免运动损伤，从而保证体育教学、训练和健身的正常进行。

运动损伤是指在体育运动过程中所发生的各种损伤，它的发生与运动训练安排、运动项目与技术动作、运动训练水平、运动环境和条件等因素有关。

（一）运动损伤的分类

（1）按受伤的组织结构分：皮肤损伤、肌肉和肌腱损伤、关节损伤、滑囊损伤、骨损伤、骨骺损伤、神经损伤和内脏器官的损伤等。

（2）按伤后皮肤或黏膜完整性分：①开放性损伤：伤处皮肤或黏膜的完整性遭到破坏，有伤口与外界相通，如擦伤、刺伤、裂伤等。②闭合性损伤：伤处皮肤与黏膜仍保持完整，无伤口与外界相通，如挫伤、肌肉拉伤、关节扭伤、腱鞘炎与闭合性骨折等。

（3）按伤情轻重分：①轻伤：伤后能按原计划进行训练。②中等伤：伤后不能按原计划训练，需停止患部练习或减少患部的活动。③重伤：完全不能训练。

（4）按损伤病程分：①急性损伤：指一瞬间遭受直接暴力或间接造成的损伤。②慢性损伤：指局部过度负荷、多次微损伤积累而成的劳损，或由于急性损伤处理不当转化而来的陈旧损伤。

（二）运动损伤产生的原因

造成运动损伤的原因是多方面的，既与锻炼者的运动基础、体质水平有关，也与活动项目的特点、技术难度及运动环境等因素有关。

（1）运动前准备活动不充分，特别是缺乏针对性准备活动，使运动器官、内脏器官技能没有达到运动状态易造成损伤。

（2）运动情绪低下、过分紧张时发生伤害事故，有时因缺乏运动经验，缺乏自我保护能力致伤。

（3）身体素质差，动作不正确。

（4）运动量安排不合理。

（5）教学、训练中组织方法不当，在组织教学、训练过程中，不遵守训练原则，不从实际出发，没有充分认识到不同年龄、性别、解剖生理及心理特点。

（6）运动场地狭窄，地面不平坦，器械安置不当或不坚固，锻炼者拥挤或多种项目在一起活动，容易相互冲撞致伤。

（三）运动损伤的预防

（1）加强运动安全教育，克服麻痹思想，提高预防损伤意识。

（2）认真做好准备活动，对可能发生运动损伤的环节和易伤部位，要及时做好预防措施。

（3）合理组织安排锻炼，合理安排运动量，防止局部运动器官负担过重。

（4）加强保护与帮助，特别要提高自我保护能力。例如，摔倒时，立即屈肘低头，团身滚动，切不可直臂或肘部撑地。由高处跳下时，要用前脚掌着地，注意屈膝、弯腰，两臂自然张开，以利缓冲和保持身体平衡。

（四）常见运动损伤的一般处理方法

1. 冷疗法

冷疗法就是用温度较低的物品持续地用于受伤的皮肤上，如冰块、氯乙烷等，最好用自来水冲洗或浸泡，能使局部血管收缩，减轻局部充血，达到止血、止痛、退热、消肿作用。

2. 热疗法

热可使局部血管扩张，改善血循环，促进炎症的消散或局限。

3. 药物疗法

（1）常用西药：红药水（2％红汞溶液），具有较弱的消毒防腐作用；紫药水（1％龙胆紫溶液），具有较强的消毒作用；碘酒（2％碘酊），消毒作用强；酒精（70％～75％浓度），具有消毒作用；生理盐水（0.9％的氯化钠溶液），具有抑菌作用。

（2）常用中药：内服药有云南白药、沈阳红药、三七、七厘散、跌打损伤丸等。外用药有正骨水、红花油、膏药等。有活血化淤，消肿止痛的作用。

4. 绷带包扎法

常用的绷带有 2 种：卷带和三角巾。特殊情况下可用毛巾、头巾、布条等代替。其作用是固定敷药、压迫止血、固定夹板、保护伤口、支持伤肢。

5. 伤后康复体育锻炼

伤后进行适当的体育锻炼，特别是有针对性的功能锻炼，可以促进受伤组织早日愈合，防止组织发生粘连，保持神经和肌肉处于适宜的紧张度，防止肌肉萎缩，保持身体各器官处于良好的机能状态，防止体质下降。

（五）常见运动过程中的生理反应、运动型疾病和运动损伤

1. 运动过程中的生理反应及其预防

1）肌肉酸痛

原因和症象：运动后的肌肉酸痛原因是运动时肌肉活动量大，引起局部肌纤维及结缔组织的细微损伤，以及肌肉酸痛部分肌纤维的痉挛所致。这种酸痛不是发生在运动结束后即刻，而是发生在运动结束后 1～2 天以后，因此，也称为延迟性疼痛。由于这种酸痛现象只是局部肌纤维损伤和痉挛，不影响整块肌肉的运动功能。所以，酸痛后经过肌肉内部对细微损伤的修复，肌肉组织会变得更加强壮，以后同样负荷将不易再发生酸痛。

处置：当已经出现肌肉酸痛后，可采用以下几种方法减轻和缓解。

（1）热敷。对酸痛的局部肌肉进行热敷，促进血液循环及代谢过程，有助于损伤组织的修复及痉挛的缓解。

（2）伸展练习。对酸痛局部进行静力牵张练习，保持伸展状态 2 分钟，休息 1 分钟，重复进行，有助缓解痉挛。

（3）按摩使肌肉放松，促进血液循环，缓解肌肉痉挛和损伤修复。

（4）口服维生素 C，维生素 C 可促进结缔组织中的胶原合成，有助于损伤的结缔组织的修复。

（5）针灸、电疗等也有一定作用。

预防：锻炼时，应根据自身的身体状况安排锻炼负荷，尽量避免局部肌肉负担过重，充分做好运动前的准备活动和运动后的整理活动。

2）运动中腹痛

原因和症象：多数在中长跑时产生。主要因为准备活动不充分，开始时运动过于剧烈，或者跑得过快，内脏器官功能尚未达到竞赛状态，致使脏腑功能失调，引起腹痛；也有的因为运动前吃得过饱，饮水过多以及腹部受凉，引起胃肠痉挛；少数因运动时间过长或过于剧烈，使下腔静脉压力上升，引起血液回流受阻，或者因肝脾郁血，膈肌运动异常，致使两肋部胀痛。

处置：如果没有器质性病变迹象，一般可采用减慢跑速，加深呼吸，按摩疼痛部位或弯腰跑一段等方法处理，疼痛常可减轻或消失。如疼痛仍不减轻，甚至加重，就应停止运动，并口服十滴水或普鲁苯辛（每次一片），或揉按内关、足三里、大肠俞等穴位。如仍不见效，应送医院作进一步检查。

预防：饭后一小时才可进行运动；做好准备活动，运动量要循序渐进，并注意呼吸节奏；夏季运动要适当补充盐分；对于各种慢性疾病引起的腹痛应就医检查，病愈之前，应在医生和体育教师指导下进行锻炼。

3）运动性昏厥

原因和症象：在运动中，由于脑部突然血液供给不足而发生的一时性知觉丧失现象，叫运动性昏厥。原因是由于剧烈运动或长时间运动，使大量血液积聚在下肢，回心血量减少所致，也和剧烈运动后引起的低血糖有关。运动性昏厥表现为全身无力、头昏耳鸣、眼前发黑、面色苍白、失去知觉、突然昏倒、手足发凉、脉搏慢而弱、血压降低、呼吸缓慢等。

处置：应立即使患者平卧，足略高于头部，并进行由小腿向大腿心脏方向推摩或拍击。同时用手指点压人中、合谷等穴位，必要时给氨水闻嗅。如有呕吐，应将患者头偏向一侧。如停止呼吸，应立即进行人工呼吸。轻度休克者，应由同伴搀扶慢慢走一段时间，帮助进行深呼吸，即可使症状消失。

预防：平时要经常坚持体育锻炼，以增强体质；久蹲后不要突然起立；不要带病参加剧烈运动；疾跑后不要立即停；不要在饥饿情况下参加剧烈运动。只要遵循上述要求，运动性昏厥是可以避免的。

4）肌肉痉挛

原因和症象：在体育锻炼时，肌肉受到寒冷的强烈刺激时，即可发生肌肉痉挛。常在游泳或冬季户外锻炼时发生。准备活动不够、肌肉猛力收缩、收缩与放松不协调时，均可能发生肌肉痉挛，也有的因情绪过分紧张所致。肌肉痉挛时，肌肉突然变得坚硬、疼痛难忍，而且一时不易缓解。

处置：对痉挛部位的肌肉做牵引。例如腓肠肌痉挛时，即伸直膝关节，并配合按摩、揉捏、叩打以及点压委中、承山、涌泉穴等，以促使痉挛缓解和消失。

预防：运动前做好准备活动，对容易发生痉挛的部位，事先应作适当按摩；夏季进行长时间运动时，要注意补充盐分，冬季锻炼时，要注意保暖；游泳下水前，应先用冷水淋浴；游泳时，不要在水中停留时间太长；疲劳和饥饿时，不要进行剧烈运动。

5）运动中暑

原因与症象：在高温环境中，长时间体育锻炼，易发生中暑，尤其在温度高，通风不良，头部缺乏保护，被烈日直接照射的情况下，最容易发病。中暑早期有头晕、头痛、呕吐现象，逐步发展为体温升高，皮肤灼热干燥。严重者可出现精神失常、虚脱、抽搐、心率失常、血压下降，甚至昏迷危及生命。

处置：首先将患者扶送到荫凉通风处休息，同时采取降温消暑手段，如解开衣领、额部冷敷作头部降温，喝些清凉饮料、十滴水，并补充生理盐水或葡萄糖生理盐水等。严重患者，经临时处理后，应迅速送医院作进一步治疗。

预防：在高温炎热季节锻炼时，应适当减少运动量和锻炼时间；避免在烈日下长时间锻炼；夏天在室外锻炼时，应戴白色凉帽，穿宽敞薄衣；在室内锻炼时，应保持良好通风并备有低糖含盐的饮料。

2. 运动损伤的急救

1）出血的急救

（1）出血的分类。根据受伤血管的不同，出血可分为三种。动脉出血：血色鲜红，呈喷射状流出，出血速度快，出血量多，危险性大。静脉出血：血色暗红，缓慢不断地流出，危险性小于动脉出血。毛细血管出血：血色红，血流从伤口慢慢渗出，常能自行凝固，基本没有危险。根据出血的流向可分为两种。外出血：身体外表有伤口，可直接见到血液从伤口流到体外。内出血：身体表面没有伤口，血液由破裂的血管流向组织的间隙、体腔和管腔。

（2）止血法有冷敷法、抬高伤肢法、加压包扎法、加垫屈肢止血法、直接指压止血法（如图2-1①，②，③，④所示）、间接指压迫止血法、止血带止血法（如图2-1⑤所示）等。

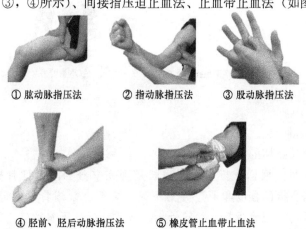

① 肱动脉指压法　　② 指动脉指压法　　③ 股动脉指压法

④ 胫前、胫后动脉指压法　　⑤ 橡皮管止血带止血法

图 2-1

2）急救的包扎方法

（1）作用和注意事项：绷带可以保护伤口，压迫止血，支持伤肢，固定敷料或夹板。

（2）注意事项：

① 伤员体位要舒适，尽可能不移动伤员体位。

② 动作熟练，不碰伤处。

③ 松紧合适，过松无包扎作用，过紧血液循环受阻，包扎时应露出肢端以观察血液循环情况。

④ 结不应打在患处。

（3）常见的包扎方法。

环形包扎法：额部、手腕和踝上粗细均匀处，如图2-2①所示。

螺旋形包扎法：上臂、大腿下段和手指等粗细相差不多的部位，如图2-2②所示。

"8"字形包扎法：一用于肘和膝关节，如图2-2③所示，一种用于踝关节如图2-2④所示。

三角巾悬臂带法小悬臂带：肱骨、肩和锁骨损伤的固定，如图2-2⑤所示。

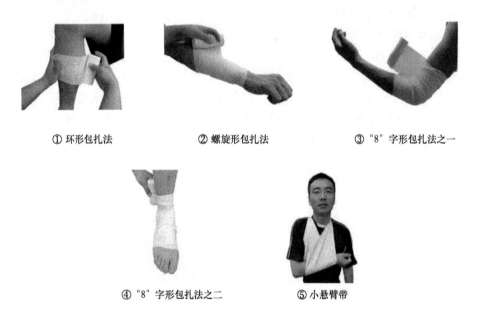

① 环形包扎法　　　② 螺旋形包扎法　　　③ "8"字形包扎法之一

④ "8"字形包扎法之二　　　⑤ 小悬臂带

图 2-2

3）常见骨折的急救

骨的完整性遭到破坏的损伤叫骨折。

（1）骨折的分类。根据骨折后局部皮肤是否完整分为闭合性骨折、开放性骨折、复杂性骨折。根据骨折的程度和形态分为不完全骨折、裂缝骨折、青枝骨折、完全骨折（横骨折、斜骨折、螺旋骨折、粉碎骨折、嵌插骨折、压缩骨折、骨骺分离）。

（2）骨折的原因有直接暴力、间接暴力、强烈的肌肉收缩、应力性骨折、病理性骨折。

（3）骨折征象有：疼痛，严重时可引起休克；肿胀和皮下淤血；功能丧失；畸形，成角、旋转、变短等畸形；压痛和震痛（纵向叩击痛和胸廓挤压痛）；假关节活动和骨擦音；X线检查，可确诊骨折情况；如骨折合并神经、血管、内脏损伤，可发现相应的征象。

（4）骨折的临时固定，是指骨折时用夹板、绷带把伤肢固定和包扎起来，使伤肢不再活动。目的是限制骨折断端的活动，避免断端损伤周围血管、神经和其他组织，减轻伤员疼痛，同时便于运送伤员。

（5）固定的原则和方法。固定前不要无故移动伤肢，为暴露伤处可剪开衣物，大腿、小腿和脊柱骨折应就地固定；有出血或休克者，先止血和抗休克；夹板与肢体间应放垫衬物，空隙应填紧，夹板长度应超过骨折部上下关节；露出伤口的骨片不要放回伤口，也不可随意去除；固定时应先固定骨折部上下，再固定上下关节；固定时松紧合适，应露出肢端以便观察血液循环情况，如过紧应重新固定；固定后伤肢要保暖。

（6）常见骨折的急救固定法。

肱骨干骨折：用两块长短、宽窄适宜的有垫夹板，分别放在伤臂的内、外侧，屈肘90度角，用3～4条宽带将骨折处上下部缚好，再用小悬臂带把前臂挂在胸前，最后用宽带或三角巾将伤臂固定于体侧，如图2-3①所示。

前臂骨折：用两块有垫夹板分别放在前臂的掌侧和背侧，前臂处中间位，屈肘90度，用3～4条宽带缚扎夹板，再用大臂带把前臂挂在胸前，如图2-3②所示。

手腕部骨折：用一块有垫夹板放在前管和手的掌侧，手握棉团或绷带卷，再用绷带缠绕固定，然后用大悬臂带把患臂挂于胸前，如图2-3③所示。

足踝部骨折：取一块直角夹板置于小腿后侧，用棉花或软布在踝部和小腿下部垫妥后，用宽带分别在膝下、踝上和足跖部缚扎固定，如图2-3④所示。

    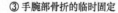 

①肱骨干骨折的临时固定　　②前臂骨折的临时固定　　③手腕部骨折的临时固定　　④足踝部骨折的临时固定

图 2-3

4）关节脱位的临时急救

关节脱位是指关节面失去正常的联系，也称脱臼。

（1）原因：运动中发生的关节脱位，一般是由间接外力所致。

（2）征象：受伤关节疼痛、压痛和肿胀；关节功能丧失；畸形；X光线检查

（3）急救：不要强拉伸伤肢，固定受伤关节，前往医院治疗。

五、消除运动疲劳的方法

(一) 消除疲劳的途径

(1) 用各种方法使肌肉放松,改善肌肉血液循环,加速代谢产物排出及营养物质的补充。

(2) 通过调节神经系统机能状态来消除疲劳。

(3) 通过补充机体在运动中大量失去的物质。

(二) 消除疲劳的方法

1. 劳逸结合

(1) 放松活动。放松活动可以使心血管系统、呼吸系统、神经系统和内分泌系统等从适应剧烈运动状态逐渐恢复到安静状态,还可以促进肌肉放松,是消除运动疲劳、促进体力恢复的一种有效的主动恢复手段。其主要内容包括:慢跑和呼吸体操,肌肉、韧带拉伸等放松练习。

(2) 睡眠。充足的睡眠是消除疲劳的好方法,人体在睡眠时大脑皮质的兴奋性最低,机体合成代谢的能力最旺盛,有利于体内能量的蓄积。成年人每天需要的睡眠是 8 小时,青少年每天需要的睡眠则要延长到 10 小时。

2. 物理疗法

(1) 温水浴、蒸气浴、桑拿浴。温水浴可以促进血液循环,有利于疲劳肌肉的物质代谢,是一种简便易行的消除疲劳的方法。温水浴要求水温在 40℃ 左右为宜。蒸气浴和桑拿浴是利用高温干燥的环境,加速血液循环,使人体大量排汗,从而使体内的代谢产物能及时排出体外。蒸气浴和桑拿浴的时间不宜过长,每次停留 5 分钟左右,最好与温水浴交替进行,反复 4~5 次。温水浴、蒸气浴、桑拿浴不要在运动结束后即刻进行,以免造成脱水和加重疲劳。如果运动结束后,休息一段时间,补充足够的水和营养物质后进行温水浴、蒸气浴或桑拿浴,效果较好。

(2) 按摩。按摩可以通过人体机械力量的刺激、神经反射从而影响人体各器官、系统的功能,从而达到调节血液循环、增强心血管功能、解除大脑的紧张和疲劳,改善运动疲劳后人体免疫功能下降的状况。

(3) 理疗。利用光疗、蜡疗、电疗等作用于局部或整体,可促进血液循环,加速疲劳的消除及机能恢复,同时具有治疗损伤的作用。

3. 吸氧与负离子吸入

运动疲劳时在血液中囤积有大量的酸性代谢产物,吸氧可促进乳酸氧化,对消除疲劳有效果。负离子能提高人体神经系统的兴奋性,加速组织氧化,也有利于疲劳的消除。

4. 营养补充

运动中各种营养物质消耗增加,运动后及时补充,有助于消除疲劳,恢复体力。糖、维生素 C、维生素 B 类、水等得到补充后有利于消除运动疲劳。

5. 中草药

为了尽快消除疲劳,可适当的应用一些药物,如黄芪、刺五加、三七等,都有调整中枢神经系统的功能,扩张冠状动脉,补气壮筋等作用,对消除疲劳有一定效果。

蜂王浆、人参、鹿茸等对养血补气效果较好。

6. 心理恢复

心理恢复是通过调节大脑皮层的机能达到消除疲劳的目的，气功、意念、放松练习等均属于此类。

第二节 运动的自我评价与运动处方

一、自我评价的方法

(一) 概述

自我评价的方法是指参加健身运动者采用自我检查的方法，对训练和比赛成绩、健康状况以及身体反应定期记录在训练日记中，作为医学观察的一项重要补充。

(二) 自我评价的内容和方法

1. 主观感觉

自我感觉、运动心情、睡眠、食欲、排汗量。

2. 客观检查

(1) 脉搏在运动中的测评分类有：基础脉搏、安静脉搏、即刻脉搏、恢复期脉搏。运动量与心率状况的参照标准如表2-3所示。

①基础脉搏可监测机能水平变化。如机能良好，基础脉搏稳定或有所下降；机能不良，基础脉搏突然上升12次/分或以上。

②测定运动前后的脉搏，根据脉搏变化可评定运动量。

③即刻脉搏，定期测定完成某专项练习后结合运动成绩进行前后比较，可以评定机能水平和训练水平，可控制负荷的强度。

④测定恢复期脉搏，可控制负荷密度。

表 2-3 运动量与心率状况

	最高心率	运动后5～10分钟心率
小运动量	＜144次/分钟	能恢复到运动前水平
中运动量	144～180次/分钟	比运动前快2～5次/10秒
大运动量	＞180次/分钟	比运动前快6～9次/10秒

(2) 血压在运动中的测评分类有：基础血压、安静血压、即刻血压、恢复期血压。

①基础血压，运动员大多在正常范围的低限内，如大于正常值或突然比平时高出20%或以上，表示机能不良。

②运动中血压的变化，可反应机能状况，可用于评定运动强度，强度越大，脉压差越大，恢复时间越长。正常人的收缩压为90～140mmHg，舒张压为60～90mmHg，老年人的血压比较高，一般收缩压为95～165mmHg。在正常情况下舒张压高于90mmHg，为高血压，收缩压低于90mmHg为低血压。

(3) 体重：初参加系统训练，1～4周体重下降，5～6周稳定，6周后稳中有升，每天运动可有 1～4kg 的变化。如体重持续下降提示有疾病或训练过度；如体重持续上升，提示运动量不足（青少年除外）。

（4）肌力：正常时，握力和臂力等肌肉力量逐渐增强，如肌力下降表示机能不良。

（5）运动成绩：运动成绩长时间无增长或甚至下降，常表示机能不良或早期过度训练。

（6）伤病的预防性检查：如反弓试验——肩袖损伤、半蹲试验——髌骨劳损。

（7）女子运动员应填写月经卡。

二、运动处方

（一）什么是运动处方

1．运动处方的概念

运动处方是指针对个人的身体状况，医生用处方的形式规定体疗病人和健身活动参加者锻炼的内容和运动量的方法称为运动处方，它是指导人们有目的、有计划、科学锻炼的一种方式。其特点是因人而异，对"症"下药。

2．运动处方的种类

（1）治疗性的运动处方：用于某些疾病的创伤康复期的患者，使医疗体育更加定量化、个别化。

（2）预防性的运动处方：用于健康的中老年人及长期从事脑力劳动、希望参加体育锻炼者，主要预防某些疾病（冠心病、肥胖病等），防止过早衰老。

3．运动处方的内容

（1）运动项目。运动项目主要根据运动者所要达到的目的而设定。一般健身或改善心血管及代谢功能、预防冠心病、肥胖症等，可以练习耐力性（有氧训练）项目，如走、慢跑、自行车、游泳、爬山及原地跑、跳绳、上下楼梯等；改善心情、消除身体疲劳或防治高血压和神经衰弱等，可选择运动负荷较小的放松练习，如太极拳、散步、放松操或保健按摩等；针对某些疾病进行专门性的治疗，必须选择有关疾病的医疗体操，如慢性支气管炎、肺气肿患者就应做专门的呼吸体操，内脏下垂者应做腹肌锻炼，脊柱畸形、扁平足者应做矫正体操等。

（2）运动强度。运动强度对运动效果与安全有直接的影响，掌握适宜的运动强度是执行运动处方的主要措施之一，这是保证达到锻炼效果，预防发生意外事故所必须规定的。运动强度可分为三级：较大、较小、小。反映运动强度的生理指标通常采用测定心率，在运动处方中应规定运动中应达到而不应超过的心率指标，其标准应根据锻炼者的实际情况而有所不同，如表 2-4 所示。

表 2-4　不同年龄段运动强度心率指数表

强度	心率（次/分）				
	20～29 岁	30～39 岁	40～49 岁	50～59 岁	60 岁以上
较大	150～160	145～160	140～150	135～145	125～135
较小	125～135	120～135	115～130	110～125	110～120
小	110	110	105	100	100

运动时常用计脉搏跳动的次数来掌握运动强度（测 10 秒脉搏次数，再乘以 6，为 1 分脉搏次数），心率标准则根据年龄特点而有所不同。

（3）每次运动的持续时间。耐力性运动（有氧练习）可进行 15 分钟～1 小时的练习，其中达到适宜心率的时间应该在 5～10 分钟以上；医疗体操持续的时间视具体情况而定。运动中应常有短暂的休息，计算运动负荷时要注意运动的密度，并扣除休息的时间。运动强度和运动持续时间决定其运动负荷，运动负荷确定后，运动强度大时练习持续时间相应缩短。采用同样的运动负荷时，年轻和体质好的人宜选择大强度、持续时间短的练习，中老年及体弱者应选择强度小而持续时间较长的练习。

（4）运动次数。最好每天都安排锻炼，这样可调剂每天的生活节奏。也可以安排每周 3～4 次练习，即隔日锻炼 1 次。不论采用哪种方式，都应该注意的是，负荷量较大时，休息间隔要长一些，反之则可以短一些。总之，以上次锻炼的疲劳消除后，再进行下一次锻炼为宜。

（二）制定运动处方的原则和程序

1. 制定运动处方的原则

为了保证运动处方的安全性和有效性，提高锻炼效果，达到增进健康与防病治病的目的，在制定运动处方时应遵循以下基本原则。

（1）安全有效性原则。制定运动处方，首先必须考虑的是安全，其次是锻炼的有效性。保证安全除了解病史、家庭史和医学检查外，制定运动处方必须达到改善心血管和呼吸功能的有效强度。其上限是安全范围，下限是有效范围。处方主要由运动种类、运动强度、运动时间和运动次数四要素组成。身体条件差的人（年老、体弱、慢性病患者）受运动条件的限制多一些，制定运动处方时必须严格规定运动内容。反之，身体条件好的人，自由度比较大，运动内容也广泛得多。例如，高龄者以散步、太极拳及功率自行车为主要运动内容，而身体健康的青壮年从跑步到所有的运动形式都可以是处方的内容。

（2）区别对待原则。由于每个人的基本情况和身体条件不尽相同，所以不可能有适应各种情况和不同人群的运动处方。若中老年和年轻人用同一种运动处方，中老年人很可能完成不了，甚至会出现一些危险，而对年轻人来说，则可能锻炼效果不明显，起不到运动处方的作用。因此，制定的运动处方内容必须根据每个人的具体情况，因人而异，区别对待。

（3）动态调整原则。一般书刊杂志上介绍的运动处方，是一种原则性的介绍，应该说有一定的适应面，但并非所有的人都适应。即使是运动医学专家根据检查结果制定的运动处方，也不是适合于一个人的任何情况。对于初定的运动处方，要经过运动实践及多次调整后，才能成为符合自身条件的有效运动处方。

2. 制定运动处方的程序

运动处方是按照健康诊断和体力测定、制定运动处方、实施体育锻炼的程序来制定的。

（1）健康诊断和体力测定。运动处方是在充分考虑人的健康状况的基础之上制定的。因此，制定运动处方前，首先要对实施体育锻炼的人进行系统的健康诊断，以便放心地参与运动。如果有病，应先治病，或按治疗性运动处方进行体育锻炼。这时要与运动处方医生或指导老师密切合作，然后进一步作心肺功能测定，以了解自己的体力水平。目前多采用 12 分钟跑的方法来测定心肺功能。然后根据各项检查结果，结合性别、年龄和运动经历制定运动处方。

（2）制定运动处方。运动处方的内容包括：确定目标，选择运动项目，确定运动强度、运动时间和运动频率。

①确定目标，选择运动项目。对于健康型的成年人，最好选择球类、健美、武术、田径、游泳等运动项目。另外，选择运动项目时，要从实际出发、讲究实效，尽量考虑运动项目的锻炼价值。同时，还要考虑季节气候，因时因地制宜。

②确定运动强度。运动强度对运动效果和人体运动安全有直接影响。运动强度掌握得合适与否，是制定和执行运动处方的关键。运动强度常用心率作为定量化的指标，也可以用跑速作为强度的指标。体育锻炼者确定运动强度时应注意：以健身为目标的耐力性运动，通常采用中等强度；体质健壮、运动基础好的青年人，运动强度可稍大；放松性活动一般采用小强度。肢体功能锻炼和矫正体操的运动强度及运动量，应依肌肉疲劳程度而定，不用心率来判断。

③确定运动时间（每次运动的时间）。一般运动时间控制在 15～16 分钟为宜。运动时间和运动强度共同决定运动量。运动量确定后运动强度大时，持续时间则较短，反之，则较长。

④确定运动频率（每周锻炼的次数）。每周锻炼的次数与运动效果密切相关。对体育锻炼者来说，每周安排三次锻炼就可以了。运动实践表明，以增进健康、保持体力为目标的体育锻炼，结合个人学习、生活的情况，每周安排 3～5 次锻炼为好。但是，更重要的是养成锻炼的好习惯。

（3）实施体育锻炼。在实施过程中，允许根据当时的主客观情况，对原订的处方作微小或部分调整，使之更加切合实际。体育锻炼中，应随时了解身体变化情况，掌握信息反馈，不断修改运动处方，以便进一步提高体育锻炼的效果。

第三章
商务运动篇

☞ **本章要点** >>>

1. 学习和掌握高尔夫球的基本礼仪、基本技术、该项运动的商务价值及基本的比赛规则;

2. 了解和掌握保龄球的起源、历史以及现阶段和未来的发展趋势。掌握保龄球的基本知识和技术及比赛方法和规则。培养学生身体协调能力、平衡能力、交流沟通和自我控制能力;

3. 通过本章学习认识并了解健美操运动的分类、健美操基本手型和基本步伐。通过第三套全国健美操大众锻炼标准一级操化动作的学习,掌握健美操练习方法、提高健美操动作技术、感受健美操运动的魅力与活力;

4. 掌握体育舞蹈的基本舞种步伐;

5. 了解有氧运动的含义、内容和练习方法;学会制订健身锻炼计划;

6. 培养健康理念,掌握科学的健身术。通过对不同身体部位进行选择性的练习,进而塑造形体美;

7. 学习瑜伽可以提高自身意识,帮助充分发挥潜能,有助于改善人们生理、心理、情感和精神方面的问题。

第一节　高尔夫球

☞ **本节要点** >>>

1. 学习和掌握高尔夫球的基本礼仪、基本技术、该项运动的商务价值;
2. 学会基本的比赛规则。

高尔夫 (Golf):G 代表绿色 Green、O 代表氧气 Oxygen、L 代表阳光 Light、F 代表友谊 Friendship。高尔夫球运动是一项极富魅力的体育运动,当走进绿意浓浓的高尔夫球场,绿草、群树环抱、溪冰淙淙、舒身挥杆、银球划空、入草进洞、身临其境、心旷神怡、进入忘我境界。高尔夫球场示意图如图 3-1 所示。

图 3-1

　　说到高尔夫运动，人们马上会联想到湛蓝的天空，阳光明媚、绿草如毯的阔野，小桥、流水、绿树掩映的田园风光。人们悠然地在草地上漫步，神闲气定，双手握杆高高举起，银色的球杆在空中画出一道完美的线条，其优雅的姿态令人回味无穷。

　　高尔夫球是一项高雅的运动，它不仅对场地、球具和球技有着高标准要求，而且对每一个高尔夫球参与者自身也有着相当严格的要求。它是人们在天然优雅自然的绿色环境中，锻炼身体，陶冶情操，进行社会交往的活动。

　　率先涉及高尔夫球运动的是苏格兰北海岸的士兵，后来逐渐引起宫廷贵族和民间青年的浓厚兴趣，最终成为苏格兰的一项传统项目。而后传入英格兰，19 世纪末传到美洲、澳洲及南非，20 世纪传到亚洲。由于打高尔夫球最早在宫廷贵族中盛行，加之高尔夫球场地设备昂贵，故有"贵族运动"之称。

一、高尔夫基本礼仪

　　高尔夫礼仪作为高尔夫运动最重要的组成部分，是区别于其他运动项目的特点之一，因此高尔夫也被称为"绅士运动"，是一项需要球员精力高度集中的运动。如果有人在旁边说笑、摆弄球杆，发出响声，或是在周围走来走去的话，球员将很难集中精力挥杆或推球。制定高尔夫礼仪规则的目的就是通过规范球员在场上的行为举止，使球员能相互尊重，一起充分享受打球的乐趣。与礼仪有关的规则有些是适用于在整个球场和练习区域的普通状况，有些则是针对特定区域（如发球区、果岭）而制定。

　　1. 基本礼仪

　　（1）服装：穿有领 T 恤，且必须是长小袖的。不能穿短裤和背心入场。尽量避免携带手机、智能手表、电子表等电子通信产品上场，如果携带应设置静音。

　　（2）更衣换鞋：更衣换鞋请到更衣室，千万不要在停车场或在车内。

　　（3）抽烟：如果想要抽烟，礼貌上应先征求队友同意并且不能将烟头随地乱丢。

　　（4）安全第一：击球者在挥杆前，应确认周围球友已站离一定距离，前后左右务必确认没有危及他人安全。遵照慢打快走原则，打完球应尽快走到下一次击球点，不要逗留影响下一组球友，同时也保障自身在球道上的安全，确认前组球友安全再打。打完的人应静静在旁观看。球友或选手在 Address 或 Stroke 时，其他人不可说话、发出声音、走动或靠近，让打球者专心是基本礼貌。

2．注意事项

（1）注意安全，如果球员对高尔夫球和球杆的坚硬程度没有足够的认识，球场将会变成一个危险之地。因此球员应予以高度重视。

（2）不要对着有人的地方击球或练习挥杆，因为击出的球或无意间打起的石块、树枝和草皮有可能打中他人，而且这也是不礼貌的行为。

（3）注意不要在有人走过身旁的时候挥杆，同时也不要在别人挥杆时从其身旁走过。

（4）必须牢记的是在任何球场任何情况下，无论是球车还是手拉车都严禁开（推）上果岭和发球区，会损害球场。通常球场上都会有标示牌指示球车行驶及停放的区域，球员应严格遵照执行。

二、高尔夫基本常识

世界上没有两个完全相同的高尔夫球场，但都必须包括草地、沙地、湖泊、树林等自然景观。标准高尔夫球场的长度大约在 5000～7000 米之间，设有 18 个球洞。通常设长、中、短三种球道。长球道男子距离在 471 码以上，女子距离在 401～575 码以内，标准杆为 5 杆；中球道男子距离为 250～470 码，女子距离为 211～400 码，标准杆为 4 杆；短球道男子距离为 250 码以内，女子距离为 200 码以内，标准杆为 3 杆。球洞分布上大体是长洞、短洞各 4 个，中洞 10 个。按照三种洞型 3、4、5（或 6）的标准杆数，全场标杆基数一般为 72 杆。每个洞场地均设发球台、球道和球洞。以发球洞为起点，中间为球道，果岭上的球洞为终点。1～9 号为前 9 洞，10～18 号为后 9 洞。常见的高尔夫路线是打完前 9 洞后回到球屋，然后打完后 9 洞再返回球屋。所以又有外线路和内线路之称（图 3-2）。

图 3-2

在场地内逐一击球入穴，以击球次数少者为胜。高尔夫球比赛一般分为单打和团体两种。世界上最著名的高尔夫球比赛有英国公开赛及业余锦标赛、美国公开赛、职业高尔夫球协会精英赛和世界杯赛等。在我国最高级别的高尔夫球比赛是中国公开赛和 BAT 中国职业高尔夫球联盟巡回赛。

三、高尔夫球基本技术与练习方法

高尔夫球的基本技术包括握杆、站位与脚位、准备击球姿势、击球（远距离、中距离、近距离)、上波球、下波球、深草球、草垛球、土地球、绕树球、顺风球等。这里只介绍最基本的技术。

(一) 握杆

握杆是整个技术环节中最重要的大小和方向的控制。没有正确的握杆方式,击出的球很难按照正确的路线运行,达到击球入洞的目的 (图 3-3①、②、③、④)。

握杆是高尔夫入门的第一步,一般分为重叠式、连锁式及自然式三种。

握杆时,左手伸直,掌心指向目标相反方向。手掌下部紧靠握柄,此时杆头立在地面上,杆面右角对准目标;左手指手心握,手指并拢,杆身放在食指第二指节上,成对角线;手指并拢握住球杆,右手小指触到左手食指;手掌位于球杆右边,在左手大拇指上方;此种握法又称"自然握"。大多数职业选手采用"重叠握":将右手小指放在左手食指上,从离开球杆。在互锁握时,右手小指与左手食指交错,此时左手食指离开球杆。采取何种握法并无所谓,重要的是双手的方向应同时对准杆头。左撇子球员互锁握时双手的正确 (图 3-3⑤、⑥、⑦)。

球杆分为杆头、杆身及握把,杆头又有杆面、杆身及握把,杆头又有杆面、杆底、杆背、头部、跟部及颈部等部位,而重量和甜点 (甜点是杆面上最佳的击球部位) 则是设计上较为强调的重点。球杆大约分为三种:木杆、铁杆及推杆。

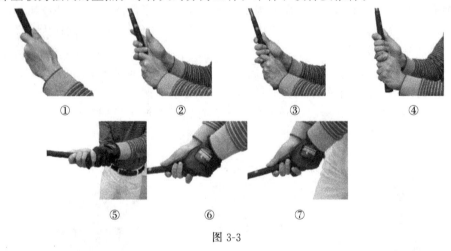

① ② ③ ④

⑤ ⑥ ⑦

图 3-3

(二) 站位

高尔夫球技术中的站姿不单纯是为了打球,而是为正确击球,使球向目标方向飞行打基础。仓促站姿很容易产生方向的偏移,即使是很小的站姿方向错误都可能导致一次击球失败,即平常人们所说的"失之毫厘,差之千里"。

在完成握杆后,下一步就要做好击球准备,包括正确站姿、准备好击球前的身体状态、根据击球目标确定双脚位置;之后将球杆放在球后,对准球。双脚站稳,才能做好挥杆动作。在一开始双脚是并拢的,球线在双脚之间,脚趾触到脚线。离目标近的脚对着目标方向,脚趾略向外,后面脚的方向正好从目标方向转开,从而与球线平行 (图 3-4)。

图 3-4

正确的站位与瞄球还包括两臂伸直、屈髋和屈膝的动作站位与瞄球的连贯动作是：用手举起球杆，在球的后方的一侧伸直身体，想象一下球的飞行路线；伸直手臂、略屈髋，将球杆直接放到球的后面，使杆如钟摆一样或是"正对"飞行路线，目光盯准目标；"目标脚"沿脚线向前放，后脚略向后放，与目标线垂直，此时，球就正好在站位的中间；摇摆球杆，再向目标望几眼，以便开始挥杆（图 3-5）。

图 3-5

站姿和握杆一样在高尔夫球技术中起到举足轻重的作用。先找瞄准参照标准的站位，也叫平行站位（图 3-6）。具体做法是：①站到球的后方；②在出球线路上球的前方 1 米左右的地方找一片树叶，在瞄准点做有特征参照标志。

图 3-6

（三）瞄球的基本姿势

在站姿完成后，身体姿态仿佛是在一个高椅子似坐非坐，臀部稍向后突出，上体微微前倾，两手握杆，手与球杆握柄位于左腿的大腿内侧处，距离身体大约一拳左右，两膝放松稍屈，自然向内扣，眼睛视球。其中十分重要的一点是两肩连线、腰的横线和两膝的连线必须与球飞行方向平行，这是决定挥杆技术及球的飞行方向的关键因素。下面我们分别分析身体各部分的姿势（图 3-7）。

图 3-7

1. 两臂的姿势

两臂自然从肩部伸出，左臂的肘部稍朝向前上方，左腋轻轻夹住，两手握紧球杆。因为右手在左手的下方，故右臂较左臂稍下沉，右臂肘部也稍朝向前上方，略弯曲，靠近右侧腹胁部，右腋轻轻夹住，两臂从整体上有相互靠拢的感觉。从侧面看，因为右肘稍弯曲，故左肘较右肘靠前（图 3-8）。注意两臂不要过分下沉，使球杆的先端翘起，这样的瞄球基本姿势容易造成以杆头根部击球或球推出的错误动作，出现直飞向右前方的失误球。

2. 躯干的姿势

在瞄球时，上体应该保持背部伸直，略微前倾。其前倾程度随球杆的大小而不同，杆越长则前倾度越小，反之则越大。瞄球的躯干姿势中，最忌讳的就是含胸驼背。

3. 肩部的姿势

两肩放松，因为右手在左手下方，所以右肩略卜沉，稍低于左肩，两肩的连线基本与球的飞行方向平行（图 3-9）。

图 3-8

图 3-9

4. 臀部的姿势

臀部略向后突出，如同在高椅子上似坐非坐。

5. 两膝的姿势

两膝稍弯曲，其弯曲程度与上体的前倾程度相适应，两膝的内扣必须是在自然、放松状态下，这样上挥杆有大的弹力，这种弹力对于强有力的击球具有重要意义；反之，如果两膝僵硬，就不能产生弹力，也不利于身体的回旋。

6. 体重的分配

在瞄球时，体重要均匀分配于左右两脚。由于两膝的内扣，体重自然地分布于足的内侧，拇趾根部和前脚掌内侧压紧，重心位于两足掌心连线的中心部。体重的这种分配方式可以保证身体的稳定，有利于身体以脊柱为轴进行扭转。根据所使用球杆的长短和球的不同，位置状态，体重的分配亦有变化。

（四）挥杆

挥杆动作的全部内容包括杆后摆（或后摆杆）→上挥杆→挥杆顶点→下挥杆→冲

击球→顺势动作→结束动作七大组成部分。

瞄球是挥杆的准备工作，挥杆总是先向后摆球杆，经过上挥达到挥杆顶点，然后球杆再向下降，经过上挥达到近杆顶点，然后球杆再向下挥，尽可能击中目标点。球被击中飞出后，球杆向前上方顺势上扬，直到结束动作。上述动作全过程就叫做挥杆（图3-10）。

图 3-10

（五）推杆

推杆是果岭击球技术的重要环节。首先要用眼注视着球，观察球与洞口间的距离，找到一个介于球与洞口间的瞄准目标，然后把目光移回到球上，屏住气息，推杆杆头移到球道边下杆完成推杆动作。在这六个步骤中，包含着推杆人对场地草纹、地形、速度与距离关系的准确判断，用力的均匀和眼睛、球、目标三点一线的瞄准，确保把球送入洞口。

打高尔夫球需要注意的事项有：注意击球的节奏、判断果岭的起伏、做到干脆有力的击球、放松身体、尽可能充分理解规则等。

对于初学高尔夫球的人来说，在打球时能掌握平顺的节奏感，对于球速、距离的判断是很有帮助的。因为一个平滑顺畅的推杆，更容易使球按照自己的意愿前进。如果动作仍停留在用力拉扯背脊，然后猛烈僵硬地把球击出的话，那就需要不断练习。

身心放松在高尔夫球运动中同样非常重要。紧张的情绪是高尔夫球手的大敌，尤其是在瞄准时，杆头会变得很不听话。心情紧张，手掌便会握杆过紧，此时握球杆则会前臂收紧，这样要达到从容不迫的击球就不太可能了。

(六) 普通规则

对规则的理解对于一个初学者来说非常重要。充分了解规则不仅仅可以帮助击球者严格遵循比赛规则进行合理击球，而且还会练就绅士的风度。著名高尔夫球手纳森曾经说："在球场我只关心球的落点，任何掌声都将留给观众。"不能正确理解高尔夫的规则，就无法在球场完成完美的击球动作。下面了解一下高尔夫球运动的常用规则。

(1) 猜点最低的球手在每一发球台首先发球，随后的洞则是分数最好的球手享有优先发球权。

(2) 发球台，球既可以放在平地上，也可以放在球座上，然后在纵深为两个球杆长度、前边及两面三侧由两个发球区标记限定的区域发球。

(3) 规则允许球员在击球准备前移动球，在击球准备后则不能再移动球，否则将被罚一杆。

(4) 发球后，球距离洞口最远的球员先击球。

(5) 如果遗失球，可以在 5 分钟内寻找。如果找不到，可以在肩膀的高度抛一个球，尽量接近最后打初始球的地方，同时将被加罚一杆。

(6) 如果球击出了界外，即被视为界外球，下一次击球必须用临时代用球在上一次击球处重击。

(7) 除了球落入水中，可以声明不能继续再打，在加罚一杆之后，可以在以下三种方法内进行选择。在尽量接近最后初始球的地点处打球。在该球的停点两球杆范围内，但不更靠近球洞的地方抛球。在球洞与该球原位置之间连线上，球的停点后方抛球，此时只要是在球的停点后方，无论距离多远均无限制。

(8) 如果球落入水障区（一般以黄色木桩标示），可以在尽量接近该球最后击打处或被移动处进行下一次击球，或者在球洞与该球最后越过水障区界限的连线上，水障区的后方抛球后击球。此时只要是在水障区的后方，无论距离多远都不限制。

(9) 如果球落入侧面水障区（一般以红色木桩记），可以在加罚一杆后，除去采用水障区的补救措施外，还可以在球最后越过水障区界限的地点，在不靠近球洞的地方，在两杆的范围内抛球。

(10) 如果球刚好停在其他手的推杆路线上，要在放入球标之后拿起球。

(11) 当在果岭上推杆，旗杆会被移开。如果球击中旗杆，将被罚两杆。

(12) 无论在球道、果岭或粗糙地区，都不允许将周围的草压平，在果岭可把杆放在球前瞄准，在其他地方可把杆头落在球后，但不能压倒小草。

第二节　保　龄　球

☞ **本节要点** >>>

1. 了解和掌握保龄球的起源、历史以及现阶段和未来的发展趋势。

2. 掌握保龄球的基本知识和技术。培养学生身体协调能力、平衡能力、学会交流沟通，自我控制能力。

3. 了解和掌握保龄球的比赛方法和规则。

现代保龄球起源于大约 3 世纪时的德国，也叫"地滚球"或"九柱戏"，是在地面上滚球击打木柱的一种室内体育运动。保龄球最初是宗教仪式活动的一个组成部分，是天主教会用来测量教徒信仰程度的。当时的宗教认为石球代表着正义，而木柱代表着邪恶，正义击倒邪恶可以为教徒消灾，如果不能击倒则需要更加虔诚地信仰天主。尽管这项活动宗教色彩很浓，但却具有极强的娱乐性，后来就发展成为民间游戏活动，并很快流行开来。

一、保龄球常识

现代保龄球运动的球道一般长为 1915.63 厘米，宽为 104.2～106.6 厘米。发球区和竖瓶区采用枫木板条拼接而成，其余用松木板条拼接。在离犯规线 457.2 厘米范围内，有 7 个目标箭头和 10 个引导标点；竖瓶区从 1 号瓶中心线到底部为 86.83 厘米，10 个瓶位间隔距离各为 30.48 厘米，成正三角形排列。球道的两边为球沟，宽 24.1 厘米。相邻两条球道间的下面有公用回球道。球道与助跑道之间有 0.95 厘米宽的犯规线和光控犯规器。从犯规线到助跑道底线为助跑道，长 475.2 厘米。在助跑道内距离犯规线 5.08～15.23 厘米范围内，有 7 个滑步标点，离犯规线约 335.3～335.9 厘米和 426.9～457.4 厘米范围内，有两排共 14 个站位标点。这些标点和目标前头都在同一块木板条上（图 3-11）。

图 3-11

保龄球采用硬塑胶制成，球上有三个孔洞，用以手指插入握球。保龄球自动化机械系统是由程序控制箱控制的扫瓶、送瓶、竖瓶、夹瓶、升球、回球、瓶位信号、补中信号显示和犯规器等装置组成。

二、保龄球礼仪

保龄球是休闲、娱乐及健身为一体运动项目，它有提高心理素质，稳定心态的作用，最重要的是学会控制自己的心态和情绪。由于活动的地方都是公共场所，它有益于商务社交等活动。初学者在竞赛和娱乐时，都应重视文明礼议。保龄球馆是文明、高雅的体育娱乐场所。保龄球礼仪非常重要，必须熟知。

进投球区时，必须更换保龄专用鞋（禁止穿黑色胶底鞋）；只使用自己选定的保龄球；等到瓶完全置完之后再投球，不可随便进入旁边的投球区；先让已经准备好投球的人投球；遇到同时做投球动作的情况时，右边的人优先（投球）；在投球区，不可以做投球的预备姿势太久；投球动作结束之后，不可长久地留在投球区；不可投出高球；不在投球区挥动保龄球；不可打扰正要投球人的注意力；成绩不好，不可怪罪球道情况不良；不可批评别人的缺点；不可把水撒落在投球区上；爱护公物，保持环境卫生、清洁。

三、基础技术

（一）保龄球的选球法

（1）球重量选择。初学者可选择重量约为自身体重 1/10（通常是男士 10 磅以上的球，女士 10 磅以下的球，也可按自己力量需求选择更高磅数的球）的球，用传统抓球法方式练球较好。

（2）指孔大小选择。选择一个指孔不要太松也不要太紧、插入之后大拇指能自由转动的球，以在手掌与球面之间的间隔里可放一根铅笔的空隙最为理想。

（3）保龄球从 6 磅（2.726 公斤）到 16 磅（7.258 公斤）有 11 个级。以下是简便的选球标准：小学生，6～7 磅（3.175 公斤）；学生，8 磅（3.629 公斤）～9 磅（4.082 公斤）；女青年，10 磅（4.536 公斤）～12 磅（5.443 公斤）；男青年，13 磅（5.897 公斤）～14 磅（6.35 公斤）；中、高级球员，15 磅（6.804 公斤）～16 磅（7.258 公斤）。

保龄球从打法上来看，分为直线球、弧线球、飞碟球三种。不管哪种打法都要有基本技术做保证。基本技术的好坏，是决定一个球员水平的最有力因素，因为只有基本技术扎实，才能有稳定的发挥，才能创造好的成绩。保龄球的基本技术有握球、准备姿势、摆臂动作、助走等。

（二）握球和站姿

选择好球后，用左手靠左腹把球托住，右手的中指和无名指插入指孔，再把大拇指插入指孔内（图 3-12）。

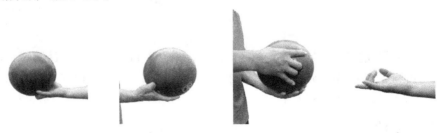

图 3-12

（三）准备姿势

准备姿势分为中位、高位、低位（图 3-13）。两手捧着保龄球，眼睛瞄准目标，准备前进行的姿势。要点是上肢大臂必须贴紧身体。

图 3-13

（四）摆臂动作

右手在左手的帮助下，将球向前下方推出，右手臂伸直与躯干称 45°角。左手离球，右臂借助球体的重力由前下方向后摆动。当摆至身体与地面的垂直面时，身体中心由左腿移至右腿，右臂继续后摆至身后尽量与臂齐平（图 3-14）。

图 3-14

保龄球摆动的基本原理和钟摆的原理相同，钟摆运动的周期和摆长与重力加速度有关，就是说钟摆运动的长轴的长度越长，球的力道也越大，轴是从肩部到抓球的手指为止，摆动动作时放松肩部与臂的紧张，使球的重量要成一条直线，也会得到更大的力。

向后摆动以钟摆原理为原则，以肩部的钟摆运动为轴时，就是摆动的支点。

（五）助走

保龄球助走的步数没有硬性规定，一般可采三步式、四步式和五步式。助走越多越容易造成误差，但是步伐太少又容易手臂受伤。要采取何种助走法，投球者可根据自己的体力、习惯作出决定，重点掌握四步助走动作要领。

1. 一步助预备姿势

第一步，左脚步踏出一大步，同时伸臂（双手）把球送出最远端。

第二步，右脚步踏出一大步，同时以肩为轴直臂后摆，向钟摆一样，手臂自然放松，不要用力，让球的重力来带动手臂摆动。

第三步，向前摆动放球。

2. 三步助走

第一步，脚步踏出的同时球向下摆动。

第二步，完成向后摆动动作。

第三步，放球动作。

3. 四步助走

第一步：推出动作（图 3-15①②）。先踏出右脚，同时两手把球轻轻向前推出。

从向后摆动的顶点开始到向前摆动的瞬间必须踏出左脚，这时的左脚采用滑行步。左膝弯曲从足尖开始踏出，腰部下沉，并且重心向前移，当球到最低点时，全身的重量完全放在左脚上，右脚以浮离投球区的感觉向后踢起以便保持身体的平衡这时的右脚可使身体不向左侧倾斜，体重完全移到左脚时，因摆动与助走的惯性原理而使左脚自然向前滑行约 20～40 厘米。

第二步（图 3-15③④）。向前推出的球，借着本身的重量自然向下附落。踏出的右脚步要稍大，与此同时右手顺当地将球摆动放在身体的右侧。左脚踏出动作时，球的位置要在摆动曲线的最低点。

第三步：向后摆动（图 3-15⑤⑥）。向下摆动的球，利用钟摆原理而向后方摆动。与此同时，右脚做稍大幅度的跨出。这时上身要慢慢地向前倾，把重心移前脚掌保持平衡。这些动作所造成的力道与摆钟运动所产生威力，使左脚滑行动作完成。与此同时，球顺势脱离手指向前滚动。

第四步（图 3-15⑦⑧⑨）。最后一步要在犯规线前 5 厘米的位置停止，同时利用球的重力与自然向前滑行的步调把球顺势脱手，两肩始终必须与犯规线保持平行，眼直视目标。持球的手肘不可弯曲，手腕部分不可用劲或旋转；不抓球的手臂，应在旁边伸张，以维持动作的平衡，放球之后，手臂随着球的方向向前垂直上举，上身也充分向前倾，直到投出的球滚过球道上的瞄准点为止。

图 3-15

四、全中要诀

掌握了基本技术，确定了自己的打法，接下来就是在球道中利用技术打出高分，来证明自己的能力。保龄球规则规定每个球有两次击球权，如果第一次没有全中，可进行第二次击球叫做补中。在一局球中，全中和补中同样重要。

投全中球要求球必须击中中瓶，球进入瓶袋的角度要深，1、2位（1号球瓶与2号球瓶间的切入点）或是1、3位（1号球瓶与3号球瓶间的切入点）。球入袋以后的作用力要准确，并且具有足够的潜力，产生击倒瓶的连锁反应，球入袋的速度足以贯穿整个瓶台。

五、持球错误动作

（1）持球手手心对内，出球时会出现旋转（图3-16①）。

（2）持球时左手应在球下方托球用力，让持球的右手完全放松，而左手抓住右手的手腕不能让右手完全放松（图3-16②）。

（3）持球手手心向下，会造成出球无力（图3-16③）。

（4）持球上举会影响助走摆臂的节奏（图3-16④）。

图 3-16

六、出球时错误动作

（1）掌心向后，会造成出球无力（图3-17①）。

（2）出球后屈肘内收，会造成球向左边偏离（图3-17②）。

（3）出球后手臂外展，会造成球向右边偏离（图3-17③）。

（4）出球后屈肘内收至左肩，会打出左曲线球（图3-17④）。

（5）出球后屈肘，会造成出球无力且易偏离瞄准目标（图3-17⑤）。

（6）虎口向上出球，会造成球向逆时针方向旋转，出现曲线球（图3-17⑥）。

（7）出球时直腰，准确性和力量都会有影响（图3-17⑦）。

（8）出球时站立出球，会造成高抛出球，影响准确性和力量（图3-17⑧）。

图 3-17

七、直线球与曲线球

1. 直线球

这是最普通的一种打法，虽然杀伤力不强，但却是最容易掌握的打法。球在击中1-2、1-3号瓶时，射入角度越大，对瓶的杀伤力越大。

2. 飞碟球

飞碟球是以横向的旋转力击倒球瓶，比直线球的杀伤力大。飞碟球的助走方式和出球的位置与直线球差不多，唯一不同的是出球方法，直线球是手臂前摆，手掌朝上，让手指从球孔脱出，而飞碟球则相反，持球的手掌朝下，手肘放松不动，以肩膀为轴心摆动，用手腕的力量带动球的转动，然后大拇指、中指和无名指离开球孔把球送出，手顺势向上提起。

3. 弧线球

弧线球又叫钩球。弧线球不仅能增大射入角度，而且能使球产生旋转，提高击瓶能力。弧线球有自然曲线球、短曲线球、大曲线球等类型。自然曲线球的路线是球进入球道后开始滑溜。大曲线球走弧形成钩形式进入球瓶。弧线球控制球的难度大，调整球速很难，因此只有高手选择这种打法。

八、练习手型方法

单膝跪地（图3-18①）→直臂持球（图3-18②）→提肩做预摆（图3-18③）→掌心向前直臂出球（图3-18④）→球出手后直臂上扬（图3-18⑤）。

①   ②   ③   ④   ⑤

图3-18

九、保龄球的目标瞄准法

由于投球者在犯规线处距离1号瓶的中心点的距离是19米，所以易产生视觉偏差。对于初学打保龄球的人，用这种瞄准方法就比较困难。以下介绍两种最基本的瞄准方法。

1. 以箭头为目标

每个正规的球道是由39块板组成的，每5块板有一个箭头表示方向，在距离犯规线5米的位置，有7个黑色箭头，我们称为目标箭头。初学者一般都采用此种瞄准方法。

2. 以线路为目标

在犯规线与目标箭头间还有一排黑点。在这里我们运用了射击瞄准的原理，首先身体要对着 1、3 瓶位的目标或球转弯处的目标，将目标的黑点和目标箭头连成一条直线，这样我们的球就能够更加准确地朝着我们所设想的目标运行。初学者通常使用 3 号目标黑点和 2 号目标箭头的连接线。这种方法可投出容易控制的球。

十、保龄球的记分

（1）全中。当每一个格的第一次投球击倒全部竖立的十个瓶子时，称为全中。用（X）符号记录在记分表上该格上方左边的小方格中。全中的记分是 10 分加该运动员下两次投球击倒的瓶数。一局的最高分 300 分，运动员必须投出十二个全中。

（2）补中。当第二次投球击倒该格第一个球余下的全部瓶子，称为补中，用（/）表示。记录在该格右上角的小方格内。补中的记分是 10 分加运动员下一个球击倒的瓶数。

第三节　健　美　操

☞ **本节要点** 》》

1. 通过本章学习认识并了解健美操运动的分类、健美操基本手型和基本步伐；

2. 通过第三套全国健美操大众锻炼标准一级操化动作的学习，掌握健美操练习方法、提高健美操动作技术、感受健美操运动的魅力与活力。

健美操是在音乐的伴奏下，以身体练习为基本手段、以有氧运动为基础，达到增进健康、塑造形体和娱乐目的的一项体育运动。它体现了人体在力量、柔韧度、协调性、节奏感、审美观及表现力等诸多方面的综合能力。

健美操起源于传统的有氧健身运动，是有氧运动的一种。它通常采用徒手或轻器械进行练习，是在氧气供应充足的情况下，以人体有氧系统提供能量的一种运动形式，其运动特征是持续一定时间的、中低强度的全身性运动，主要锻炼练习者的心肺功能，是有氧耐力素质的基础。

健美操是一项轻松优美的体育运动，在健身的同时能够带给人艺术的享受，使人心情愉快，减轻心理压力，促进身心健康。健美操还具有健身、健美、保健、医疗和娱乐的价值，尤其对塑造体型、提高协调性和韵律感有很好的效果。

一、健美操运动的分类

根据当今世界和我国健美操运动的发展以及未来健美操的发展趋势，按照不同的目的和任务，健美操运动可分为健身健美操、竞技健美操和表演健美操三大类（表 3-1）。

表 3-1　健美操运动的分类

健身健美操	徒手健美操：有氧操、拉丁操、搏击操
	轻器械健美操：哑铃操、健身球操、踏板操
	特殊场地健美操：水中健美操、功率自行车
竞技健美操	男子单人操
	女子单人操
	混合双人操
	三人、五人操
表演健美操	爵士操等

二、健美操的基本动作

（一）健美操的基本手型

健美操共有以下六种常用手型：并掌、开掌、立掌、西班牙手型、舞蹈手型和拳。

（1）并掌：五指伸直，相互并拢。大拇指微屈，指关节贴于食指旁（图 3-19①）。

（2）开掌：五指用力伸直，充分张开（图 3-19②）。

（3）立掌：五指伸直，手掌用力上翘（图 3-19③）。

（4）西班牙手型：也叫花掌，五指用力，小指、无名指、中指自掌指关节处依次屈，拇指稍内扣（图 3-19④）。

（5）舞蹈手型：五指微屈，后三指并拢、稍内收，拇指内扣（图 3-19⑤）。

（6）拳：四指并拢内屈，拇指放在中指和食指的第二骨节上，拳头稍内扣（图 3-19⑥）。

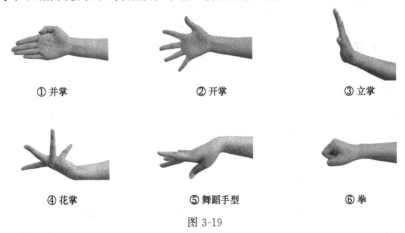

①并掌　　　　　　②开掌　　　　　　③立掌

④花掌　　　　　⑤舞蹈手型　　　　⑥拳

图 3-19

（二）健美操的基本步伐

1. 按冲击力不同分类

（1）无冲击力动作：两只脚都接触地面的动作或不支撑体重的动作。

（2）低冲击力动作：总有一只脚接触地面的动作。

（3）高冲击力动作：两只脚都离开地面，有腾空姿势的动作。

2. 按动作完成形式不同分类

健美操常用基本动作（表 3-2）有以下五种。

（1）交替类：两脚始终做依次交替落地的动作。

（2）迈步类：一条腿先迈出一步，重心移到这条腿上，另一腿用脚跟、脚尖点地或吸腿、屈腿、踢腿等，然后向一个方向迈步的动作。

（3）点地类：一腿屈膝站立，另一腿伸出，用脚尖或脚跟点地后还原到并腿位置动作。

（4）抬腿类：一腿站立，另一腿抬起的动作。

（5）双腿类：一腿站立、身体重心在两腿之间的动作。

表 3-2 健美操常用基本动作体系

分类	原始动作形式	低冲击力形式	高冲击力形式	无冲击力形式
交替类	踏步	踏步 走步 一字步 V 字步 漫步	跑步	
迈步类	侧并步	并步 迈步点地 迈步吸腿 迈步后屈腿 侧交叉步	并步跳 小马跳 迈步吸腿类 迈步后屈腿类 侧交叉步跳	
点地类	点地	脚尖点地 脚跟点地		
抬腿类		吸腿 摆腿 踢腿	吸腿跳 摆腿跳 踢腿跳 弹踢腿跳 后屈腿跳	
双腿类			并步跳 分腿跳 开合跳	半蹲 弓步 提踵

三、第三套全国健美操大众锻炼标准一级操化动作

学习目的：掌握健美操基本动作，学习健美操各种复合动作与步伐的基本转换技术及跳跃技术，进行中等强度的有氧练习和低难度的力量练习；进一步提高动作的协调性。

学习内容：L 形侧并步、口形侧交叉步、带方向变化的侧并步、漫步和 V 字步、侧步摆腿跳等，以及腰腹和上肢力量练习。

动作说明：本套动作共有 4 个组合，每个组合 8×8 拍，前 4×8 拍动作与后 4×8 拍动作完全相同，但方向相反。音乐速度为 140 拍/分钟。

预备姿势：站立。

（一）组合一：（4×8 拍）×2

（1）（图 3-20）动作说明：右脚一字步两次。②-③双臂胸前屈，④-⑤后摆，⑥胸前屈，⑦上举，⑧胸前屈，⑨放于体侧。

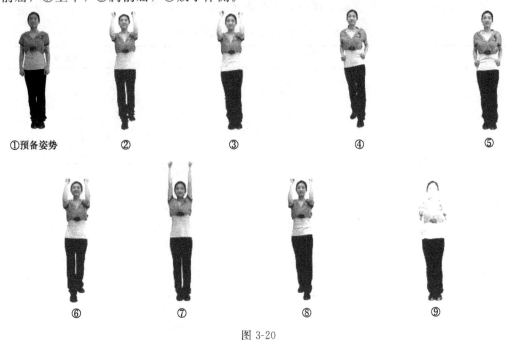

图 3-20

（2）动作说明：向前/向后走三步吸腿，吸腿时击掌。手臂经前向下侧绕环后击掌。图 3-21 所示为前四拍动作，后四拍重复前四拍动作。

图 3-21

（3）（图 3-22）动作说明：侧并步四次（单单双）。①右臂肩侧屈，②还原，③左臂肩侧屈，④还原，⑤双臂胸前平屈，⑥还原，⑦-⑧同⑤-⑥。

①　　②　　③　　④

⑤　　⑥　　⑦　　⑧

图 3-22

（4）（图 3-23）：①-④左脚十字步，两臂自然摆动。⑤-⑧踏步 4 次，⑤拍击掌，⑥还原，⑦-⑧同⑤-⑥。

①　　②　　③　　④

⑤　　⑥　　⑦　　⑧

图 3-23

（二）组合二：（4×8 拍）×2

（1）（图 3-24）动作说明：右脚前点地 4 次。①双臂屈臂右摆，②还原，③左摆，④还原，⑤右摆成右臂侧斜上举，左臂胸前平屈，⑥还原，⑦-⑧同⑤-⑥，但方向相反。

① ② ③ ④

⑤ ⑥ ⑦ ⑧

图 3-24

（2）（图 3-25）动作说明：①-④向右弧形走 270°，两臂自然摆动。⑤-⑧并腿半蹲 2 次。⑤拍双臂前举，⑥右臂胸前平屈（上体右转），⑦双臂前举，⑧放于体侧。

① ② ③ ④

⑤ ⑥ ⑦ ⑧

图 3-25

（3）（图 3-26）动作说明：左脚开始两次上步吸腿转体 90°。①双臂前举，②屈臂后拉，③前举，④还原，⑤-⑧同①-④。

图 3-26

（4）（图 3-27）动作说明：上步后屈腿 4 次，两臂自然摆动，向前时胸前交叉。

图 3-27

（三）组合三：（4×8拍）×2

（1）（图3-28）动作说明：①-④向右交叉步，⑤-⑧右腿半蹲。①-③双臂经侧至上举，④胸前平屈，⑤-⑥双臂前举，⑦-⑧放于体侧。

图 3-28

（2）（图3-29）动作说明：侧点地4次。①右臂左前举，左臂屈肘于腰间，②双臂屈肘于腰间，③-④同①-②，但方向相反。⑤-⑧同①-②重复2次。

图 3-29

（3）（图 3-30）动作说明：左腿开始向前走 3 步吸腿 3 次。①双臂肩侧屈，②胸前交叉，③同①，④击掌，⑤肩侧屈，⑥腿下击掌，⑦-⑧同①-②。

①　　　　　　　②　　　　　　　③　　　　　　　④

⑤　　　　　　　⑥　　　　　　　⑦　　　　　　　⑧

图 3-30

（4）（图 3-31）动作说明：右腿开始向后走 3 步吸腿 3 次。①双臂肩侧屈，②胸前交叉，③同①，④击掌，⑤肩侧屈，⑥腿下击掌，⑦-⑧同①-②。

①　　　　　　　②　　　　　　　③　　　　　　　④

⑤　　　　　　　⑥　　　　　　　⑦　　　　　　　⑧

图 3-31

(四) 组合四：(4×8 拍) ×2

(1)（图 3-32）动作说明：右腿开始 V 字步＋A 字步。①右臂侧斜上举，②双臂侧斜上举，③-④击掌 2 次，⑤右臂侧斜下举，⑥双臂侧斜下举，⑦-⑧击掌 2 次。

图 3-32

(2)（图 3-33）动作说明：弹踢腿跳 4 次（单单双）。①双臂前举，②下摆，③-④同①-②，⑤前举，⑥胸前平屈，⑦-⑧同①-②。

图 3-33

（3）（图 3-34）动作说明：左腿漫步 2 次。两臂自然摆动。

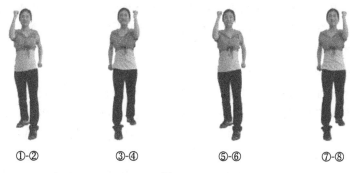

①-② ③-④ ⑤-⑥ ⑦-⑧

图 3-34

（4）（图 3-35）动作说明：迈步后点地 4 次。①右臂胸前平屈，②右臂左下举，③-④同①-②但方向相反。⑤右臂侧斜上举，⑥右臂左下举，⑦-⑧同⑤-⑥但方向相反。

（5）（图 3-36）动作说明：两腿开立，右臂侧举，掌心向前（图 3-36）。

① ② ③ ④

⑤ ⑥ ⑦ ⑧

图 3-35　　　　　　　　　　　　　　　　　　　图 3-36

第四节　啦　啦　操

☞ **本节要点** ≫≫

1. 了解啦啦操运动的起源，基本术语和手型；

2. 掌握和学习啦啦操的基本技术和成套动作。

啦啦操原名 Cheerleading。其中 Cheer，有振奋精神、提升士气的意思。啦啦操来源于早期部落社会的仪式。为激励外出打仗或打猎的战士们，他们通常会举行一种仪式，仪式中有族人欢呼、手舞足蹈的表演来鼓励战士，希望能凯旋。啦啦操是体育运动中的一个新兴项目，起源于美国，遍布美国的 NBA、橄榄球、棒球、游泳、田径、摔跤等比赛现场，至今已经有 100 多年的历史。最初为美式足球呐喊助威的活动发展，到现在成为世界范围内的一项体育运动。

啦啦操是一项深受广大群众喜爱，普及性极强，集体操、舞蹈、音乐、健身、娱乐于一体的体育项目。啦啦操也是健美操的一种，但是相对于健美操而言又比较容易，一直以来是作为球赛或其他一些比赛中场休息时候作为拉拉队的表演，后来就开始形成一种项目进行比赛。在中国，两广地区的啦啦操队伍比较出名。随着人民生活水平的不断提高，啦啦操所特有的保健、医疗、健身、健美、娱乐的实用价值受到越来越多的人的重视，吸引了不同年龄的爱好者参与，形成了一定规模的消费群体。各级电视台纷纷制作以竞赛、普及为内容的专题节目，创下很高的收视率。

一、啦啦操竞技术语和技术

（1）Cheerleading（啦啦操），Cheerleader（啦啦操队）。Cheer 是指精神抖擞、给人勇气、声援、激励以及朝气蓬勃的状态等一系列意思。Leader 是指导者、指挥者的意思。

（2）Cheerleader Spirits（啦啦操队的灵魂），笑容、开朗、有朝气、有关怀心、举止大方有礼、责任感等，这都是从事让人增添勇气这种意义的活动的奇尔里德尔本来就应有的精神面貌和品格。

（3）Cheer Sideline（奇尔·赛得来恩），以臂的动作为代表，集跳跃、筋斗、叠罗汉、罗汉造型等专门技术于一身，加上声音进行声援、助威这些形式，统称为"奇尔·赛得来恩"。这是奇尔里丁项目最具特征的形态，是参赛的自选动作结构中不可欠缺的要素。

（4）Cheer（赛场啦啦），目的是与观众互动，领喊人给出的"1.2.3.4"的节拍或"预备-开始"的口号开始，在比赛暂停或中场休息时进行。

（5）Sideline（场边鼓动），指多次重复使用同一声援短语这一形式。当领喊人发出"最后一次"的口令后，全体再重复高喊一次，便即刻停止。这种声援在场地边线外的区域进行。

二、Arm Motion（臂动作）

现代啦啦操是以团队的形式出现，并结合 Dance（舞蹈）、Cheer（口号）、Partner Stunts（舞伴特技，是指托举的难度动作）、Tumbling（技巧）、Basket Toss（轿子抛）、Pyramid（叠罗汉）、Jump（跳跃）等动作技术，配合音乐、服装、队形变化及标示物品（如彩球、口号板、喇叭与旗帜）等要素，遵守比赛规则中对性别、人数、时间限制、安全规则等规定进行比赛的运动，称之为竞技拉拉队，亦可称为拉拉队。竞技啦啦队分为技巧拉拉队和舞蹈拉拉队。其中技巧拉拉队包括 Mixed（男女混合组）、All-Female（全女子组）和 Partner stunts（舞伴特技）；舞蹈拉拉队又包括 Pomp（花球）、High kick（高踢腿）、Jazz（爵士）和 Prop（道具）四个组别。代表世界啦啦操最高水平的全美啦啦操队锦标赛参赛标准：队伍人数要在 6～32 人之间，分四个组别进行比赛，分别是业余组、中学组、大学组和全明星组。

三、啦啦操常用的几种手型

啦啦操中的手型有多种，是从芭蕾舞、现代舞、迪斯科、武术中吸收和发展的。手型是手臂动作的延伸和表现，运用得好，会使啦啦操动作更加丰富多彩，生动活泼，更具有感染力。

（1）并拢式：五指伸直，相互并拢。大拇指微屈，指关节贴于食指旁。

（2）分开式：五指用力伸直，充分张开。

（3）芭蕾手势：五指微屈，后三指并拢、稍内收，拇指内扣。

（4）拳式：握拳，拇指在外，指关节弯曲，紧贴于食指和中指。

（5）立掌式：五指伸直，手掌用力上翘。

（6）西班牙舞手势：五指用力，小指、无名指、中指自掌指关节处依次屈，拇指稍内扣。

手臂基本动作示范如图 3-37 所示。

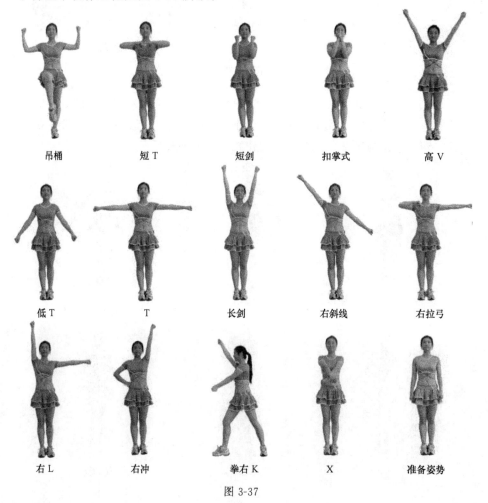

图 3-37

四、啦啦操基本套路——扬帆起航

准备姿势：直立。

组合一：

第一个八拍（图3-38）：①-③拍：右腿开始向前走三步，同时右臂经胸前屈成侧下冲拳。④拍：左腿并右腿，同时右臂胸前屈，拳心向内，左手叉腰，拳心向后。⑤-⑥拍：右腿开始向前走三步，同时右臂经胸前屈成侧下冲拳。⑦-⑧拍：还原成直立。

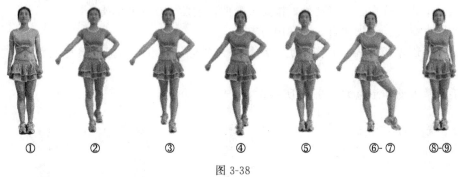

| ① | ② | ③ | ④ | ⑤ | ⑥-⑦ | ⑧-⑨ |

图 3-38

第二个八拍（图3-39）：①-④拍：右腿开始向后退三步，左腿并右腿，同时两臂经胸前屈成倒V。⑤-⑥拍：右腿向侧迈一步，同时成高V。⑦-⑧拍：还原成直立。

第三、四个八拍与第一、二个八拍动作相同，方向相反。

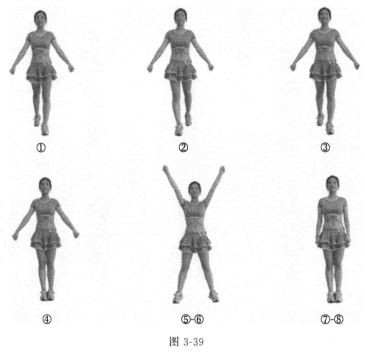

| ① | ② | ③ |

| ④ | ⑤-⑥ | ⑦-⑧ |

图 3-39

组合二：

第一个八拍（图 3-40）：①-③拍：右转 90°，右腿开始向前走三步，同时两臂经胸前屈成下 H。④拍：左腿并右腿，同时两臂胸前屈。⑤-⑥拍：右腿向前迈一步成小弓步，同时成侧 K。⑦-⑧拍：还原成直立。

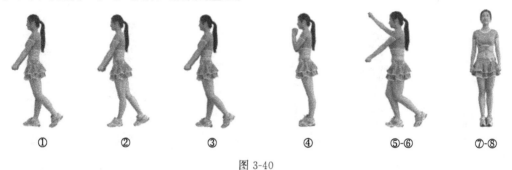

① ② ③ ④ ⑤-⑥ ⑦-⑧

图 3-40

第二个八拍（图 3-41）：①-③拍：右腿向侧迈一步，同时两臂成 X。④拍：左腿并右腿，同时手成 T。⑤-⑥拍：右腿向侧迈一步，同时前平举两拳靠拢，拳心相对。⑦-⑧拍：还原成直立。

第三、四个八拍与第一、二个八拍动作相同，方向相反。

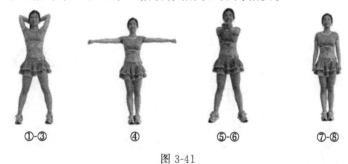

①-③ ④ ⑤-⑥ ⑦-⑧

图 3-41

组合三：

第一个八拍（图 3-42）：①-②拍：右腿开始向前走两步，胸前屈成低 X。③-④拍：右腿开始继续向前走两步，同时手成 W。⑤-⑥拍：右腿向前迈一步成小弓步，同时左臂侧上冲拳。⑦-⑧拍：还原成直立。

① ② ③ ④ ⑤-⑥ ⑦-⑧

图 3-42

第二个八拍（图 3-43）：①-②拍：右腿开始向后退两步，同时手成短 T。③-④拍：继续后退两步，同时两臂经上向外绕成下 A。⑤-⑥拍：右腿向侧迈一步成半蹲，同时左臂成斜线（左臂上）。⑦-⑧拍：还原成直立。第三、四个八拍与第一、二个八拍动作相同，方向相反。

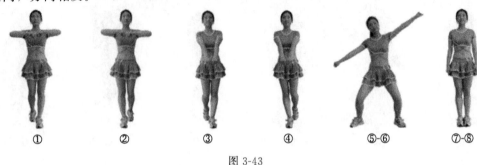

①   ②   ③   ④   ⑤-⑥   ⑦-⑧

图 3-43

组合四：

第一个八拍（图 3-44）：①-②拍：右腿开始后交叉一步，同时手成短剑。③-④拍：右腿再迈一步，左腿并右腿，同时右臂侧上冲拳。⑤-⑥拍：右腿向侧迈一步成半蹲，同时右臂侧下冲拳。⑦-⑧拍：跳成直立。

①   ②   ③   ④   ⑤-⑥   ⑦-⑧

图 3-44

第二个八拍（图 3-45）：①-②拍：右腿向侧迈一步，同时右臂腰侧屈，拳心向上，左臂上举，拳心向内。③-④拍：左腿向侧迈一步，同时手成弓箭（右臂屈）。⑤-⑥拍：腿成半蹲势，同时右臂斜上冲拳。⑦-⑧拍：跳成直立。第三、四个八拍与第一、二个八拍动作相同，反向相反。

①-②   ③-④   ⑤-⑥   ⑦-⑧

图 3-45

组合五：

第一个八拍（图 3-46）：①-②拍：腿均成直立，左伴下举；右伴成短 T。③-④拍：左伴直立，同时手成短 T；右伴右腿向前迈一步成小弓步，同时手成倒 V。⑤-⑥拍：左伴右腿向前迈一步成小弓步，同时成倒 V；右伴跳成开立，同时手成高 V。⑦-⑧拍：左伴跳成开立，同时成高 V；右伴屈膝半蹲，同时双手扶膝。

①-②　　　　　③-④　　　　　⑤-⑥　　　　　⑦-⑧

图 3-46

第二个八拍（图 3-47）：①-②拍：左伴屈膝半蹲，同时双手扶膝；右伴右腿向侧迈一步，顶右髋，左腿屈膝，脚尖点地，同时右手叉腰，拳心向后，左臂侧平举，拳心向下。③拍：左伴右腿向侧迈一步，顶右髋，左腿屈膝，脚尖点地，同时右手叉腰，拳心向后，左臂侧平举，拳心向下；右伴体前屈，同时左手经胸前屈向下冲拳，拳心向内。④拍：腿部不变，左伴左手经胸前屈向下冲拳，拳心向内；右伴体前屈，同时右臂经胸前屈向下冲拳，拳心向。⑤-⑥拍：左伴成体前屈，同时右臂经胸前屈向下冲拳，拳心向内；右伴跳成直立，同时手成 X。⑦-⑧拍：左伴跳成直立，同时手成 X；右伴跳成直立，同时手成 X。

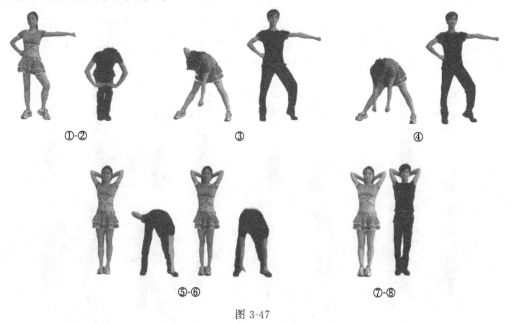

①-②　　　　　　　③　　　　　　　④

⑤-⑥　　　　　　　⑦-⑧

图 3-47

第三个八拍（图 3-48）：①-④拍：左伴右转 90°，右腿开始向前走四步，同时双臂经胸前屈成下 H；右伴左转 90°，左腿开始向前走四步，同时双臂经胸前屈成下 H。⑤拍：左伴左转 90°，右腿向侧迈一步，同时手成倒 V；右伴右转 90°，左腿向侧迈一步，同时手成倒 V。⑥拍：左伴左腿后屈腿，同时左臂上举，拳心向前；右伴右腿后屈腿，同时右臂上举，拳心向前。⑦拍：左伴右转 90°左腿向侧迈一步，同时手成下 H；右伴左转 90°，右腿向侧迈一步，同时手成下 H。⑧拍：左伴右腿踏步一次，同时手成 H；右伴左腿踏步一次，同时手成 H。

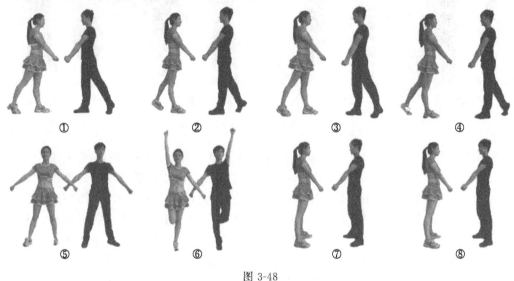

图 3-48

第四个八拍（图 3-49）：①-③拍：分腿直立两人相对，双臂体前相互击拳三次。④拍：分腿直立的同时手经胸前屈成下 H。⑤-⑦拍：左伴左转 180°，右腿开始向前走三步，同时手经胸前屈成下 H；右伴右转 180°，右腿开始向前走三步，同时手同左伴。⑧拍：左伴向右跳转 90°成直立，同时手经胸前屈成下 H；右伴向左跳转 90°成直立，手同左伴。

图 3-49

组合六：

第一个八拍（图3-50）：①-②拍：右腿向侧迈一步成半蹲，同时手经胸前屈成倒V。③-④拍：左腿并右腿，同时手成侧K。⑤-⑥拍：右腿向右前方45°迈一步屈膝，同时右臂成短剑。⑦-⑧拍：双腿伸直，同时右臂侧上冲拳。

第二个八拍与第一个八拍动作相同，方向相反。

①-②　　　　③-④　　　　⑤-⑥　　　　⑦-⑧

图 3-50

第三个八拍（图3-51）：①-②拍：右腿开始踏步两次，同时手经胸前屈成倒L（左臂下）。③-④拍：继续踏步两次，同时手经胸前屈成倒X。⑤-⑥拍：右腿向右前方45°迈一步，屈膝的同时手臂成下M。⑦-⑧拍：两腿伸直，同时手臂成高V。

第四个八拍与第三个八拍动作相同，方向相反。

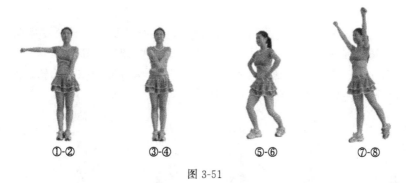

①-②　　　　③-④　　　　⑤-⑥　　　　⑦-⑧

图 3-51

组合七：

第一个八拍（图3-52）：①-②拍：左转90°，右腿向后一步成大弓步，同时右臂前下举，拳心向下，左手叉腰，拳心向后。③-④拍：右转90°双腿伸直，同时右臂侧上冲拳。⑤拍：两腿半蹲，同时手成K（右臂上）。⑥拍：两腿伸直，同时手成短T。⑦拍：两腿半蹲，同时手臂成斜线（左臂上）。⑧拍：跳成直立。

第二个八拍（图3-53）：①-②拍：右腿向前迈一步成小弓步，同时两臂经胸前屈成下H。③-④拍：吸左腿，同时两臂经胸前屈上H。⑤拍：左腿向侧后方迈一步，两臂成W，同时左摆动一次。⑥拍：右腿向侧后方迈一步，两臂成W，同时右摆动一次。⑦拍：左腿向侧后方迈一步，两臂成W，同时左摆动一次。⑧拍：跳成直立。第三、四个八拍与第一、二个八拍动作相同，方向相反。

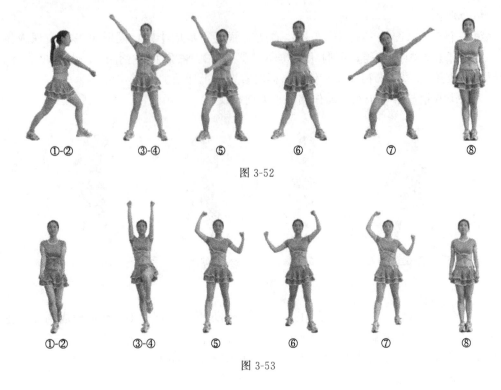

①-② ③-④ ⑤ ⑥ ⑦ ⑧

图 3-52

①-② ③-④ ⑤ ⑥ ⑦ ⑧

图 3-53

组合八：

第一个八拍（图 3-54）：①-②拍：右腿向前迈成小弓步，同时两臂成倒 V。③-④拍：左腿并右腿成直立，同时右臂小 H。⑤拍：右腿向侧迈一步成半蹲，同时右臂经胸前屈成侧下冲拳。⑥拍：右腿并左腿成直立，同时两臂屈臂 X。⑦拍：左腿向侧迈一步成半蹲，同时左臂侧下冲拳。⑧拍：还原成直立。

①-② ③-④ ⑤ ⑥ ⑦ ⑧

图 3-54

第二个八拍（图 3-55）：①-②拍：右腿向后退一步，同时两臂成上 X。③-④拍：左腿并右腿，同时两臂成上 M。⑤拍：右腿侧点地上，同时两臂肢低 X。⑥拍：右腿并左腿成直立手成短 T。⑦拍：左腿侧点地，同时两臂成低 X；⑧拍：还原成直立。第三、四个八拍与第一、二个八拍动作相同，方向相反。

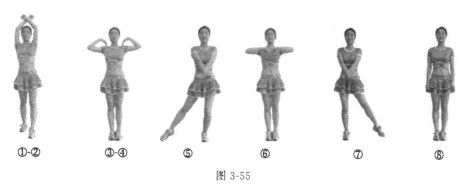

图 3-55

组合九：

第一个八拍（图3-56）：①-②拍：右腿向前迈一步成小弓步，同时双臂经胸前屈成前X。③拍：两腿跳成开立，同时两臂成高V。④拍：还原成直立。⑤-⑥拍：两腿跳成开立，同时上两臂成下M。⑦-⑧拍：向右顶髋两次，同时两臂成下A。

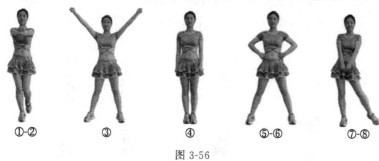

图 3-56

第二个八拍（图3-57）：①-②拍：左腿并右腿，同时右臂经胸前屈成侧上冲拳。③拍：右腿向侧迈一步，同时成斜线（左臂上）。④拍：腿部不变得同时手臂成斜线（右臂上）；⑤-⑥拍：左腿并右腿，同时右臂经胸前屈成侧下冲拳。⑦拍：右腿向侧迈一步成半蹲，同时右臂胸前屈，拳心向内，左臂叉腰，拳心向后。⑧拍：还原成直立。
第三、四个八拍与第一、二个八拍动作相同，方向相反。

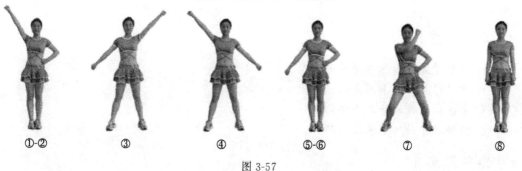

图 3-57

组合十：

第一个八拍（图3-58）：①-②拍：前踢右腿，同时手臂做加油。③拍：右腿大弓步，同时两臂成T；④拍：还原成直立。⑤-⑥拍：右转90°，跳成分腿半蹲，同时两臂成侧 K（右臂上）。⑦-⑧拍：左转 90°，并腿跳两次，同时两臂成高 V。

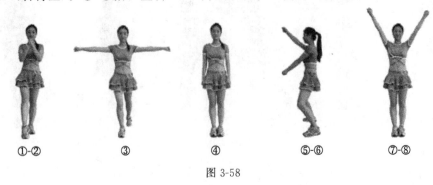

①-②　　　③　　　④　　　⑤-⑥　　　⑦-⑧

图 3-58

第二个八拍（图 3-59）：①-②拍：右腿向侧迈一步，同时右臂高冲拳。③拍：左腿并右腿，同时两臂成 T。④拍：屈膝低头，同时两臂成上 M。⑤-⑥拍：跳成右吸腿，同时两臂成下 H。⑦拍：跳成右大弓步，同时两臂前平举两拳靠拢，拳心向内。⑧拍：还原成直立。第三、四个八拍与第一、二个八拍动作相同，方向相反。

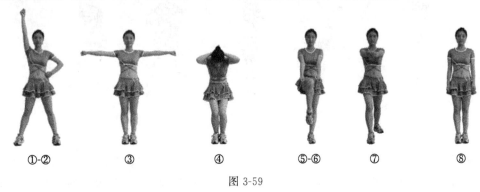

①-②　　　③　　　④　　　⑤-⑥　　　⑦　　　⑧

图 3-59

第五节　体育舞蹈

☞ **本节要点** ⟫⟫⟫

　　1. 学习摩登舞的基本姿势；

　　2. 学习摩登舞的单元步伐；

　　3. 掌握拉丁舞的基本姿势；

　　4. 掌握拉丁舞的基本技术动作。

☞ **本节重点** ⟫⟫⟫

　　1. 掌握华尔兹的基本技术动作；

　　2. 掌握伦巴舞的基本技术动作。

一、华尔兹

华尔兹是一种 3 拍子的舞蹈。它原是欧洲的一种土风舞，其中一部分传到英国，经整理规范成了英国华尔兹，即华尔兹，也就是惯称的"慢三"；另一部分传到欧洲中部，仍然保持土风舞热烈、淳朴的风格，经过整理规范形成了维也纳华尔兹。华尔兹舞曲的节奏是 3/4 拍，每分钟 28～30 小节，每小节有三拍。舞步基本上每拍一步，第一拍为重拍，三步起伏循环。下面重点介绍一下华尔兹的基本舞步技术。

（一）抱握姿势

1. 闭式舞姿

（1）男士握姿如图 3-60 所示。

①直立，沉肩，立腰，两脚并拢，松膝。

②左手与女士右手掌相对互握，虎口向上，前臂与上臂的夹角约 130°，高度置于男士眼左侧方向的延长线上。

③右手五指并拢，置于女士左肩胛骨下端，右前臂与女士的左前臂轻轻接触。

④头部自然挺直，目光从女士的右耳方向看出。身体向女士右侧移约半个身位，右髋部贴靠女士右髋部。

（2）女士握姿如图 3-61 所示。

①直立，沉肩，立腰，两脚并拢，松膝，上体稍后屈 25°。

②右手与男士左手相对互握。

③左手放置于男士右肩三角肌线处。

④头部略向左倾斜，目光从男士右耳向前看。

⑤身体稍向男士右侧移约半个身位。

2. 开式舞姿

在闭式舞姿的基础上，男、女舞伴的上身均向外分开大半部分，面向前方，目光通过相握的手，但男士右髋部与女士右髋部仍轻轻接触，动作同闭式舞姿一样（图 3-62）。

图 3-60　　　　　　　　图 3-61　　　　　　　　图 3-62

（二）基本舞步

1. 左脚并换步

（1）男士左脚前进；女士右脚后退（图 3-63①）。

（2）男士右脚经左脚横步稍前；女士左脚经右脚横步稍后（图 3-63②）。

（3）男士左脚并与右脚；女士右脚并与左脚（图 3-63③）。

2. 右转步

右转步有 6 步, 节奏为 1、2、3、1、2、3。

（1）男士右脚前进开始右转；女士左脚后退开始右转（图 3-64①）。

（2）男士左脚经右脚横步 1～2 转 1/4 周；女士右脚经左脚横步 1～2 转 3/8 周，身体稍转（图 3-64②）。

（3）男士右脚并与左脚 2～3 转 1/8 周；女士左脚并与右脚身体完成稍转（图 3-64③）。

①　　　　　　　②　　　　　　　③

图 3-63

（4）男士左脚后退 4～5 转 3/8 周；女士右脚前进继续右转（图 3-64④）。

（5）男士右脚经左脚横步，身体稍转；女士左脚经右脚横步稍前 4～5 转 1/4 周（图 3-64⑤）。

（6）男士左脚并与右脚；女士右脚并与左脚 5～6 转 1/8 周（图 3-64⑥）。

①　　　　　　　②　　　　　　　③

④　　　　　　　⑤　　　　　　　⑥

图 3-64

3. 右脚并换步

（1）男士右脚前进；女士左脚后退（图 3-65①）。

（2）男士左脚经右脚横步稍前；女士右脚经左脚横步稍前（图 3-65②）。

（3）男士右脚并与左脚；女士左脚并与右脚（图 3-65③）

4. 左转步

左转步有 6 步，节奏为 1、2、3、1、2、3。

（1）男士左脚前进，开始左转；女士右脚后退，开始左转（图 3-66①）。

①　　　　　　②　　　　　　③

图 3-65

（2）男士经右脚横步，1～2 转 1/4 周；女士左脚经右脚横步，1～2 转 3/8 周，身体稍转（图 3-66②）。

（3）男士左脚并与右脚 2～3 转 1/8 周；女士右脚并与左脚，身体完成转动（图 3-66③）。

（4）男士右脚后退 4～5 转 3/8 周；女士左脚前进，继续左转（图 3-66④）。

（5）男士左脚经右脚横步身体稍转；女士右脚经左脚横步，4～5 转 1/4 周（图 3-66⑤）。

（6）男士右脚并与左脚，身体完成转动；女士左脚并与右脚，5～6 转 1/8 周（图 3-66⑥）。

①　　　　　　②　　　　　　③

④　　　　　　⑤　　　　　　⑥

图 3-66

5. 扫步

（1）男士左脚前进，着地时先脚跟后脚掌（跟掌）；女士右脚后退，着地时先脚掌后脚跟（掌跟）（图 3-67①）。

（2）男士右脚横步稍前，着地时用脚掌（全掌）；女士左脚斜后退，着地时用脚掌（图 3-67②）。

（3）男士左脚在右脚后交叉，着地时先脚掌后脚跟，结束时成开式舞姿；女士右脚在左脚后交叉，着地时先脚跟后脚掌，结束时成开式舞姿（图 3-67③）。

①   ②   ③

图 3-67

6. 侧行追步

侧行追步有四步，节奏为 1、2、&、3。

（1）男士右脚前进并交叉于反身动作位置，着地时先脚跟后脚掌；女士左脚前进并交叉于反身动作位置，着地时先脚跟后脚掌，开始左转（图 3-68①）。

（2）男士左脚横步，着地时用脚掌；女士右脚横步，着地时用脚掌，1～2 转 1/8 周（图 3-68②）。

（3）男士左脚并与右脚，着地时用脚掌；女士左脚并与右脚，着地时用脚掌，2～3 转 1/8 周，身体稍转（图 3-68③）。

（4）男士右脚横步稍后，着地时先脚掌后脚跟；女士右脚横步稍后，着地时先脚掌后脚跟（图 3-68④）。

①   ②   ③   ④

图 3-68

7. 右旋转步

右旋转步有六步，节奏为 1、2、3、1、2、3。

（1）男士右脚前进开始右转；女士左脚后退开始右转（图 3-69①）。

（2）男士左脚经右脚横步 1～2 转 1/4 周；女士右脚经左脚横步 1～2 转 1/8 周，身体稍转（图 3-69②）。

（3）男士右脚并与左脚 2～3 转 1/8 周；女士左脚并与右脚身体完成稍转（图 3-69③）。

（4）男士左脚后退左脚保持在反身动作位置中（轴转）右转1/2周过渡到跟，掌转；女士右脚前进（轴转）右转1/2周，跟脚（图3-69④）。

（5）男士右脚前进继续右转跟掌；女士左脚后退，并向左侧继续右转跟掌（图3-69⑤）。

（6）男士左脚横步稍后5～6转3/8周，掌跟；女士右脚经左脚斜进5～6转3/8周，掌跟（图3-69⑥）。

①　　　　　　　　②　　　　　　　　③

④　　　　　　　　⑤　　　　　　　　⑥

图 3-69

8. 迂回步

迂回步有六步，节奏为1、2、3、1、2、3。

（1）男士右脚前进并交叉于反身动作及侧行位置，着地时先脚跟后脚掌；女士左脚前进并交叉于反身动作及侧行位置开始左转，着地时先脚跟后脚掌（图3-70①）。

（2）男士左脚经右脚横步稍前左转1/8周，着地时用脚掌；女士右脚经左脚横步稍前1～2转3/8周，着地时用脚掌（图3-70②）。

（3）男士右脚横步，着地时先脚掌后脚跟；女士左脚横步，着地时先脚掌后脚跟（图3-70③）。

（4）男士左脚沿后肩后退左转1/8周，着地时先脚掌后脚跟；女士右脚外侧前进3～4转1/8周，着地时先脚跟后脚掌（图3-70④）。

（5）男士右脚横步稍后左转1/2周，着地时用脚掌；女士左脚横步稍前左转1/4周，着地时用脚掌（图3-70⑤）。

（6）男士左脚横步成开式舞姿，着地时先脚掌后脚跟；女士右脚经左脚横步成开式舞姿，着地时用脚掌（图3-70⑥）。

9. 踌躇步

（1）男士左脚前进开始左转，着地时先脚掌后脚跟；女士右脚后退开始左转，着

① ② ③

④ ⑤ ⑥

图 3-70

地时先脚掌后脚跟。

（2）男士右脚横步1～2之间转1/4周，着地时用脚掌；女士左脚横步1～2之间转1/4周，着地时用脚掌（图3-71①）。

（3）男士左脚并与右脚2～3之间转1/8周（掌跟重心在右脚）；女士右脚并与左脚不置重量2～3之间转1/8周（掌跟重心在左脚）（图3-71②）。

① ②

图 3-71

10. 后退锁步

后退锁步有四步，节奏为1、2、&、3。

（1）男士在反身动作位置中左脚后退，着地时先脚掌后脚跟；女士在反身动作及外侧舞伴位置中，右脚前进，着地时先脚跟后脚掌（图3-72①）。

（2）男士右脚后退，着地时用脚掌；女士左脚前进稍向左，着地时用脚掌（图3-72②）。

（3）男士左脚交叉于右脚后，着地时用脚掌；女士右脚交叉于左脚后着地时用脚掌（图3-72③）。

（4）男士右脚后退稍向右，着地时先脚掌后脚跟；女士左脚前进稍向左着地时先脚掌后脚跟（图 3-72④）。

图 3-72

二、伦巴舞

伦巴舞音乐的节奏是 4/4 拍，速度为每分钟 28～32 小节，每小节有 4 拍，重拍在第 1 拍。伦巴舞舞步的基本形式是 4 拍走 3 步，步伐节奏为快、快、慢，快步占 1 拍、慢步占 2 拍。舞步的第一步踏在每小节的第二拍。

伦巴舞基本步法的特点是臀、胯、膝、足配合运动，特别要注意的是，胯部动作不是单一生硬地左右摇摆，而是在脚尖踩下时脚跟着地、膝部伸直、将胯部经旁向后旋转而形成的摆转。

（一）伦巴舞的持握姿势

（1）闭式相握姿势。男、女相对站立，相距约 20 厘米，重心可在任意一只脚上。男士的右手放在女士的左肩胛骨上，女士的左臂轻放在男士的右臂上，男士的左臂稍抬起，与眼睛齐平，女士的右手轻放在男士的左手中（图 3-73①）。

（2）开式相握姿势。男、女相距一臂长、面对面站立，重心可落在任一只脚上。二人相握的手平举于胸骨略下的位置，微微弯曲；另一只手臂自然侧举（图 3-73②）。

（3）扇形姿势。在伦巴舞和恰恰舞中，扇形姿势用得较多。女士在男士左侧约一臂距离处；女士的身体重心落于左脚，男士的身体重心落于右脚；男士的左手轻握在女士的右手手背上（图 3-73③）。

图 3-73

（二）基本动作

基本动作就是指伦巴舞最基本的舞步，很多步子都是在此基础上发展起来的，初学者务必熟练地掌握它，并能与音乐合拍。舞步从闭式舞姿开始，男士重心在右脚，女士重心在左脚；共6步，步伐节奏为快、快、慢、快、快、慢。

（1）男士左脚前进，胯向左后摆转；女士右脚后退，胯向右后摆转（图3-74①）。

（2）男士重心后移至右脚，胯向右后摆转；女士重心前移至左脚，胯向左后摆转（图3-74②）。

（3）男士左脚横步稍后，胯经前向左后摆转；女士右脚横步稍前，胯经前向右后摆转。

（4）男士右脚后退，胯向右后摆转；女士左脚前进，胯向左后摆转（图3-74③）。

（5）男士重心前移至左脚，胯向左后摆转；女士重心后移至右脚，胯向右后摆转（图3-74④）。

（6）男士右脚横步稍前，胯经前向右后摆转；女士左脚横步稍后，胯经前向左后摆转（图3-74⑤）。

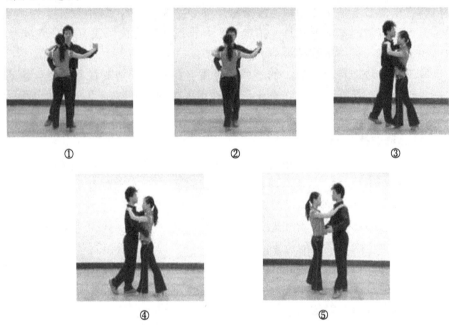

图 3-74

（三）常见舞步

1. 纽约步

纽约步从闭式舞姿开始；共6步，步伐节奏为快、快、慢、快、快、慢。

（1）男士右转1/4周，左脚前进，左肩并肩位；女士左转1/4周，右脚前进，左肩并肩位（图3-75①）。

（2）男士重心后移至右脚，胯向右后摆转；女士重心后移至左脚，胯向左后摆转（图3-75②）。

（3）男士左脚横步，左转1/4周；女士右脚横步，右转1/4周（图3-75③）。

（4）男士左转1/4周，右脚前进，右肩并肩位；女士右转1/4周，左脚前进，右肩并肩位（图3-75④）。

（5）男士重心后移至左脚，胯向左后摆转；女士重心后移至右脚，胯向右后摆转（图3-75⑤）。

（6）男士右脚横步，右转1/4周；女士左脚横步，左转1/4周（图3-75⑥）。

图3-75

2. 臂下右转

臂下右转从纽约步（3）结束后开始；共3步，步伐节奏为快、快、慢。

（1）男士右脚后退，胯向右后摆转，左手上举带女士右转；女士左脚交叉于右脚前，右转1/4周（图3-76①）。

（2）男士重心前移至左脚，胯向左后摆转；女士以左脚为轴右转1/2，后重心移至右脚，胯向右后摆转（图3-76②）。

（3）男士右脚横步稍前，胯经前向右后摆转；女士左脚横步稍前，右转1/4周与男士相对，胯经前向左后摆转（图3-76③）。

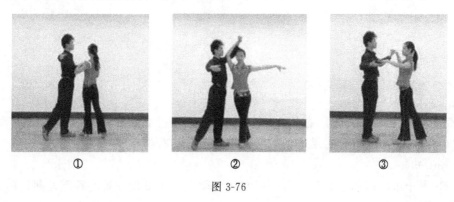

图3-76

3. 手对手

手对手从闭式舞姿开始；共 6 步，步伐节奏为快、快、慢、快、快、慢。

（1）男士左转 1/4 周，左脚后退，左手向旁打开与女士成右肩并肩位；女士右转 1/4 周，右脚后退，右手向旁打开成右肩并肩位（图 3-77①）。

（2）男士重心移至右脚，胯向右后摆转；女士重心移至左脚，胯向左后摆转（图 3-77②）。

（3）男士右转 1/4 周，左脚横步，胯向左后摆转，左手与女士右手相；女士左转 1/4 周，右脚横步，胯向右后摆转，右手与男士左手相拉（图 3-77③）。

（4）男士右转 1/4 周，右脚后退，左手与女士相拉，右手向旁打开成左肩并肩位；女士左转 1/4 周，左脚后退，右手与男士相拉，左手向旁打开成左肩并肩位（图 3-77④）。

（5）男士重心移至左脚，胯向左后摆转；女士重心移至右脚，胯向右后摆转（图 3-77⑤）。

（6）男士左转 1/4 周，右脚横步，双手与女士相拉；女士右转 1/4 周，左脚横步，双手与男士相拉（图 3-77⑥）。

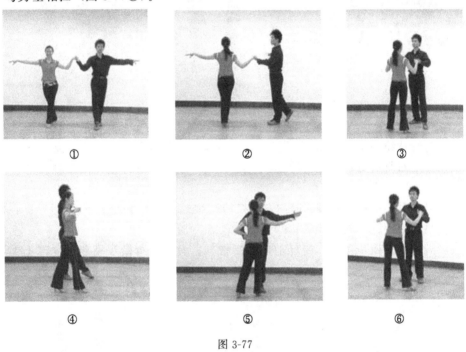

①　　　　　　　②　　　　　　　③

④　　　　　　　⑤　　　　　　　⑥

图 3-77

4. 原地左转

原地左转从手对手（6）结束后开始；共 3 步，步伐节奏为快、快、慢。

（1）男士左脚后退，右手上举带女士左转；女士右脚交差于左脚前，左转 1/4 周（图 3-78①）。

（2）男士重心前移至右脚；女士以右脚为轴左转 1/2 周，重心移至左脚，胯向左后摆转（图 3-78②）。

（3）男士左脚横步稍前，胯经前向左后摆转；女士右脚横步稍前，左转 1/4 周与男士相对，胯经前向右后摆转（图3-78③）。

①　　　　　　　　②　　　　　　　　③

图 3-78

5. 开式扭胯

开式扭胯从开式舞姿开始；共6步，步伐节奏为快、快、慢、快、快、慢。

（1）男士左脚前进，女士右脚后退（图3-79①）。

（2）男士重心后移至右脚，女士左脚前进（图3-79②）。

（3）男士左脚向右脚并步，重心移至左脚，左手用小臂及手腕带女士扭胯转；女士右脚前进靠近男士，女士以右脚掌为轴，向右用力扭胯右转1/4周（图3-79③）。

（4）男士右脚后退，女士左脚前进（图3-79④）。

（5）男士重心前移至左脚；女士右脚横步，左转（图3-79⑤）。

（6）男士右脚横步打开；女士左脚后退，本小节共转5/8周（图3-79⑥）。

①　　　　　　　　②　　　　　　　　③

④　　　　　　　　⑤　　　　　　　　⑥

图 3-79

6. 曲棍步

曲棍步从扇形步舞姿开始；共 6 步，步伐节奏为快、快、慢、快、快、慢。

（1）男士左脚前进；女士右脚收并左脚，拧胯，重心移至右脚（图 3-80①）。

（2）男士原地重心后移至右脚，女士左脚前进（图 3-80②）。

（3）男士左脚并右脚；女士右脚前进，靠近男士左侧（图 3-80③）。

（4）男士右脚后退，稍向右转 1/8 周；女士左脚向左斜前进，准备左转（图 3-80④）。

（5）男士重心前移至左脚；女士右脚横步稍前，左转 5/8 周，转后与男士面相对（图 3-80⑤）。

（6）男士右脚前进，女士左脚后退（图 3-80⑥）。

①　　　　　　　　②　　　　　　　　③

④　　　　　　　　⑤　　　　　　　　⑥

图 3-80

7. 阿莱曼娜

阿里曼娜从扇形步舞姿开始；共 6 步，步伐节奏为快、快、慢、快、快、慢。

（1）男士左脚前进；女士右脚掌向左脚并步，脚跟踏下、拧胯，重心移至右脚（图 3-81①）。

（2）男士重心后移至右脚. 女士左脚前进（图 3-81②）；

（3）男士左脚并右脚；女士右脚前进靠近男士，不要超过男士左脚，同时略向右转（图 3-81③）。

（4）男士右脚后退；女士以右脚为轴，向男士左臂下右转 1/4 周，左脚前进（图 3-81④）。

（5）男士重心移至左脚；女士左脚为轴，继续右转 1/4 周，右脚向前进（图 3-81⑤）。

（6）男士右脚并左脚；女士左脚前进，右转 1/4 周成闭式（图 3-81⑥）。

图 3-81

第六节 有 氧 运 动

有氧运动（也叫做有氧代谢运动），是指人体在氧气充分供应的情况下进行的体育锻炼。它是最简单的运动也是最好的运动，它身心兼顾，简单易行。有氧运动可以提升氧气的摄取量，能更好地消耗体内多余的热量。即在运动过程中，人体吸入的氧气与需求相等，达到生理上的平衡状态。

有氧运动有别于无氧运动。无论是有氧运动还是无氧运动，并不是简单地根据运动项目来划分，而是按照运动时肌肉收缩的能量是来自有氧代谢还是无氧代谢来区分的。就运动项目本身的性质而言，有氧运动是属于增强人体吸收、输送与使用氧气为目的的耐久性运动项目，是保持全面身心健康最有效、最科学的运动方式。其运动特点是运动强度低、富有节奏感、持续时间较长。一般要求每次锻炼的时间不少于 40 分钟，每周坚持 3~5 次。通过这种锻炼，氧气能充分酵解体内的糖分，可以有效消耗体内脂肪，增强和改善心肺功能，预防骨质疏松，调节心理和精神状态。无氧运动属于力量性运动项目。在整个运动过程中，人体吸入的氧气少于所需的氧气。它的特点是：运动强度较高、爆发力强、持续时间短等。

有氧运动方法很多，常见的有健身走（步行）、健身跑（慢跑）、滑冰、游泳、骑自行车、打太极拳、跳健身舞、韵律操等。本节重点介绍有氧运动锻炼效果最好的方法——健身走和健身跑。

一、健身走

健身走风行全球，成为健身的新标志。健身走早在几千年前就被中医称为"百炼之祖",医学之父的希波克拉底也称步行为"人类最好的医药"。走,是人类最基本的运动方式之一,是每个健康人都具备的运动能力,是有氧运动最有代表性的运动项目之一。然而最容易让人们掌握和坚持的健身走,在体育课堂和教科书中却很少见。虽然有很多人也知道走步可以健身,坚持走步运动,但对健身走的实质并不了解,没有科学的锻炼计划,不能正确掌握健身走的锻炼方法,因此,健身效果不理想。

健身走不同于一般的散步和走步,它是有计划、有目的的一种健身方式。健身走的锻炼能有效的消耗热量,减少体内的脂肪,有效的发展肌肉的力量和耐力,改善神经系统的调节功能,提高呼吸系统及心血管系统的功能,同时可以培养顽强的品质和勇于克服困难的精神。经常有节奏、有计划的走步,可以提高人体的健康水平,特别是对那些从事脑力劳动和长时间学习的人,有很好的健身效果。

健身走的锻炼原则是因人而异、循序渐进、持之以恒、适度运动。

健身走可以消耗能量、降低血糖、锻炼骨骼、发展耐力。

(一) 健身走的步法分类

由于人的腿形不同,步行的步法也不同。因此,步法可用步长、步宽、步角来分类。

(1) 按步长分类。由于身高和腿长不同,也就没有绝对的步长划分,但一般情况下,正常走步的步长为80～90厘米左右,中步为70厘米左右,短步为60厘米左右。

(2) 按步宽分类。分离步、并跟步、搭跟步、直线步等。

(3) 按步角分类。外展步、内收步、直行步、非对称步等。

(4) 其他分类。弓箭步、交叉步走(正交叉步和侧交叉步)、足尖步等。

(二) 健身走的锻炼方法

健身走的锻炼方法包括慢步走、快步走、倒步走、足尖走、弓箭步走、半蹲走等。下面介绍几种常见的锻炼方法。

1. 快步走

快步走是一种步幅适中、步频和步速较快(130～250米/分)、运动量稍大的走步,适合于中老年有一定走步锻炼基础的健康者及广大青少年。"有氧运动之父"肯尼思·库珀认为快步走(每英里12分钟)是一项不错的健身方式,它的效果不比慢跑(每英里9分钟)差,而且还免除了跑步对膝关节的损伤。

快步走时身体适度前倾3～5度,抬头、垂臂、挺胸、收腹、收臀。在走步过程中,两臂配合两腿在体侧协同摆动,前摆时肘部成90°角,手臂高度低于胸,后摆时肘部也成90°角。两臂摆幅随步幅的变化而变化。两腿交换频率加快,步幅尽量稳定,前摆腿的脚跟着地后迅速滚动至脚前掌,后脚再离地,动作要柔和。两脚以脚内侧为准踩成一条较直的线。臀部随向前迈步的脚着地——完成后蹬动作,稍有前后左右的转动,但不宜过大。快步走的速度、步速要均匀,也可采用变速的方式,但注意不要出现两脚都不着地的腾空。

快步走的要求:步频由慢到快,步幅不要过大;脉搏控制在120～150次/分。

2. 倒步走

倒步走即反向行走,人倒退着走步。可以增强腰背肌肉力量,提高人体的灵敏性、协调性和平衡能力。倒步走时，上体自然正直，不要抬头后仰，眼要平视。当右腿支撑时，左腿屈膝后摆下落，前脚掌先着地后滚动到全脚掌着地，身体重心随之移至左腿时，右腿屈膝后摆下落，前脚掌先着地后滚动到全脚掌。两臂协同两腿自然摆动。

倒步走的要求：在倒走过程中，初始阶段两眼可随同侧腿左顾右盼，待平衡能力提高了，眼看前方，步幅一脚至两个脚长，步频要因人而异。脉搏控制，健康人在90～100 次/分，肥胖人在 120～124 次/分。倒步走要选择没有障碍物的开阔而平坦的地面。

3. 踏步走

踏步走是原地走步或稍有向前移动的特殊走法。踏步走时身体直立，两臂自然下垂或屈臂。两腿交替屈膝抬起，用全脚掌或前脚掌落地，两臂协同两腿前后直臂或屈臂摆动。屈膝抬腿最高点是大腿抬至髋高，直腿或屈膝落地均可。这种走法只有步频要求，步幅从零到一个脚长。踏步走适合于运动空间少，风雨雪天气，练习者外出、身体不适或行走困难者，可选在室内外能站一个人的地方进行。

踏步走的要求：踏步走两腿交换频率因人而异，原地踏步者开始全脚着地阶段，由于支撑时间长每腿 30 次/分为宜。随着体力增加，前脚掌撑地时由于支撑时间短，每腿 45 次/分为宜。踏步者可以根据身体素质情况，不断提高抬腿高度与两腿交换频率。

（三）制定健身走的计划

健身走要走出锻炼身体的效果，要讲究科学性，不能盲目随从，应循序渐进，持之以恒。因此，制定科学的锻炼计划是十分必要的。计划的制订可以根据自身的情况以周计划、月计划、年计划来制定。计划设计应从以下三个方面考虑。

1. 长时间的持续走

每次行走的距离不定，但要根据自己的身体情况，在不疲劳的情况下坚持长时间的行走，时间在 40 分钟以上（表 3-3）。

案例 1

表 3-3　5 周健身走锻炼计划

周	距离（米）	时间（分钟）	锻炼次数/周
1	4000～5000	40～50	3～4
2	5000～6000	50～60	3～4
3	6000～7000	60～70	4～5
4	7000～8000	70～80	4～5
5	8000 以上	80 以上	4 以上

注明：运动量和运动次数，应因人而异，根据自身的身体健康状况增减。

2. 定时定量走

规定好每次行走的距离、时间。一般是在规定的时间内行走多少距离。如 4 分钟走 400 米，60 分钟走完 6000 米。每周 3 次（表 3-4）。

案例 2

表 3-4　10 周健身走锻炼计划

周	1	2	3	4	5	6	7	8	9	10
时间（分钟）	40	40	50	50	60	60	70	70	80	80
距离（米）	3000	4000	4500	5000	5500	6000	6500	7000	7500	8000
锻炼次数/周	4	4	5	5	5	5	5	5	5	5

注明：运动量和运动次数，应因人而异，根据自身的身体健康状况增减。

3. 有针对性发展身体关节和肌肉力量的走

每次健身走时，将有针对性的多种走法穿插进来，进行组合。如足尖走，可以发展踝关节和小腿肌肉力量，弓箭步走发展大腿力量，交叉步走，发展髋关节的灵活性和肌肉力量。组合方法如：快步走 100 米→弓步走 50 米→左右交叉步走 50 米→快速高抬腿走 50 米→半蹲走 50 米→放松走 100 米，完成 3～4 组，心率在 130 次/分左右（表 3-5）。

案例 3

表 3-5　一次健身走锻炼计划

锻炼内容	时间（分钟）
准备活动，关节操	5
慢走 800 米	10
快走 200 米接足尖走 50 米，4 组	20
快走 200 米接交叉步走 200 米，4 组	20
快走 200 米接弓箭步走 200 米，4 组	20
放松活动，放松操	5

注明：运动量和运动次数，应因人而异，根据自身的身体健康状况增减。

（四）健身走的注意事项

（1）做好准备活动和放松活动，在快走之前应慢走热身，待身体发热后再快走。

（2）坚持循序渐进的原则，运动时间和运动量应逐渐增加，运动幅度由小变大，不能操之过急。

（3）选择合适的运动鞋。要求大小合适，鞋面富有弹性，鞋底舒适柔软。

（4）在身体不生病、不疲劳的情况下坚持长期锻炼，一旦身体不适应停止运动。

二、健身跑

健身跑是人体进行全面锻炼，提高身体健康水平最有效的方法之一，可以增强人的力量、速度、耐力等身体素质。健身跑的技术要求不高，其技术特点简单、易掌握，男女老少皆宜。不受场地、器材限制，可在田径场、校园、公路、树林、公园及田间小路等地练习，是我国群众性体育活动中最普及的一项运动。经常参加健身跑可以改善人体的生理机能，增强心血管系统的功能，改善神经系统功能，提高肌肉工作耐力，还可以促使骨骼的生长发育，推迟衰老。经常坚持健身跑可以治疗和缓解一些疾病，如慢性支气管炎、便秘、神经衰弱、颈椎病，预防动脉硬化等，降脂减肥效果最佳。

（一）健身跑的锻炼方法

健身跑的方法很多，有放松跑、变速跑、匀速跑、计时跑、组合跑（交替跑）、间歇跑、原地跑、绕障碍物的迂回跑等。下面介绍几种常见的健身跑方法。

（1）放松跑。放松跑是健身跑中最简单的一种方式，跑时步伐要轻快富有弹性，脚掌柔和着地，身体重心起伏小，步幅适中，上下肢协调配合，直线性好。

（2）变速跑。变速跑是在跑的过程中，利用运动速度的快慢来调整运动强度，是快跑和慢跑交替进行的一种跑的方式。即可锻炼耐力又可以锻炼速度。如快跑 100 米与慢跑 300 米交替进行，连续跑 2000 米。

（3）计时跑。在规定的时间里跑多少距离，如 30 分钟跑完 4000 米。

（4）绕障碍物的迂回跑。由于跑步动作单一，长时间跑会让人感到枯燥乏味，如能在环境优美的公园、校园，围绕楼房、小湖等，在林荫道上跑步是件很不错的锻炼方式。在跑的过程中即能呼吸到新鲜的空气，又感觉轻松愉快。

（5）组合跑。主要是组合练习，将各种跑组合在一起，或走跑结合等。如小步跑 50 米→高抬腿跑 50 米→后蹬跑 50 米→放松跑 200 米为一组，完成 4～5 组，心率在 130～150 次/分之间；跑 400 米→走 400 米，连续练习 4000 米以上。

（6）原地跑。原地跑一种室内锻炼的方式，可以充分利用有限的时间进行体育锻炼。在原地跑的过程中听英语、新闻、看电视等，身心兼顾。如每天坚持在看晚间新闻的时候进行原地跑步 40 分钟以上。

（二）制定健身跑的计划

健身跑不能单凭个人兴趣和心情想练就练，无计划、无目的。要讲究科学性，循序渐进，持之以恒。因此，制订计划是健身跑的重要环节，它直接影响锻炼效果。计划的制订可以根据自身的情况以周计划、月计划、年计划来制定。计划设计应考虑运动量由小到大逐渐增加，跑的速度由慢到快，运动强度由弱到强（表 3-6、表 3-7、表 3-8）。

案例 4

表 3-6 初学者的 5 周的健身跑计划

周	距离（米）	时间（分钟）	锻炼次数/周
1	2000	20	3～4 次
2	3000	30	同上
3	4000	40	4～5 次
4	5000	50	同上
5	6000	60	同上

案例 5

表 3-7　具备一定基础的锻炼者 5 周的健身跑计划

周	距离（米）	时间（分钟）	锻炼次数/周
1	5000	48	3～4 次
2	5000	40	同上
3	6000	40	4～5 次
4	8000	50	同上
5	8000	45	同上

案例 6

表 3-8　一次健身跑锻炼计划

锻炼内容	时间（分钟）
准备活动，关节操，慢跑 800 米	10
徒手操	5
小步跑 20 米→高抬腿跑 20 米→后蹬跑 20 米→40 米放松跑，2 组	10
倒退跑 100 米→正面放松跑跑 100 米交替进行，2000 米	30
放松活动，放松操	5

（三）健身跑的要求

1. 准备活动要充分

准备活动，是使身体从相对安静状态逐步过渡到肌肉适度紧张状态，提高中枢神经系统的兴奋性和各器官的活动能力，以适应跑步的需要。因此，在健身跑之前准备活动一定要认真，通过徒手操、柔韧性练习等将四肢和关节充分活动开，特别要注意活动髋、膝、踝关节。当身体感觉发热，运动起来轻松愉快，准备活动结束。

2. 掌握健身跑的呼吸技巧

在跑步中，掌握正确的呼吸方法是十分关键的。呼与吸要均衡，要有相对稳定的呼吸节律。呼吸要和跑步的节奏相吻合，一般是二步一呼、二步一吸，也可三步一呼、三步一吸。呼吸时，要用鼻和半张开嘴（舌尖卷起，微微舔上腭）同时进行。这样才能改善身体摄氧量的水平，调节体内氧的供应状态，提高锻炼质量。注意呼吸的"深、长、细、缓"，对初练跑步者应因人而异。

3. 控制好健身跑的运动强度

掌握好运动强度也是健身跑的关键。衡量运动强度一般采用心率指标。适宜的运动强度。每分钟心率为 180 次减去自己年龄数，跑步者 20 岁，他跑步时的适宜心率应为 160 次/分左右。练习的次数、时间及距离。青少年每周 4～5 次，每次 30～45 分钟，距离 3000 米以上。每次跑的运动量不是恒定的，可根据本人身体状况，运动量稍有增减。如每周练习 3 次，运动量可采用小、大、中来调整。运动量的增加一定要严格遵照循序渐进的原则，切不可操之过急。

4. 放松运动不容忽略

跑步结束后一定要做好放松活动，使人体各器官从运动状态逐步恢复相对安静状态，缓解疲劳。最简单的方法是慢走一段距离，调整呼吸，做几节放松操和伸拉运动。时间一般为 5～10 分钟。

5. 健身跑的注意事项

（1）严格遵守循序渐进的锻炼原则，切忌操之过急。

（2）根据自身情况，制定锻炼计划和短期目标。

（3）认真做好运动前的准备活动和运动后的放松活动，掌握好运动量，不要造成运动疲劳。

（4）选择舒适的运动服和运动鞋，以免对身体造成损伤。

（5）有急性支气管炎、肺炎、肺气肿，严重肺结核、高血压、心脏病待患者不要进行健身跑。

（6）跑步时出现如胸痛、心慌、头痛、恶心、脸色苍白、出冷汗，步态不稳等症状，应立即中止运动。

（7）运动环境选择首先要保证安全，其次考虑空气新鲜、环境优美等因素。

第七节　瑜　　伽

☞ **本节要点** 》》》

1. 通过调节身心使身体的曲线达到完美的课程，同时该课程也是一种精神和肉体相结合的健康运动之一。其目的一是培养身体的自然美，并获得高水平的健康状况；

2. 培养健康理念，掌握科学的健身术。通过进行适当合理的科学运动即可达到理想的身体健康水平，又可调节心理压力塑造一颗健康的心灵；

3. 根据瑜伽练习可消除体内脂肪减轻体重的特点，培养学生掌握适当的练习方法，通过对不同身体部位进行选择性的练习，进而塑造形体美。

瑜伽，Yoga 一词，是从印度梵语 yug 或 yuj 而来，其含意为"一致"、"结合"或"和谐"。瑜伽就是一个通过提高自身意识，帮助人类充分发挥潜能的体系。瑜伽姿势运用古老而易于掌握的技巧，改善人们生理、心理、情感和精神方面的能力，是一种达到身体、心灵与精神和谐统一的运动方式。练习瑜伽不仅可以健体塑身，还可以改善体制，促进血液循环缓解工作压力。另外，经常练习瑜伽还可以有效预防便秘，放松脊柱，消除较轻的肩部疼痛，解除疲劳和延缓衰老。

一、增延脊柱伸展式

1. 功效

本体式能增强人体的柔韧性，可令脊柱得到充分的锻炼，以滋养脊柱神经，其中的前弯动作能滋养双肾、肝脏和脾脏，缓解月经期间的不适，促进血液向心脏回流，滋养大脑和容颜。

2. 动作顺序

（1）吸气，双腿并拢自然站立，双臂上举过头顶，伸直，掌心向前，目视正前方（图3-82①）。

（2）呼气，上身向前弯曲，先以手指贴地，然后双掌掌心贴地，头部自然放松，膝部绷直（图3-82②）。

（3）吸气，慢慢抬起头部，双掌始终贴近地面，深呼吸，该姿势保持30～60秒（图3-82③）。

（4）呼气，胸腹部尽量贴近大腿前侧，头靠近小腿前侧。一边深呼吸一边保持该动作30～60秒。然后再慢慢恢复站姿（图3-82④）。

①　　　　　　②　　　　　　③　　　　　　④

图 3-82

二、半月式

①　　　　　　②

图 3-83

1. 功效

本体式可以消除腰围上的多余脂肪；强化神经系统，帮助消化，加快排泄过程，改善肠胃问题；强化脊柱下段，双髋、臀部等部位的肌肉，令背部得到充分锻炼。

2. 动作顺序

（1）吸气，先站立姿势，双腿分开，略宽于肩，右臂竖直上举，贴近右耳际，目视前方（图3-83①）。

（2）呼气，躯干向左弯曲至身体的最

大极限，头也随之弯向左侧。另一侧也如此（图 3-83②）。

三、顶峰式

1. 功效

本体式可以消除脚跟疼痛及僵硬，强壮坐骨神经；消除疲劳，带来好精神；促进脚部血液循环，预防关节炎；平衡脯部机能，防止动脉硬化；促进面部血液循环，改善肤色。

2. 动作顺序

（1）自然呼吸，先取跪姿，双腿并拢，臀部放在两脚跟上，双手放在地上。呼吸，上半身前倾，抬高臀部，双膝及双手着地. 脚跟抬起。大腿与小腿保持垂直（图 3-84①）。

（2）吸气，抬升臀部、背部，同时伸直双腿，脚尖着地（图 3-84②）。

（3）呼气，肩膀、脚跟下压，头部下移，落于两臂间，头顶着地，伸展整个后背和腿部后侧肌肉。深呼吸，保持该动作 30～60 秒（图 3-84③）。

①　　　　　　　　　②　　　　　　　　　③

图 3-84

四、罐头开启器和炮弹式

1. 功效

本体式可以收紧腹部肌肉，美化腹部曲线；伸展颈部肌肉，缓解颈部僵硬；有助于缓解便秘，促进腹中积气的排出。

2. 动作顺序

（1）吸气，仰卧，两腿伸直，双手放在身体两侧，屈右膝，收起右腿，尽量将右腿收近胸膛（图 3-85①）。

（2）深吸气，两手十指交叉，抱右膝，贴近胸部（图 3-85②）。

（3）深吸气，把头抬向右膝处（图 3-85③）。

（4）吸气，慢慢把头部放回地面上，放开手指，伸直右腿，换左腿练习；然后，两腿均屈膝，把两大腿收近胸部，两臂抱住双膝，脚尖绷直（图 3-85④）。

（5）呼气，尽量抬高头部，用鼻子接触膝盖，腹部肌肉被拉紧的感觉。然后，吸气，慢慢把头部放回地面上，放开十指，双腿伸直，躺在地板上放松（图 3-85⑤）。

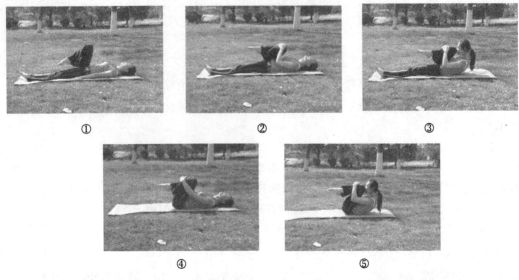

①　　　　　②　　　　　③

④　　　　　⑤

图 3-85

五、束角式

1. 功效

本体式可以增加身体柔韧度；改善月经周期不规则，滋养卵巢；孕妇常练习能减少分娩时的痛苦；预防静脉曲张；有助于消除睾丸疼痛，强化膀胱、前列腺、双肾功能。

2. 动作顺序

（1）自然呼吸，坐在地板上，两腿向前伸直，脊柱挺直，双手自然放在体侧（图 3-86①）。

（2）吸气，弯曲双膝，把两脚的脚跟和脚掌贴合在一起，十指交叉，抓住两脚脚趾，脊柱挺直，目视前方（图 3-86②）。

（3）呼气，上身前屈，双肘放在大腿上（图 3-86③）。

（4）自然呼吸，上身继续前屈，逐渐将额头、鼻子贴近地板。保持这个姿势 30～60 秒钟。然后吸气，回到起始姿势，自然呼吸，放松休息（图 3-86④）。

①　　　　　　　　　　　②

③

④

图 3-86

六、仰卧手抓脚伸展式

1. 功效

本体式可以充分舒展臀部及腿部肌肉，促进这两个部位的血液循环；帮助神经系统恢复活力；对坐骨神经痛和腿部麻痹患者非常有益。

2. 动作顺序

（1）自然呼吸，身体呈仰卧状态，双腿并拢，伸直，双臂自然放在身体两侧（图 3-87①）。

（2）吸气，屈左膝，双手握住脚踝处，大拇指在上，其他手指在下，右腿紧贴地面（图 3-87②）。

（3）呼气，将左腿向头顶方向拉直。自然呼吸，保持该动作 30 秒（图 3-87③）。

（4）呼气，将左腿尽量靠近头部的左下侧。自然呼吸，保持 20 秒。然后放开双手，将左腿缓缓地放在地板上，休息后换另一侧继续练习（图 3-87④）。

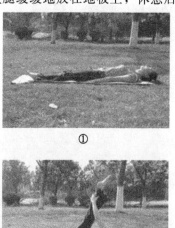

①

②

③

④

图 3-87

七、虎式

1. 功效

本体式可以刺激脊柱，改善背部僵硬状况；燃烧髋部和大腿区域的脂肪，美化腿形；强健生殖器官；有利于初产妇恢复体形。

2. 动作顺序

（1）自然呼吸，取跪姿，双腿并拢，臀部坐在脚后跟上，脊柱伸直，两手放在地板上。呼气，上半身前倾，抬高臀部，两臂伸直，手掌撑地，大腿与小腿保持垂直（图 3-88①）。

（2）吸气，抬起左腿向后伸直，抬头目视前方（图 3-88②）。

（3）呼气，头部后仰，左腿缓缓向上抬起，抬至身体的极限（图 3-88③）。

（4）吸气，屈左膝．并将左膝向胸前移动（图 3-88④）。

（5）呼气，把左腿尽量向头部方向移动，鼻子尽量靠近膝盖，大腿前侧靠近胸部，脚趾略高于地面，两眼向下看。然后将左腿伸展开，恢复到起始位置，重复练习 6 次，另一侧也如此（图 3-88⑤）。

①　　　　　　　　②　　　　　　　　③

④　　　　　　　　⑤

图 3-88

八、前伸展式

1. 功效

本体式可以消除疲劳，促进胸部发育；充分舒展腿部，腹部肌肉，促进甲状腺分泌；加强两手腕、两脚踝的力量；增强骨盆的灵活性，放松肩关节。

2. 动作顺序

（1）自然呼吸，先坐在地上，双腿向前伸直，上半身后仰，同时两手掌移向臀部后方，十指指尖指向臀部后侧（图 3-89①）。

（2）吸气，先弯曲双膝，用脚掌及双臂撑起身体，双腿伸直，臀、腰、背部继续向上提升，达到身体的极限，头部放松，后仰置于双臂间。自然呼吸，保持这个姿势10～30秒。呼气，慢慢恢复起始姿势，放松（图3-89②）。

图 3-89

九、人面狮身

1. 功效

本体式可以有助于治疗各种背痛和较轻微的脊柱损伤；拉伸背部肌肉群，从而消除背部与颈部区域的僵硬和紧张感；缓解便秘，增进食欲。

2. 动作顺序

（1）自然呼吸，俯卧在地板上，下颌贴地，双腿伸直，稍分开，双臂自然地放在身体两侧，掌心朝上（图3-90①）。

（2）吸气，屈肘，两小臂向前平行伸直，用肘部支撑上身，头部及胸部向上抬高，大臂与地面保持垂直（图3-90②）。

图 3-90

十、卧英雄式

1. 功效

本体式可以改善身体僵硬现象，增强身体的柔韧性；可伸展和强壮腹部器官与骨盆区域；缓解抑郁、疲劳、肌肉疼痛；若睡前练习此体位，还能有效缓解失眠；该体位非常适合运动员及长时间站立的人练习。

2. 动作顺序

（1）吸气，跪在地板上，保持两膝并拢，将两脚分开，使臀部落坐在双腿间（图 3-91①）。

（2）呼气，先将躯干慢慢向后仰，把一侧手肘放在地上，另一手肘也慢慢落在地上（图 3-91②）。

（3）吸气，上身慢慢下弯，肩部触地，腰、背部尽量向上拱起，两臂向头顶上方伸出，保持头部后侧紧贴在地上（图 3-91③）。

（4）呼气，慢慢放松，双手抱住对侧肘部，深呼吸，尽量长时间保持这个姿势。然后舒展四肢，腰、背部落地，躺在地上，放松（图 3-91④）。

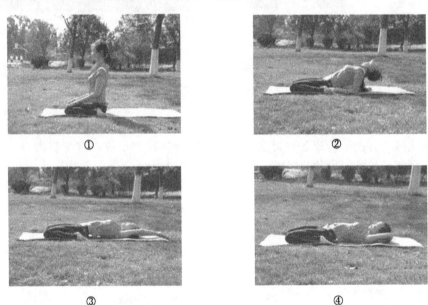

①　②
③　④

图 3-91

十一、鱼式

1. 功效

本体式可以按摩腹部脏器，对治疗腹部疾病均有帮助；强化腰、背部肌肉，修饰腰、背部线条；消除颈部紧张，强化与柔韧颈部的肌肉。

2. 动作顺序

（1）自然呼吸，仰卧，双腿伸直，并拢，双臂自然地放在身体两侧，手心向下（图 3-92①）。

（2）吸气手肘弯曲，向地面施力，支撑起上半身，腰背部尽量上抬，头顶触地，手指放在臀部处，双腿紧贴地面（图 3-92②）。

（3）呼气等腰、背部上抬到身体极限时，将上身的一部分重心转向头顶处。双手在胸前合十（图 3-92③）。

（4）吸气，保持身体姿势不变，双手合十向头顶上方伸直。深呼吸，保持该动作10～30秒，慢慢恢复起始姿势，充分放松（图3-92④）。

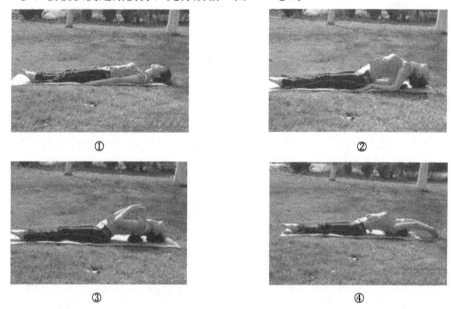

①　　　　　　　　　　　　　　　　②

③　　　　　　　　　　　　　　　　④

图 3-92

十二、船式

1. 功效

本体式适合患有胃胀气和其他胃肠疾病的人经常练习，可缓解不适症状；增强下背部力量，放松两髋，可锻炼腿部肌肉；强烈刺激下腹部，帮助排毒，消除腹部肥胖；有助于燃烧腰部脂肪，缓解便秘。

2. 动作顺序

（1）自然呼吸，仰卧，两腿伸直，并拢，双臂自然地放在身体两侧，手心向下（图3-93①）。

（2）吸气将头部、上身躯干，两腿和双臂全都抬起来，尽量高的离开地面，将身体重心移到臀部处，手臂尽量向前伸直并与地面平行。深呼吸，保持该动作10～20秒。然后将躯干落在地面上，四肢着地，全身放松（图3-93②）。

①　　　　　　　　　　　　　　　　②

图 3-93

十三、桥式

1. 功效

本体式可以强化脊椎的柔韧性，促进脊椎神经系统的活性；紧实背部及臀部肌肉，美化线条；滋养松果腺、垂体、甲状腺和肾上腺；稳定心绪。

2. 动作顺序

（1）自然呼吸，仰卧在地板上，双腿并拢，双臂自然放在身体两侧（图3-94①）。

（2）呼气，分开双腿. 弯曲双膝，把脚后跟向臀部移动（图3-94②）。

（3）吸气，向上提升臀部，双手拖住腰处，躯干尽量向上抬起（图3-94③）。

（4）深呼吸，臀部稳定后，双臂放落在地面上、伸直，指尖指向脚跟处。保持该动作10～20秒。然后恢复至起始动作，放松（图3-94④）。

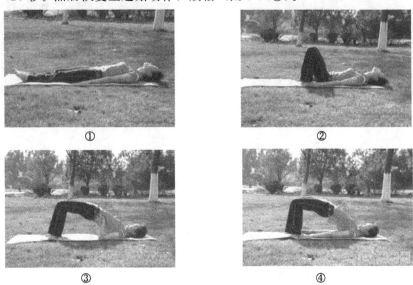

①

②

③

④

图 3-94

十四、蜥蜴式

1. 功效

本体式可以松弛背部，消除脊柱压力，缓解背部疼痛和疲劳；改善便秘，缓解糖尿病症状；增加脊背弹性，消除腹部脂肪。

2. 动作顺序

（1）吸气，先取跪坐姿势，双腿并拢，臀部坐在两脚跟上，脊柱挺直，腹部收紧，双手自让放在大腿上，目视前方（图3-95①）。

（2）呼气，收缩腹部，双臂向前完全伸直，上身向前慢慢弯曲，胸、腹部紧贴大腿前侧，头部缓缓下垂，额头触地，全身放松（图3-95②）。

（3）吸气，抬起臀部，上半身向前移动，直至大腿与地面垂直，抬起头部，下巴触地，目视前方（图3-95③）。

（4）呼气，弯曲手肘，右手搭在左手臂上，额头放在右手臂上，胸部贴近地面。自然呼吸，保持该动作 30～60 秒（图 3-95④）。

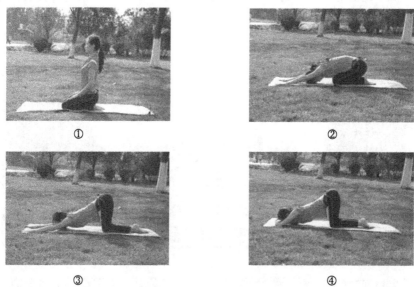

①　　　　　　　　　　②

③　　　　　　　　　　④

图 3-95

十五、拜日式

1. 功效

本体式可以改善脊柱歪斜；强化心肺功能，促进身体各部位的血液循环；使身体充满力量，唤起身心活力；增强脊柱柔韧性。

2. 动作顺序

（1）自然呼吸，挺身站立，放松身体，双腿并拢，双手在胸前合十，目视前方（图 3-96①）。

（2）吸气，身体向后仰，双臂向后伸直，手心向上，髋部尽量向前挺，收紧臀部肌肉，膝盖伸直（图 3-96②）。

（3）呼气，上半身慢慢前屈，用双手掌触及地面，腹部、胸部、头部尽量贴近大腿前侧，膝关节不能弯曲。在整个练习过程中，以不太费力为度（图 3-96③）。

（4）吸气，双手撑地不动，右腿后蹬伸直，膝盖着地，左腿屈膝前弓，头尽量向上抬起，伸展颈部（图 3-96④）。

（5）自然呼吸，左脚后蹬伸直，使两腿并拢，脚跟抬起，脚尖点地，臀部向上抬起并收紧，用双手和双脚脚趾支撑全身，腹部、腿部要尽量用力保持身体平衡（图 3-96⑤）。

（6）呼气，上身下压，胸部贴近地面并夹在两手臂中间，下巴贴地，屈膝，膝盖着地，臀部向上抬高（图 3-96⑥）。

（7）吸气、臀部下压，使双腿前侧及两髋部贴地，手臂撑起上半身，头部及胸部尽量向后仰（图 3-96⑦）。

（8）呼气，脚掌踩地，臀部上抬将整个身体带起，膝盖保持挺直，头部下垂额头触地，置于双臂间，背部充分下压，使整个身体呈倒 V 字状（图 3-96⑧）。

（9）吸气，收腹的同时右脚向前跨出，放在双手内侧，上身抬起．手指与脚趾呈一条直线，左膝着地，左脚跟抬起（图 3-96⑨）。

（10）呼气，恢复到第 3 步动作（图 3-96⑩）。

（11）吸气，上半身缓缓抬起，双臂上举过头，伸直，双手在头顶上方合十，腰背挺直，目视前方（图 3-96⑪）。

（12）呼气，慢慢恢复到第 1 步的姿势，充分放松（图 3-96⑫）。

图 3-96

十六、蛇伸展式

1. 功效

本体式可以有助于消除疲劳；对背部的神经和肌肉都很有益；可缓解便秘，活化自律神经；伸直颈部可刺激甲状腺分泌；消除腰痛，缓解疲劳；促进血液循环，消除臀部及大腿上的赘肉。

2. 动作顺序

（1）自然呼吸　俯卧在地面上，双臂放在背后，双手交叉，下巴触地，脚背贴地。（图 3-97①）。

（2）吸气，收紧臀部、背部的肌肉，尽量将前胸从地面抬高，头部后仰。该动作保持 10～15 秒，呼气，慢慢将身体放回地面，放松（图 3-97②）。

①

②

图 3-97

十七、坐角式

1. 功效

本体位中的扩腿动作，能有效改善骨盆区域的血液循环；改善月经不调，刺激并加强卵巢功能；使髋关节得到放松，有助于缓解坐骨神经痛。

2. 动作顺序

（1）自然呼吸，坐在地上，两腿向前伸直，脊柱挺直，双臂自然放在身体两侧，目视前方（图 3-98①）。

（2）自然呼吸，在不感到过于用力的情况下，将两腿尽量宽得向两侧打开，挺胸收腹，腰背挺直，双手自然地放在两大腿根内侧（图 3-98②）。

（3）吸气，用两手大拇指和食指分别抓住两个大脚趾，尽量伸直脊柱，将两肋的肋骨扩张，挺起（图 3-98③）。

（4）呼气，上身下压，尽可能让胸部贴在地面上，下颌抵住地板，目视上方。自然呼吸，该动作保持 30～60 秒，然后慢慢恢复到起始动作，放松（图 3-98④）。

①　②　③　④

图 3-98

十八、V 字式

1. 功效

本体式可以使双腿得到充分伸展，美化大腿及小腿曲线；缓解背痛，防止疝气；强壮腹肌、背肌、腰肌，使情绪更加平静，意识更加集中；刺激肾上腺，强壮脊柱神经。

2. 动作顺序

(1) 自然呼吸，先取坐姿，双腿并拢自前伸直，腰背挺直，双臂放在身体两侧，目视前方（图 3-99①）。

①　②　③　④

图 3-99

（2）自然呼吸，屈膝，两脚掌贴地（图 3-99②）。

（3）吸气，双手同时握住右脚，并将右腿向上拉起，右膝伸直（图 3-99③）。

（4）吸气，左脚也离开地面，与右腿并拢，利用臀部保持平衡，使整个身体看起来像一个"V"字。自然呼吸，保持该动作 10～30 秒，然后放下双腿，全身放松（图 3-99④）。

十九、蝗虫式

1. 功效

本体式可以强健下背肌肉群，塑造完美下背曲线；帮助消化，消除胃部不适；强化呼吸道，增强身体免疫力；修饰臀部与腿部曲线，美化身形。

2. 动作顺序

（1）自然呼吸，取俯卧位，下颌触地，双腿分开与肩同宽，双臂放在身体两侧，手心向下（图 3-100①）。

（2）上身后仰，双腿也缓缓离开地面，尽量抬高双臂向后伸直，尽量与地面平行，收缩臀部，伸展大腿肌肉，双腿完全伸展并挺直。自然呼吸，保持该动作 10～30 秒，然后四肢落地，充分放松（图 3-100②）。

①

②

图 3-100

二十、弓式

1. 功效

本体式可以充分活动脊柱，使脊椎恢复弹胜，按摩腹部器官；帮助消化排毒；强化呼吸与循环系统，改善心肺功能；强化肾脏功能。

2. 动作顺序

（1）自然呼吸，俯卧，卜巴触地，双臂放在身体两侧，双腿略微分开，呼气，屈膝，小腿向臀部方向移动，两臂向后伸展，左手抓住左脚踝，右手抓住右脚踝，自然呼吸，保持该动作 10～20 秒（图 3 101①）。

（2）双臂用力将双腿拉起，离开地面，同时带动胸部离地，上身尽量向后仰，使整个身体呈弓形。保持该动作 10～20 秒，自然呼吸。然后四肢落地，充分放松（图 3-101②）。

①　　　　　　　　　　　②

图 3-101

二十一、犁式

1. 功效

本体式可以疏通脊柱的血液循环，缓解背痛、腰部风湿痛和背部关节疼痛；促进全身血液循环，消除疲劳，使头脑更清醒；刺激脾胃，有效释放能量；燃烧腰部、臀部，腿部脂肪，美化身体曲线；调理甲状腺机能，促进身体的新陈代谢。

2. 动作顺序

（1）自然呼吸，取自然仰卧位，双腿并拢，双臂放在身体两侧（图 3-102①）。

（2）吸气，两腿并拢，两膝伸直，收缩腹部肌肉使两腿离开地面，抬至与地面垂直（图 3-102②）。

（3）呼气，双腿继续上抬，直至双脚脚尖落在头顶上方处，此时臀部和下背部会自然抬起，可将双手放在腰背部处，以支撑脊柱，免受伤害。自然呼吸（图 3-102③）。

（4）深呼气，待身体稳定后，可将双臂在背后伸直，双手十指交叉，保持该动作5～10秒。调整呼吸，将双手返回至腰部。缓缓放下双腿，躺在地板上放松（图 3-102④）。

①　　　　　　　　　　　②

③　　　　　　　　　　　④

图 3-102

第四章
小球运动篇

☞ **本章要点** 》》

1. "三小球"集娱乐锻炼价值极高的运动项目，深受大学生们的喜爱；

2. 了解和掌握"三小球"的基本技术、简单易行的战术和竞赛规则，培养学生组织比赛的能力，提高学生适应现实社会的能力。

第一节　网　　球

现代网球运动一般包括室内网球和室外网球两种形式，是一项优美而激烈的运动。网球也是一项老少皆宜的运动项目。网球与高尔夫球、保龄球、桌球并称为世界四大绅士运动，网球运动现在已经进入普通人的生活当中，以其特有的魅力深入人心。

一、网球运动简介

(一) 网球运动的起源与发展

网球的起源可以追溯到 12 世纪的法国，当时僧侣在修道院中流行着一种用手掌击球的游戏，后来成为宫廷里的一种室内消遣娱乐活动。当时玩这种游戏，场地是宫廷内的大厅，没有网也没有球拍，球是用布卷成圆形后用绳子绑成的。场地中间架起一条绳子为界，利用两手作球拍，把球从绳上丢来丢去，法语为 "Tennez"，英语为 "Take it or Play"，意即："抓住！丢过去"，今天 "网球（Tennis）" 一语即来源于此。

在我国网球运动起步比较晚，网球运动是在 19 世纪后期，由英、美、法等国商人及传教士和士兵作为娱乐活动传入我国的，随后在上海、广州、北京等大城市中出现网球运动，后来在教会学校中开展起来。新中国成立后，网球运动在起点低、基础差、交往少的情况下逐渐发展起来的。目前，我国女子网球水平上升很快，尤其在 2004 年郑洁历史性的进入 2004 年法网第 4 轮，闯入 16 强，李婷、孙甜甜勇夺雅典奥运会的女子双打桂冠。2011 年，李娜获得法国网球公开赛冠军。由于网球运动整体水平与欧美国家还有一定的差距，可以说，中国选手的每一次进步和突破都将具有历史意义，并

将极大地推动我国网球运动的发展。

（二）世界网球运动组织、重大赛事简介

起源于法国的网球运动，经过欧洲皇室的推动，逐渐走向社会和平民，并在世界各地传播开来。

1. 国际网球联合会（ITF）

1913年3月1日，由澳大利亚等12个国家的代表在巴黎举行了全体会议，正式宣告国际网球联合会成立。最初的成员国是12个。协调国际网球活动，安排全年比赛日程表，修订网球规则并监督它的执行。

2. 国际男子职业网球联合会（ATP）

国际男子职业网联是世界男子职业网球选手的"自治"组织机构。1972年成立于美国公开赛之时，总部设在美国的佛罗里达。其主要任务是协调职业运动员和赛事之间的伙伴关系，并负责组织和管理职业选手的积分、排名、奖金分配，以及制定比赛规则和给予或取消选手的参赛资格等项工作。

3. 国际女子职业网球联合会（WTA）

WTA成立于1973年，球员总部设在佛罗里达的圣彼得斯堡。WTA由一个主席和一个董事会来管理，他们多数是现役球员。WTA的主要职责是负责所有球员的问题。女子职业网球协会决定整个巡回赛的所有规则，并资助一些表演赛，使球员们能参加一些这样的比赛而不必担心与真正的职业联赛相冲突。

4. 网球运动著名赛事

澳大利亚网球公开赛（Australian Open Tennis Championship）是网球四大满贯赛事之一，简称"澳网"，是四大满贯赛事中每年最先登场的，通常于每年一月的最后两个星期在澳大利亚第二大城市墨尔本举行。澳大利亚公开赛自1905年创办以来，至今已经走过了一百多年的历史。不过与另外三项四大满贯赛事相比，澳网还是最年轻的。赛事目前由澳大利亚网球协会（Tennis Australia）主办。

法国网球公开赛（French Open）：在每年的5～6月在法国的巴黎举行，场地属于红土，是每年继澳大利亚网球公开赛之后，排在第二个进行的大满贯赛事。

温布尔登网球锦标赛（Wimbledon Championships）：在每年的6～7月在英国的温布尔顿举行，简称"温网"，是网球运动中最古老和最具声望的赛事，是每年度网球大满贯的第3项赛事，是大满贯赛事中唯一使用草地球场的赛事。

美国网球公开赛（U.S. Open）：在每年的8～9月份举办，是四大公开赛德最后一站，采用中速硬地场地。

除此之外还有男子团体赛——戴维斯杯、女子团体赛——联合会杯、奥运会等重大赛事。ATP大师系列赛有加拿大站、上海站、巴黎站等。

二、网球基本常识

（一）球

网球用球呈白色或黄色，它由橡胶制成，外层覆盖均匀无缝的羊毛和尼龙的混合物质，圆形，具有弹性。球的直径为6.35～6.67厘米，重量要介于56.7～58.47克之间。网球用球分为训练用球和比赛用球。

（二）球拍

网球拍英文为 tennis racket。网球拍由拍面、拍长、上线后重量、平衡、硬度、拍框厚度、成分、型号、线床密度、上线高低峰值等组成。现在的拍子以碳素为主，加入金属或纤维物质，网球材料大多数是碳铝材料、碳钛材料、玻璃纤维。标准拍长 27 英寸/69 厘米，网球拍一般最常用的磅数是 55 到 60 磅之间，拍面的形状主要有椭圆形、蛋圆形两种，尺寸大约 110～115 平方英寸，球拍重量年轻男性的适用范围是 320～330 克。

（三）场地

网球场地为长方形，单打和双打场地的标准有所不同，但是球网中央高 0.914 米；网柱高为 1.07 米；除端线宽为 10 厘米外，其他各线宽均为 5 厘米。边线长 23.77 米，单打底线 8.23 米，双打底线 10.97 米，球网中央高 0.914 米，边线柱高 1.07 米。发球线至球网 6.40 米。网球场地用白线划分成若干个区域，每个区域都有专门的术语。

三、网球基本技术

（一）网球握拍方法

1. 东方式正手握拍法和东方式反手握拍法

东方式正手握拍法（以右手为例）：先使拍面与地面垂直，大拇指与食指间的"V"型虎口，对准拍柄的上平面偏右的位置。拇指则轻绕至拍柄右侧至下平面。中指、无名指和小指紧握，并与大拇指接触（图 4-1）。

东方式握拍法可以被称为"万能握拍法"。采用这种握拍，拍面可以通过摩擦球的后部击出上旋球，还可以打出有很大力量和穿透性的平击球。同时，东方式握拍很容易转换到其他握拍方式。它的缺点是东方式握拍击出的球更多的是平击球，这就导致稳定性会差一些，因此很难适应多回合的打法。因此东方式握拍不适用那些希望打出更多上旋球的选手。

图 4-1

东方式反手握拍法（单手）：在正拍握拍基础上向左移动 1/4，使"V"字形虎口对准拍柄左上斜面而拇指末节贴住左下斜面，食指第三指节压在右上斜面上（图 4-2①）。

双手反手握拍法：右手采用东方式反拍握法握在拍柄底部，左手用东方式正拍握法握在右手上部方（图 4-2②）。

① ②

图 4-2

2. 大陆式握拍法

大陆式握拍法：这种握拍法还被称为"榔头"式握拍法。就是"V"字形虎口对准拍柄上平面与左上斜面的交界线处，手掌根部贴住右上平面，拇指直伸拍柄，食指第三指节紧贴在右上斜面上（图4-3①）。

运用大陆式握拍法可以使你在发球或打过顶球时手臂自然下压，同时在打正手和反手球时不需要调整握拍法，因此采用这种握拍法可以使攻防转换十分迅速。同时，它还适合于在防守时击打已到达身体侧面、击球点较晚的球。它的劣势是用大陆式握拍法很难打出带上旋的击球或削球。

3. 半西方式握拍法

半西方式握拍法：以东方式握拍，然后逆时针方向（左手握拍则顺时针方向旋转）旋转球拍，使食指根部压在下一条拍棱上（图4-3②③）。

这种握拍可以让选手给球打出更多上旋，使球更容易过网，也更好控制线路，因此，它很适合打上旋高球和小角度的击球。而且这种握拍还可以打出更深远的平击球。劣势是半西方式握拍不适合回击低球。另外，如果从这种握拍转换到大陆式握拍法需要做很大的调整，因此多数底线力量型打法的选手在上网时就很不舒服。

①   ②   ③

图 4-3

（二）击球技术

击球技术主要包括正手击球技术、反手击球技术（单手反手击球技术和双手反手击球技术）、截击球技术、发球技术、切削球技术、高压球技术、放小球技术等，在这里主要介绍这正手击球技术、反手击球技术（单手反手击球技术和双手反手击球技术）、截击球技术、发球技术。

1. 正手击球

正手击球是学习打网球的最先打法，是初学者的入门技术。正手击球速度快，力量大，变化多，是在比赛过程中使用最多的动作技术，也是比赛选手的进攻利器。

（1）正手击球的技术要点。

准备姿势：面对球网，双脚向前自然分开与肩同宽，双膝微屈，上体略向前倾，重心落在双脚的前脚掌上，右手握住拍把，左手轻托拍颈，双肘微屈，拍头指向对方，自然放松，两眼注视对方来球，作好击球准备。

后摆引拍：当判断来球需用正拍回击时，转动双脚，左脚跟抬起并向右前方45°角上步，右脚向右转90°与底线平行，同时转肩转髋带动右手由体前划弧向后摆动引拍（此为关闭式步法，适用于初学者转体；另一为开放式步法，左脚不必上步，两脚平行站立），引拍时肘部弯曲，左手臂放松弯曲，左手指向球的落点方向，保持身体平衡，后摆引拍时身体重心移向右脚，右手手腕固定，拍头指向后挡网，与挡网成一定角度。

击球动作：从后摆进而向前挥动时紧握球拍，手腕后伸、固定，脚用力登地、转髋转腰，球拍的击球点在身体的右侧前方不超过腰的高度，击球时快速挥拍，拍头低于右手手腕，球打在拍面的中心，击球挥拍时的拍头是自上而下向前的挥动击球（图4-4①②③④）。

随挥动作：球触拍后，使拍面平行于网的时间尽量长些，挥拍沿着球飞行的方向前送，重心前移落在左脚，身体也随着转向球网，从侧对球网转向正对球网，左手轻抚球拍挥动到左肩后方结束（图4-4⑤⑥）。随挥跟进结束，立即恢复准备姿势，准备下一次击球。

① ② ③

④ ⑤ ⑥

图 4-4

（2）几种不同的正拍击球方法。从球的旋转性能分类，有上旋球、下旋球、平击球、侧旋球（内侧球）等不同旋转的击球方法，网球的各种打发与旋转有很大的关系。下面介绍几种不同的正拍击球法。

上旋球：正拍上旋球是球拍自后下方向前上方挥动摩擦整个球体产生球由后下方朝前上方转动，故叫做上旋球。

下旋球：和上旋球相反方向的是下旋球，俗称"削球"。击球时，球拍稍向后倾斜，挥拍是由后上方至前下方打球的后下部产生下旋转，球是由前上方向后下方旋转并向前飘行，过网时很低。

平击球：挥拍击球的路线向上较平缓，击球时拍面几乎垂直地面，击球的正后部。

侧旋球：击球时球拍由后部向内侧平行挥动，使球产生由外向内的侧旋转，故称侧旋球。

（3）正手击球的注意事项：迈步同时球拍后摆，切勿提早或迟缓；发挥左手协助转保持身体平衡的作用；做好转体，形成身体侧向姿势；做好后摆引拍和随挥动作；击完球转体后上体不要后仰；大臂带动小臂向前挥拍击球。

（4）错误动作：头和肩过于僵硬；击球时只用手臂发力；上体和躯干无扭转；击球时手腕松动；击球时手臂离身体过远；击球点不稳定；球路控制不住。

2. 反手击球

网球反拍击球指的是与握拍手相反的落地球打发，它和正拍击球一样，也是网球的基本技术中最常用的击球方法，初学者一般先学习正拍后再学反拍。正手击球有了一定的基础，对球的弹跳规律已熟悉，再学习反拍就比较容易。反拍的许多动作要领与正拍相似，只是方向相反。

（1）反手击球技术要点（单手）。

准备姿势：面对球网，双脚向前自然分开与肩同宽，双膝微屈，上体稍向前倾，右手握住拍把，左手轻抚拍颈，双肘弯曲，将球拍伸在前面，重心落在双脚上。当判断对方来球在你的反拍方向时，轻握拍颈的左手应该迅速帮助右手握拍变换为反拍握拍法。正拍若使用东方式的正拍握法，在击球时应变化为相应的反拍握拍法。双手握拍的人，大多也需要变化握法。

后摆引拍：向左肩转髋带动右手向左后方摆动，左脚向左转90°与底线平行，同时右脚向左前方上步，右肩侧对着球网，手腕绷紧、后伸，双肩夹紧，右手拇指靠近左腿的上部。后摆时肘关节自然弯曲，重心移向后脚上（图4-5①②③）。

前挥击球：向前挥动时应紧握球拍，手腕固定，右脚与网成45°角，转动双肩、躯干和臀部，挥拍向球，拍头低于右手手腕，拍面垂直于地面，反拍的击球点应在身体的左侧前方，击球时球拍于右脚应在一条直线上。肘部应伸直，双眼盯住球。

随挥动作：球击出后，拍面平行于网的时间尽量长些，挥拍沿着球飞行的方向前送，重心前移，落在右脚，身体也随着转向球网，挥拍在右肩上方结束，拍头指向上方（图4-5④⑤⑥）。随挥跟进动作结束，身体转向球网，迅速恢复原来的准备姿势，准备下一次击球。

①　　　　②　　　　③　　　　④　　　　⑤　　　　⑥

图 4-5

（2）双手反手击球技术要点：由于双手反拍抽击球如同底线正拍击球一样，能打出高质量，高难度的进攻球，因此也受到不少名运动员的青睐。双手反拍击球，不论来球高低，都便于对球施加上旋，发力击球也比较容易，能够弥补反拍击球力量不足的弱点。

准备姿势：反拍双手握拍击球，右手采用大陆式拍握法握在拍柄底部，左手用东方式正拍握法握在右手上部方。

后摆引拍：侧身转肩与球网垂直，水平向后引拍，拍头略低，以获得必要的击球力量，右脚向前跨出，身体重心在右脚，后引动作靠近身体腰部（图4-6①②）。

前挥击球：击球时右脚向左前方约45°角上步，重心落在右脚上，同时身体左转90°，左肩与挡网垂直，拍头略低。转髋转腰，球拍由后下向前上方挥出，拍面垂直，触球的中部或中部偏下，同时使球拍尽量前送，击球点在右脚侧前方，利用双臂的伸展来增加击球力量。

随挥动作：击球后上体面向球网，随挥动作由后下向前上越球而过，动作在肩后部结束，同时保持身体平衡并准备下一拍的击球（图4-6③～⑦）。

① ② ③ ④

⑤ ⑥ ⑦

图 4-6

（3）反手击球注意事项：要紧紧盯住来球；要判断正确，向后引拍充分；击球点在身体侧前方（右脚尖前方），击球时拍面垂直地面，击球的中部偏下；重心也出左脚移到右脚，同时正面对网，结束动作要放松并顺其自然，击球时重心要跟上，球击出后重心已经移至左脚上；击球时要充分利用好转腰的力量和两臂的伸展。

3. 截击球

截击球是网前技术中的一种攻击性击球方法，是网前重要的技术，也是得分的重要手段。所谓截击球，就是把在空中飞向我方的凌空球，快速地击落在对方的场地内。由于截击速度快、落点深、角度刁，造成对方措手不及，它属于攻击性打法。

（1）截击球的种类：根据截击位置分为网前截击、中场截击；根据来球的高度不同又可分为低球截击和高球截击。截击球可采用正拍或反拍。

（2）正手截击球的要领。

握拍方法：采用大陆式握拍方法，"V"字形虎口对准拍柄上平面与左上斜面的交界线处，手掌根部贴住右上平面，拇指直伸拍柄，食指第三指节紧贴在右上斜面上。

准备姿势：两脚自然开立，约与肩同宽。身体重心在前脚掌上，上体放松稍向前倾。两手持拍于体前，两眼盯住来球（图4-7①②③）。

引拍：当球越过球网时，身体向右转动，同时左脚向右脚侧前方迈出，重心落在左脚上。在迈出左脚的同时，右手将拍子引向身体右侧，屈膝，肘关节微屈，手腕固定，拍面与地面约45°角，拍头约与肩同高拍子与身体在一条直线上。

前挥击球：球拍由上向下向前挥动，向前挥动时，身体重心向前移动，落在左脚上。击球路线要短，击球后的跟进动作要小，要迅速收回左脚，恢复到准备姿势（图4-7④⑤⑥）。

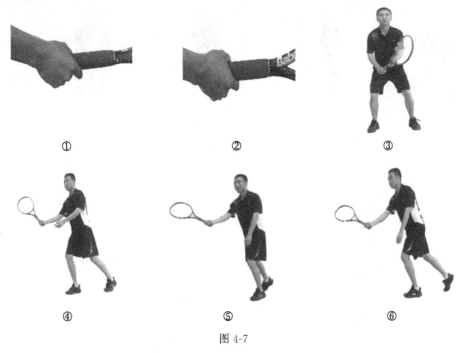

①   ②   ③

④   ⑤   ⑥

图4-7

（3）反手截击球要领。

握拍方法：采用大陆式握拍方法，"V"字形虎口对准拍柄上平面与左上斜面的交界线处，手掌根部贴住右上平面，拇指直伸拍柄，食指第三指节紧贴在右上斜面上。

准备姿势：两脚自然开立，约与肩同宽。身体重心在前脚掌上，上体放松稍向前倾。两手持拍于体前，两眼盯住来球（图4-8①②）。

引拍：当球越过球网时，身体向左转动，同时右脚向左脚侧前方迈出，重心落在右脚上。在迈出右脚的同时，右手将拍子引向身体左侧，屈膝，肘关节微屈，手腕固定，拍面与地面约45°角，拍头约与肩同高拍子与身体在一条直线上。要做到以肘部领先身体击球（图4-8③④）。

前挥击球：球拍由上向下向前挥动，向前挥动时，身体重心向前移动，落在右脚上（图4-8⑤⑥）。

图 4-8

（4）截击球的站位。根据自己身体高矮和手臂长短情况，一般距网 1～2.5 米为宜。对于高于网的来球，不管是正拍还是反拍，都应侧对球网，两腿微屈，击球前重心放在后脚上，拍头稍高于来球，固定手腕，迅速向前跨步，重心前移，击球点在体前或稍侧前方，用手臂和球拍把球顶过网。对于低于网的来球，要屈膝降低重心。如果用前弓步击球，后腿弯曲至膝盖触地。拍面可开放些，用抖手腕撩击，击出上旋或侧旋的球，且做出短促的随挥动作。对于高于头的来球，要举拍快快打，用收腹、转肩、小臂内旋的爆发力快速还击，力争一拍打死。网前正拍截击要做到控制好拍面，手腕坚固，拉拍动作不大；身体重心前移，在转肩转体时带动后摆；击球点在身体前方或侧前方。

（5）截击球的种类：正手截击、反手截击、低位截击、高位截击、半截击（反弹球）。

（6）截击球的注意事项：不要引拍太大，跟进距离要短；启动要快，截击时平稳，手臂向前方顶搓；重心不要太高，要上步击球，要随着正手出左脚，反手出右脚向前跨步；手腕要固定。

4. 发球

网球比赛离不开发球，与其他技术相比，它是唯一可以完全由球员自己控制的击球。对正向中级水平过渡的人来说，掌握了正确的发球技巧和运用策略，往往能极大改善比赛的状况。

（1）发球的技术要领。

发球握拍方法：采用东方式反手或大陆式握拍。

站位与准备姿势：一是站位，单打站位在端线外中场标记附近，大约站在底线后3～5厘米处，双打站在端线外中场标记与双打边线之间。二是姿势，两脚前后自然开立约同肩宽，左脚在前，左脚与网柱成45°角，足右脚在后，右脚平行于端线，重心在左脚上。右手东方式或大陆式握拍法，左手持球扶住拍头颈部，拍头向前身体放松，呼吸均匀，精神集中（图4-9①）。

抛球与后摆动作：抛球和后摆动作要同步进行。左手掌心向上用拇指、食指和中指握住网球，左臂由下向上画弧，将球抛向空中，同时右臂将球拍自然下落由下经体侧向后向上引拍（图4-9②③④）。当球拍从体后向头上摆动时，身体要转体、屈膝、展肩，左手柔和地在左脚前上方举到头顶，抛球要平稳，左手将球举到最高点抛向空中，这时右肘向后外展与肩同高，拍头指向天空，身体形成最大限度背弓。从抛球开始，身体重心从准备姿势的左脚移向右脚，然后，身体重心又开始向前移，这时身体侧对网（图4-9⑤⑥）。

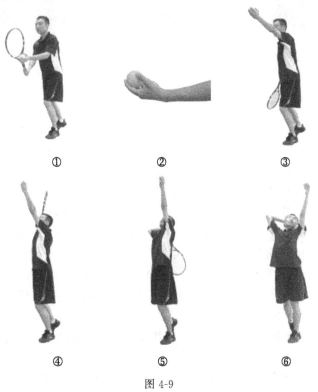

①　　　　　　　　②　　　　　　　　③

④　　　　　　　　⑤　　　　　　　　⑥

图 4-9

击球动作：左手向上将球抛出，右臂肘节放松，身体向前转，手臂做一个绕圈成挠背样子，当抛出的球下落接近击球点，迅速向上挥拍击球，左脚蹬地，手臂和身体充分展开，形成两肩平行于球网。要充分发力，做好重心前移，蹬地，转体，挥拍，使之既协调又连贯。同时以肘带臂扣腕将球击出，即右手臂要作出带腕的鞭打动作（图4-10）。整个过程两眼要盯住球，不要低头。

随挥动作：把球击出后，身体要连贯，完整地向前上方伸展，继续以随挥的力量将球拍经体前左膝侧挥向身体后，上体向场内倾斜，重心前移，右脚上步维持身体平衡。

击球点和击球高度：抛球是发球中非常重要的环节，只有抛球做到稳和准，才能发好球。将球抛到头上方稍前些，大约在重心投影前 60 厘米处。当球上升停止即将下落之前的相对静止之际击发球，可以准确击球。

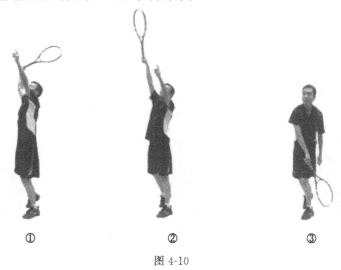

① ② ③

图 4-10

（2）发球的种类及方法。

发球基本分三种：平击发球、切削发球和上旋发球。

平击发球：平击发球的球速快，威胁很大，可称炮弹式发球。优点是力量大，球速快，反弹低威胁大；缺点是命中率很低，很适合身材高大的运动员。

切削发球：这是一种以右侧旋转为主的发球法。发球时把球抛到右侧斜上方，球拍快速从右侧中上方至左下方挥动。击球部位在球的中部偏右侧，使球产生右侧旋转。

上旋发球：发上旋球时把球抛到头后偏左的位置，击球时身体尽量后仰成弓形，用力对球加旋转，球拍快速从左向右上方挥动，从下向上擦击球的背面，并向右带出，使球产生右侧上旋。

（3）发球注意事项：从抛球到击球，两眼要紧盯住球；抛球力争做到稳、正、准，抛球与后摆要协调配合；击球时，手臂要完全展开，做到在高点将球击出；击球时，要有搔背动作，同时身体要做出背弓。

5. 接发球

要接好网球发球必须掌握比较全面的基本技术，因为接发球之前，接球员对于对手可能发过来的球方向，旋转，力量，速度等都无法控制。一旦对方将球发出来就要迅速作出判断和反应，并且选择恰当的击球方式来完成接发球动作。

（1）网球接发球站位：一般位于端线附近，力求在接发球时向前移动击球。

准备姿势：保持着两脚平行站位，比肩略宽，右手持拍者一般右脚稍前，两膝微屈，上体稍前倾，脚跟提起，将球拍置于体前（图 4-11①②）。对方第一次发球时多采用大力发球，站位应偏后一些，如果是第二次发球时可略向前移，利于采取攻击性的还击。接大力发球时不要作大幅度的后摆动作，主要是控制好拍面角度并握紧球拍以免拍面被震转动（图4-11③～⑥）。

①　　　　　　　　　②　　　　　　　　　③

④　　　　　　　　　⑤　　　　　　　　　⑥

图 4-11

（2）各种接发球。

击球动作：它是根据发球的力量大小、速度快慢和球的旋转程度而采取相应对策，接球时，要在判明来球方向时迅速启动，双肩身体同时转动，向击球方向迈出异侧脚，拍子由前向下再向上做向前挥击，击球点在身体的前面，击球后随挥动作不大，身体重心落在前脚掌，后脚跟稍抬起。

对于速度快的发球，可采用阻挡式截击来球，不做太大挥摆。对于大力平击发球，可采用向左侧身用反拍顶击来球。

对于平网高度来球，可采用一般的打法还击，做好球拍面与球接触角度。

对于发来的下旋球和侧旋球，要快速上步前移，采用开放些的拍面，主动地做前推和切削动作。

对于高过肩的来球，做到快速上步，争取快打，早打。迎上去顶击球时，手腕固定，身体重心下压，手臂全力挥击。

对于高过头但又不够高压的来球，采取向高处挥击球拍，使球拍走向在身前，击球后拍面趋于关闭式，使球落在底线上。

对于大力平击发球，可采用向左侧身。

（3）接发球注意事项：要紧紧盯住对手发球动作，特别要注视抛球、击球时的球，以预测来球的方向；要观察对手发球特点，尽快发现对手不足，摸清对手惯用的击球路线；对不同场地，不同速度，不同力量，不同旋转的来球判断准确，移动速度是制胜关键。

（4）错误的击球手形，如图 4-12 所示。

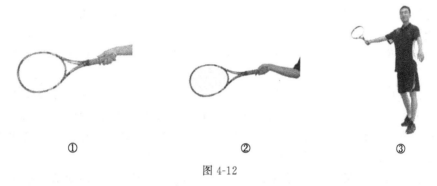

① ② ③

图 4-12

四、熟悉球性练习

（1）球拍连续颠球，如图 4-13①所示。

（2）无球挥拍，如图 4-13②所示。

（3）球拍拍球，如图 4-13③所示。

除以上三种方法外，还有很多熟悉球性的练习方法。我们应本着在娱乐中熟悉球性的原则，提高对网球的掌控能力。

① ② ③

图 4-13

五、反弹球的种类

根据用力大小和方向的不同，反弹球包括轻击反弹球、推击反弹球。

练习反弹球应注意事项：从始至终要看球；反弹球要果断；反弹球要降低身体重心；后摆动作要适当早些，稍短小些；拍面在击球时保持适宜的击球角。

六、网球比赛基本规则

网球比赛分为单打和双打两种形式。球员用网球拍将球击过网，落入对方的场地上。每位球员的目的都是尽力将球打倒对方的场地上去。就这样一来一回，直到有一方将球打出界或没接到球为止。网球比赛须按照以下基本规则规定进行。

（1）发球前：发球员应站在端线后，中点和边线的假定延长线之间区域里，用手将球向空中抛起，在球接触地面前用拍击球。

（2）发球时：发球员在整个动作中不得通过走或跑改变原站的位置；两脚只准站在规定位置内，不得触及其他区域。发出的球应从网上越过，落在对角的对方发球区内或其周围的线上。

（3）球员位置：每局开始先从右区域端线后发球，得或失1分后，应换到左区发球。

（4）出现以下情况为发球失误：未击中球；发出的球在落地前触及固定物；违反发球站位的规定。发球员第一次发球失误后，应在原发球位置进行第二次发球。

（5）出现以下情况为发球无效：发球触网后仍然落到对方发球区域；接球员未做好接球准备。发球无效均应重发球。

（6）交换发球：第一局比赛结束后，接球员换为发球员，发球员成为接球员。每局终了，依次交换，直至比赛结束。

（7）交换场地：双方应在每盘的第一、三、五等单数局结束后，以及每盘结束后双方局数之和为单数时或决胜局比分相加为6和6的倍数时，交换场地。

（8）失分：如果发生下列情况，均判失分：在球第一次着地前未能还击过网；还击的球触及对方的地面、固定物或其他物件；还击空中球失败；故意用球拍触球超过一次；运动员的身体、球拍，在发球前期间触及球网；过网击球；抛拍击球。

（9）压线球：落在线上的球都算界内球。

（10）双打发球次序：每盘第一局开始时，由发球方决定由何人首先发球，对方则同样在第二局开始时决定由何人首先发球。第三局由第一局发球方的另一球员发球。第四局由第二局发球方的另一球员发球，以后各局均按此顺序发球。

（11）双打接球次序：先接球的一方，应在第一局开始时，决定何人先发球，并在这盘双数局继续先接发球。他的同伴应在每局轮流接发球。

（12）双打还击：接发球后，双方应轮流由其中任何一名队员还击。如运动员在其同伴击球后，再以球拍触球，则判对方得分。

七、网球的比赛方法及计分方法

网球比赛有单打和双打两种形式，正式比赛项目分为7项：男子团体、女子团体、男子单打、女子单打、男子双打、女子双打和男女混合双打。比赛中男子一般采用五盘三胜制，女子采用三盘二胜制。戴维斯杯和"四大网球公开赛"的男子比赛采用五盘三胜制。

网球比赛是用特殊的记分方法记录每场比赛的胜负，记录最小单位为分（point），然后是局（game），盘（set），最后是场（match）。网球术语中，"love"表示零分，"30－love"即表示："30－0"。每局采用0、15、30、40平分和Game（本局结束）的记分方法。比赛时先得1分呼报15、再得1分呼报30、得3分呼报40、第4分呼报Game。如果比分为40∶40时，叫平分，称作"deuce"，之后赢第一分称"advantage"再拿一分即胜利，否则又是"deuce"。一方必须再连胜两局才算胜此局。比赛双方，谁先胜6局者为胜一盘。如果胜5局，一方必须连胜2局才能结束这一盘，这就是长盘制。为了控制时间，人们采用平局决胜制，即当局数为 6∶6 时，只再打一局来决胜负。在这局中，谁先赢得 7 分者为胜这一盘，如果在此局打成 5∶5 平分。一方仍须连得 2 分才算胜此局，即胜此盘。

网球比赛时，运动员各占半个场区（图 4-14）。发球一方先在端线中点的右区发球，球发到另一端的发球区方为有效，每一分有两次发球机会。第一次发球出界或下网叫一次失误，二次发球再失误叫双误，失 1 分。第 2 分换在左区发球，第 3 分再回到右区，如此轮换，直到本局结束。下一局改为对方发球。每 1、3、5、7、9 等单数局交换场地。每次发球为有效球后，双方来回击球，可在空中还击，也可落地一次后还击。

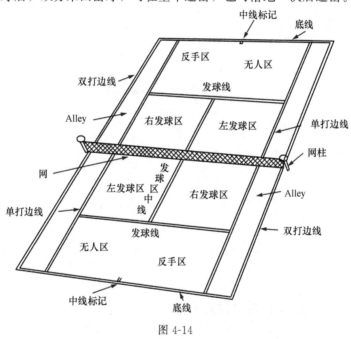

图 4-14

第二节 羽 毛 球

☞ **本节要点** ⟫⟫⟫

1. 羽毛球在我国一直是开展较为广泛的体育项目，因其简便易行、竞技性和娱乐性较强、锻炼价值较高而受到广大群众特别是青年学生的喜爱。它不仅可以在正规的室内运动场进行，也可以在公园，生活小区等处广泛地开展。

2. 掌握羽毛球的基本理论知识和主要基本技术，并具备一定的运用能力；掌握羽毛球的主要竞赛规则，具备组织基层羽毛球比赛的能力。

3. 通过本课程的学习，使学生了解世界羽毛球发展概况及我国羽毛球发展情况，提高学生学习羽毛球的兴趣，增进学生体质健康，培养学生终身锻炼的意识和良好的锻炼习惯。

1875 年，世界上第一个羽毛球比赛规则出自于印度的普那。1877 年，英国又制定了更趋完善和统一的规则。1893 年，英国成立了世界上第一个羽毛球协会，并于 1899 年举办了第一届全英羽毛球锦标赛。1934 年，由加拿大、丹麦、英国、法国、爱尔兰、荷兰、新西兰、苏格兰和威尔士等国发起成立了国际羽毛球联合会（简称"国际羽联"），总部设在伦敦。从此，羽毛球国际比赛日渐增多。除了传统的"全英羽毛球锦标赛"正常举行外，在 1948 年增设"汤姆斯杯"赛（世界男子羽毛球团体赛），1956 年增设了"尤伯杯"赛（世界女子羽毛球团体赛），并相继举办了世界羽毛球锦标赛、世界杯赛，1989 年又增设了"苏迪曼杯"赛（世界羽毛球男女混合团体赛），使世界羽毛球运动有了长足的发展。

羽毛球拍与场地如图 4-15 所示。

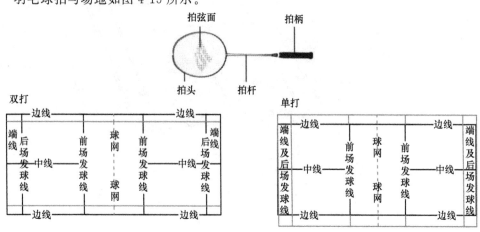

图 4-15

一、羽毛球运动的基本技术

（一）握拍法

球拍是"手的延伸"。所以，正确和有目的的握拍法就很重要。羽毛球握拍分为两种方式，正手握法（图 4-16①②）和反手握法（图 4-16③④）。

1. 正手握拍法

正手握拍的方法是：虎口对着拍柄窄面的小棱边，拇指和食指贴在拍柄的两个宽面上，食指和中指稍分开，中指、无名指和小指并拢握住拍柄，掌心不要紧贴，拍柄端与近腕部的小鱼际肌平，拍面基本与地面垂直。正手发球、右场区各种击球及左场区头顶击球等，一般都采用这种握法（以右手握拍者为例）。

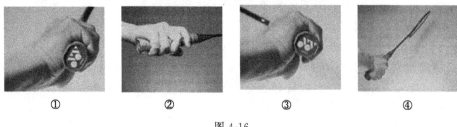

①　　　　　②　　　　　③　　　　　④

图 4-16

2. 反手握拍法

在正手握拍的基础上，拇指和食指将拍柄稍向外转，拇指顶点在拍柄内侧的宽面上或内侧棱上，中指、无名指和小指并拢握住拍柄，柄端靠近小指根部，使掌心留有空隙。球拍斜侧向身体左侧，拍面稍后仰。一般说来，击身体左侧的来球，大都先转体（背对网），然后用反手握拍法击球。

（二）基本姿势

（1）身体位于一个能够同时可以向所有方向运动的准备姿势。

（2）踝、膝、髋关节微微弯曲。双脚与肩同宽，平行或者稍微前后站立。

（3）身体重心位于两腿的前脚掌上。

（4）大臂和前臂成直角，大臂垂直地面，小臂平行地面。

（5）拍头大约位于胸部，眼睛向前看球。

（三）发球技术

按发球时的基本姿势不同，发球可分为正手发球和反手发球两种。

按发出的球在空中飞行的弧线不同，可分为发高远球、发平高球、发平快球和发网前球（图 4-17①）。

1. 正手发球

正手发球（图 4-17②）可以用来发任何一种飞行弧线的球，在单、双打中都普遍采用。

（1）站位：单打时，一般站在发球区内离前发球线 1 米左右的中线附近。双打时可站前一些。

（2）姿势：两眼注视对方准备接球的动向。左脚在前（脚尖对网），右脚在后（脚尖斜向侧方），两脚距离与肩同宽，上身自然伸直，身体重心放在右脚上，成左肩斜对球网之势。右手握拍向右后侧举起，肘部稍屈。左手用拇指、食指、中指夹持羽毛球的中间部位，举在身前。

2. 反手发球

反手发球（图 4-17③）主要靠挥动前臂和伸腕闪动发力，动作小，力量也较小，但速度较快，动作一致性好。可以发除高远球之外的其他各种飞行弧线的球，主要用于双打比赛中。

（1）站位：站在发球区内较靠近前发球线的位置上。

（2）姿势：右脚在前，左脚在后，上身自然伸直，重心放在右脚上，右脚尖面对球网。左手以拇指、食指和中指捏住羽毛球置于腹前腰下。右手反手握拍，肘部略抬起使拍框下垂于左腰侧，两眼注视对方准备接球的动向。

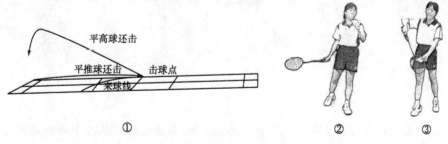

图 4-17

3. 发高远球

把球发得既高又远，使球近乎垂直落在对方后发球线附近的发球区内，称为发高远球。它可以迫使对方退到端线接发球从而减小进攻力，是单打的主要发球手段，也是学习发球技术最基础的练习。初学发球要从发高远球开始。

方法：发球时，左手撒手放球。紧接着以转体和上臂的挥动带动前臂，形成臂在前，球拍随后的姿势。当球拍与球快要接触前，前臂挥动速度加快，并带动手腕向前上方闪动，由原来伸腕姿势经前臂内旋至屈腕，造成击球瞬间的爆发力，在拍面后仰（拍面与地面形成的仰角一般大于135°）的情况下将球向前上方击出。击球点应在右侧前下方。在球击出后，球拍随着惯性往左侧前上方挥摆。随着挥拍的过程，身体重心也由右脚移到左脚，右脚跟稍提起，保持住身体的平衡（图4-18）。

①   ②   ③   ④

图 4-18

4. 发网前球

发出的球贴网而过，落在对方前发球线附近的发球区内，称为发网前球。它是双打发球的主要手段。

（1）正手发网前球的方法。挥拍幅度较小，主要靠前臂和手腕带动挥拍，上臂动作并不明显。球击出后，应控制拍子挥动。挥拍的加速不明显，甚至可以缓慢地挥动。击球的力量较小，拍触球时，握拍仍然较放松，利用腕和手指的力量从右向左横切推送，使球贴网而过，正好落在前发球线附近的发球区内（图4-19）。

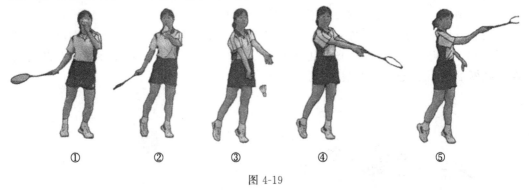

①   ②   ③   ④   ⑤

图 4-19

（2）反手发网前球的方法。发球时，前臂带动手腕使球拍从左下方向右前上方作半弧形挥动。在拍将要击到球之前，左手自然撒手放球，用球拍对球做横切推送动作，使球贴网而过，正好落在前发球线附近的发球区内（图4-20）。

① ② ③ ④

图 4-20

5. 练习方法

（1）发高远球练习。

①从准备动作、挥拍、击球到随挥动作的徒手练习。

②持球练习，要力求将球发得既高又远（达到对方底线附近）。

③持球练习，要有左、右落点的变化。既要能发到对方场区的底线与边线交界附近，又要能发到底线与中线交界附近。

（2）发网前球练习。

①按动作的要领做徒手练习，根据比赛的需要选择好站位。

②离墙2～3米的持球练习，注意动作的连贯性。

③上网持球练习，球尽量贴网而过，落点应在对方前发球线或稍后，且要有变化。

④两人一组发接发练习，这样可提高发球的质量。

（四）击球技术

击球有很多技术动作，根据这些技术动作的特点，大致可分为高手击球、低手击球和网前击球三大类。

1. 高手击球

一般将击球点高于头部的击球，称为高手击球。高手击球按其技术特点和球飞行弧线的不同，可分为：高远球、平高球、扣杀球和吊球等。它一般在后场用来主动进攻或调动、控制对方，所以也称为后场主动进攻技术（图4-21）。

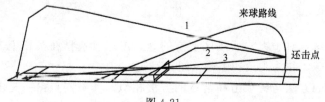

图 4-21

击球点在身体右边，以正手握拍法用正拍面（拍面与手掌同一个朝向）击球的，称为正手击球。击球点在头顶上方，以正手握拍法用正拍面击球，称为头顶击球。击

123

球点在身体左边，以反手握拍法用反拍面（拍面与手背同一个朝向）击球的，称为反手击球。

（1）高手击球的技术要求：①击球点要高，击球时，要充分利用身高、臂长、拍长和起跳的高度，争取高点击球；选准击球点是提高击球质量的关键；②保持动作的一致性，不论击回高远球、平高球、扣杀球或吊球，自准备击球起至击到球之前的一段过程，要做到技术动作一致；③发力正确，又能控制力量；④准确控制拍面角度，欲击成直线、对角线和斜线的球路。

（2）练习方法：①原地挥拍击球；②搭档用高远球击球方式喂球，自己正手高远球击球；③移动中对打高球练习：较熟练掌握原地击高球动作之后，即可过渡到移动中的对打高球练习，这种练习便与步法练习结合起来了。

（3）扣杀球：把高球在尽量高的击球点上，用大力挥击下压到对方场区内，称为扣杀球，也称扣球或杀球。由于扣杀球力量大，击球点高，因而球速快，球飞行的弧线短直，是后场进攻和争取得分的主要手段。扣杀球有正手扣杀球、头顶扣杀球、反手扣杀球及劈杀球、突击杀球之分。

①正手扣杀球：对于在自己右侧上空的高球，作正手握拍法，用正拍面扣杀球，称为正手扣杀球。

正手扣杀球可以在原地或起跳后进行。它们的准备姿势和动作过程与击高远球相似。当拍面正向前下方扣杀，则杀直线球。当拍面斜向一侧扣杀，则杀斜线球。随着杀球的动作过程，身体稍向左转，手臂和球拍也向左下方下落，维持身体平衡，将拍收至右胸前，即刻回动（图 4-22）。

①　　　　　　②　　　　　　③　　　　　　④

图 4-22

②头顶扣杀球：对于在左后场区上空的球，击球点选择在头顶上方，作正手握拍法用正拍面扣杀球，称为头顶扣杀球（图 4-23）。

头顶扣杀球的方法与头顶击高远球的方法相似。其不同点：一是击球的力量比击高远球大，发力方向是向前下方的。二是击球点稍前些，拍面角度较小，一般控制在 $75°\sim85°$ 为宜，拍面保持前倾。

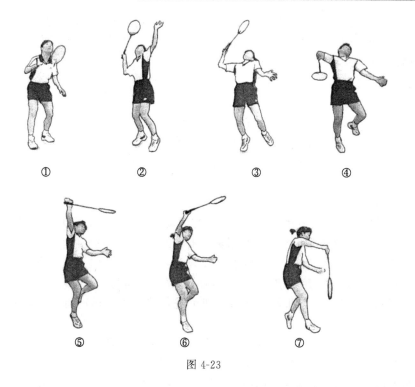

图 4-23

③扣杀球练习。由于接杀球者一般不易把对方的杀球连续挑回后场，所以练杀球均可采用多球练习。即一人利用多球将球连续发至练习者的后场；练习者先原地进行扣杀球练习，然后再过渡到移动中的扣杀练习。初学者一般先练正手杀球，待熟练掌握技术后再练头顶或反手杀球。在练习杀球时，亦要注意落点和线路的变化。

（4）吊球：在中、后场的高球，运用劈切或拦截的技术动作，使球轻轻地落在对方网前区，称为吊球。在击球瞬间球拍有劈切球的动作的称为劈吊；只是以拍面拦住球使反弹回去的叫拦吊球。由于吊球落点比较近网，与平高球结合运用，就会拉开对方的防守范围，从而达到调动对方，掌握场上的主动权。吊球可分为正手吊球、头顶吊球和反手吊球。

①正手吊球：对于在自己右侧上空的高球，作正手握拍法用正拍面吊球，称为正手吊球（图 4-24）。

正手吊球的方法与正手击高远球的方法类似。

图 4-24

拦吊球的方法：打过来的平高球弧线较低时，即刻起跳（一般多在中场或中后场）向上伸直手臂和球拍，球拍对准来球并略向前倾（位置较前，可前倾多一点；位置较后，则前倾少一些）将球拦吊过去。

②头顶吊球：对于在左后场区上空的高球，击球点选择在头顶的前上方，作正手握拍法用正拍面吊球，称为头顶吊球。

头顶吊球的方法与头顶击高远球的方法类似。其不同处有三点：一是击球力量要小，拍触球瞬间只需放松地用拍切击球，而无须用大的爆发力。二是拍面的仰角要小些，一般控制在90°左右为宜。三是吊球时，前臂应内旋带动球拍自右向左挥动，手腕放松，手指控制好拍面角度。

③吊球练习。

A. 定点吊斜线：练习者固定在右后场或左后场底线，用正手或头顶击球技术将球吊至对方的右（左）场区网前；对方将球挑回练习者的右、左后场底线。如此往复练习。

B. 定点吊直线：练习者固定站在右（左）后场底线，将球吊至对方的左（右）场区网前；对方则将球挑至练习者的右（左）后场底线。如此往复练习。

在较熟练地掌握原地吊球技术之后，即可进行移动中吊球的练习，这样便可与实战紧密结合了。

A. 一点吊一点前后移动：练习者在后场底线吊球后，移动到中心位置，然后重新退回到底线进行吊球；挑球者挑球后，退回中心位置，然后重新上网挑球。

B. 两点吊一点前后移动：吊球者先后在后场两个点将球吊至对方网前的一个点上；挑球者在网前的一个点上先后将球挑至对方后场两个点上。双方均作前后移动。

C. 两点吊两点前后移动：在两点吊一点的基础上，吊球方增加一个吊球落点。

2. 低手击球

击球点低于头部高度的击球，称为低手击球。

（1）低手击球技术动作分析。

①半蹲快打：在中场区，对方打过来的肩以上至略高于头部之间的平快球，采用半蹲姿势，争取在较高的部位上快速地平击回去，称为半蹲快打。半蹲快打技术表现出快速、凶狠，紧逼对方，主动进攻的特色，它多用于双打比赛中。

方法：在中场区，两脚平行站或右脚稍前站均可，两膝弯曲成半蹲，屈肘（用正手握拍法）举拍于肩上。击球时，以前臂带动手腕快速挥拍，争取在身前较高部位上平击过去。要求反应敏捷、果断，控制好拍面角度，挥拍幅度小，快而有力（图4-25）。

①　　　　　　　　②　　　　　　　　③

图 4-25

②接杀球：把对方扣杀过来的球还击回去，称为接杀球。接杀球一般较多采用挡球、抽球和推球的技术。由于当代羽毛球运动进攻技术的发展，杀球更加凌厉、快速、多变，促进了接杀球技术的相应提高。接杀球是防守技术，但只要反应快，判断准，手法娴熟，回球的落点和线路运用得当，在防守中体现出快的精神，就往往能创造由守转攻的条件。

挡球的方法：两脚屈膝平行站立，两眼注视杀过来的球。身体右侧的来球用正手挡球，身体重心移向右脚（如果球离身体较远，可右脚先向右跨出一步，重心移向右脚），右臂向右侧伸出，放松握拍，拍面略后仰对准来球，将球挡回对方网前区（图4-26①②③）。

身体左侧的来球用反手挡球，身体重心移向左脚（如果球离身体较远，可左脚向左移一步，重心移到左脚上；如果球离身体更远，可以左脚为轴，右脚经左脚前往左方跨出一步，成背对网姿势），右臂向左侧伸去，放松握拍，反拍面略后仰对准来球，将球挡回对方网前区。如果接杀自己身边的球，叫接杀近身球。如果是右侧近身球，只需身体向左略躲闪用正手将球挡回（图4-26④⑤⑥）。如果是左侧或正对身体的球，一般都采用反手将球挡回。

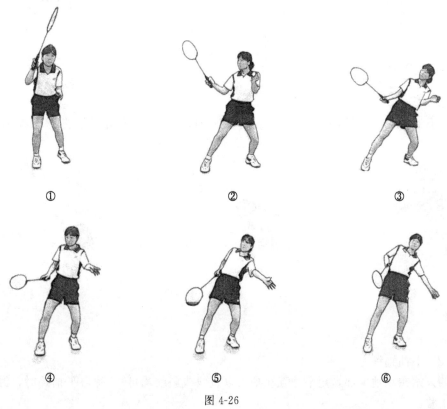

① ② ③

④ ⑤ ⑥

图 4-26

由于杀球力量大，球速快，一般只需将球拍挡住球（或拍触球的一刹那稍加提拉，或向下切）即可，主要借来球的力量反弹回去。运用手指控制拍面角度，将拍面对准出球方向（挡直线球），拍面正对网。挡对角线球，拍面斜对网。当对方杀球无力或球过网较高时，可以推球回击，将球推向后场两角，也可视情况推向中场两侧。其方法与挡球方法类似。其不同处是：推球在拍触球前的瞬间要握紧拍子，以前臂和手腕的发力为主向前上方"甩"腕——正手推球时，腕部由伸腕经前臂内旋至屈腕；反手推球时，腕部由展腕经前臂稍外旋至收腕。

③抽球：将低于头部的球用抽击的方法还击，称为抽球。抽球分正手抽球和反手抽球两种。抽球时，只要掌握好发力方向和调整好拍面的角度，即可把球回击成高远球、平高球、平快球或抽吊网前球。

正手抽球方法（图 4-27）：右侧场区的低球，用正拍面抽击球，称为正手抽球。

①   ②   ③   ④

图 4-27

反手抽球方法（图 4-28）：在左侧场区的低球，用反拍面抽击球，称为反手抽球。

①   ②   ③

图 4-28

（2）平抽挡练习。

两人站在场地中部，用平球互相抽击（直线或斜线均可）。练习平抽挡时，握拍可适当上移。

（3）接杀球练习。

可在进行多球杀球练习时同时练习接杀球技术。可以固定杀球落点，让接杀者连续进行防守；也可两人在半场进行一攻一守练习。

3. 网前击球

网前击球技术包括：放网前球、搓球、挑球、扑球、推球和钩球等。

①放网前球：当对方击来网前球，用球拍轻轻一托，将球向上弹起恰好一过网就朝下坠落，称为放网前球。正手放网前球，当球向右前场区飞来时，侧身向球的方向移动，最后一步用左脚后蹬，右脚向球的方向跨出一大步成弓箭步（脚向前或略偏右）。在右脚前跨的同时，上体前倾，向前伸臂伸拍（这时左臂也应张开）。当脚跨步着地的时候，也是球拍击到球的时候。触球时，正拍面朝上垫在球托的底部，主要靠手腕控制球向前上方轻轻一托，使球越网而过（图4-29）。

①　　　　　　②　　　　　　③　　　　　　　　④

图 4-29

②搓球：在网前用球拍切击球托，使球旋转翻滚越过网顶的击球技术，称为搓球。搓球时，由于运用"搓"、"切"等动作摩擦球托的不同部位，使球在越过网顶时的轨迹异常，给对方回击造成困难，从而创造了进攻的机会。搓球是一种从一般放网前球技术基础上发展起来的富有进攻性的放网技术。

正手搓球与反手搓球，在上网时与放网前球的上网动作一样。其后的动作是：最后一个跨步后，身体重心应较高，以争取较高的击球点。正手搓球在伸臂举拍时应稍屈肘、展腕，使球拍自然地稍往后拉；然后再以肘关节为轴，通过小臂的外旋及收腕动作，用正拍面（拍面应适当后仰）切削球托的后底部（或侧底部）使球翻滚过网（图4-30①～⑤）。

反手搓球在伸臂举拍时，应稍屈肘（反拍面朝上）屈腕使球拍略下垂；然后再伸前臂、伸腕，用反拍面切削球托的后底部或侧底部，使球翻滚过网（图4-30⑥）。

③挑球：把对方击来的网前球，挑高回击到对方后场去，称为挑高球。这是一种处于较被动情况下的回击方法，把球挑得高，挑向对方后场以赢得时间重新调整好身体重心与场上位置，准备下一次击球。

挑球的方法与放网前球的方法相似。其区别在于：正手挑球在右脚向前做最后一个跨步并向前伸臂时，应放松伸腕，使球拍垂在后下方；紧接着，以肩为轴，主要以小臂带动手腕发力，由右下方往左上方作弧形挥拍，将球挑出（图4-31）。

①　　　　　　　　②　　　　　　　　③

④　　　　　　　　⑤　　　　　　　　⑥

图 4-30

①　　　　　　　　②　　　　　　　　③

④　　　　　　　　⑤

图 4-31

④推球：在网前较高的击球点上，用推击的方法往对方底线击出弧度较平、速度较快的球，称为推球。由于击球点到过网的距离很短，球又平直快速，再加上控制好

落点，所以，推球很有进攻性。

推球的方法与搓球相仿。其主要区别在于：推球在击球一刹那拍面竖得较直，正手推球时，由前臂内旋，用腕部的转动和手指（主要是食指）的力量向前快速推击（图4-32）。

图 4-32

二、基本战术

1. 压后场底线

这是一种以高球压对方后场底线，迫使对方后退，然后寻找机会以大力扣杀或吊网前空当争取得分的打法。这是初学者必须学会的基本打法。运用这种打法对付后退步法较慢或基本技术掌握较差的对手是十分有效的。

2. 打四方球

以高球或吊球准确地将球落到对方场区的四个场角，调动对方前后左右跑动，打乱其阵脚，在对方来不及回中心位置或回球质量较差时，向其空当部位发动攻击。

3. 快拉快吊

以平高球快压对方后场两底角，配合快吊网前两角，吸引对方上网。以网前搓球、钩对角球结合推后场底线，迫使对方疲于奔命、被动回球，从而为本方创造中后场大力扣杀或网上扑杀机会。这是一种积极主动、快速进攻的打法。它要求练习者有较全面的攻守技术，且手法准确熟练，步法快速灵活。

4. 后场下压

本方在后面扣杀对方击来的高远球，结合吊球，迫使对方被动挡网前或放网前球，这时可趁机主动快速上网搓球、推球，创造进攻机会，再以重杀或劈杀结束战斗。这是一种全攻型的打法，具有先发制人、快速凶狠等特点。

5. 守中反攻

这种打法是利用拉、吊四方球及防守中的球路变化，调动对方，伺机反攻（扣杀、吊或平抽空当儿）。此打法较适合本身进攻能力不强，但防守技术较好，反应较快，身体灵活且身体较矮的选手。

三、比赛形式

1. 单、双、混打赛制

（1）单循环赛制（表 4-1）规则：所有对手都要进行比赛，获胜方得一分，负方得 0 分，最后以积分排名次。

（2）单败淘汰赛制（图 4-33）规则：负方被淘汰，获胜方参加下一轮比赛。

（3）双败淘汰赛制（图 4-33）规则：运动员连负两场比赛后被淘汰。

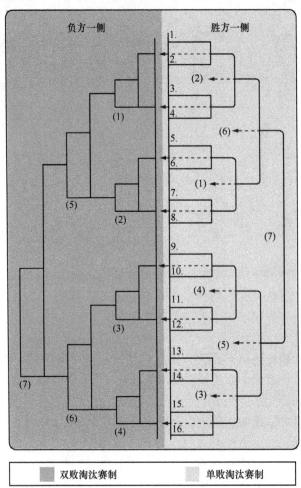

图 4-33

表 4-1

	A	B	C	D	名次
A		1：2	0：2	2：1	3
B	2：1		1：2	2：0	2
C	2：0	2：1		2：1	1
D	1：2	0：2	1：2		4

2. 团体赛的方法及规则

（1）两人一队赛制规则：每队由两名队员组成。两名队员分别与对方队员进行 4 场单打比赛。在第二场单打比赛结束后进行一场双打比赛。一支队伍获胜三场比赛即该队胜利。

比赛顺序（甲队队员：A、B，乙队队员：X、Y）：

①A—X ②B—Y ③双打 ④A—Y ⑤B—X

（2）三人一队赛制规则：每队由三名队员组成。三名队员分别与对方队员进行单循环单打比赛。一支队伍获胜五场比赛即该队胜利。

比赛顺序（甲队队员：A、B、C，乙队队员：X、Y、Z）：

①A—X ②B—Y ③C—Z ④B—X ⑤A—Z

⑥C—Y ⑦B—X ⑧C—X ⑨A—Y

第三节　乒　乓　球

☞ **本节要点** ⟫⟫⟫

1. 乒乓球是一项集锻炼性、观赏性以及配合默契性很强的体育运动和娱乐项目，不受年龄、性别和身体素质限制。因此，深受大学生们的喜爱；

2. 掌握乒乓球的基本理论；技、战术以及竞赛规则和裁判法，培养学生具有基层比赛的组织能力，提高学生的观赏水平；

3. 培养学生对乒乓球运动的学习兴趣，充分体现学生在教学中的主体地位，使学生真正体验到体育成功的乐趣。

乒乓球起源于英国。欧洲人至今把乒乓球称为"桌上的网球"，由此可知，乒乓球是由网球发展而来。19 世纪末，欧洲盛行网球运动，但由于受到场地和天气的限制，英国有些大学生便把网球移到室内，以餐桌为球台，书作球网，用羊皮纸做球拍，在餐桌上打来打去，也许因为此球在桌上打来打去发出了"乒乒乓乓"声音的缘故，英国一家体育用品公司，首先用"乒乓"（PingPong）一词作了广告上的名称。就这样，乒乓球才开始得此绘声之名。1904 年，上海一家文具店的老板王道午从日本买回 10 套乒乓球器材。从此，乒乓球运动传入中国。乒乓球的基本设施如图 4-34 所示。

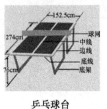
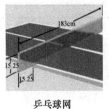

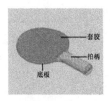

乒乓球台　　　　　乒乓球网　　　　　乒乓球　　　　　乒乓球拍

图 4-34

一、乒乓球运动的基本技术

（一）握拍法

球拍是"手的延伸"。所以，正确和有目的的握拍法就很重要。乒乓球握拍分为两种方式，在欧洲被广泛采用的横拍握法和多为亚洲人采用的直拍握法。

1. 横拍握法

（1）像和别人握手一样握住球拍，因此也叫握手式（图 4-35①）。

（2）大拇指和食指放在拍面下方的边缘上。大拇指放置的一面为"正手面"，食指放置的一面为"反手面"，剩下的三个手指包握球拍（图 4-35②）。

2. 直拍握法

（1）像握钢笔一样握住球拍，因此也叫握笔式（图 4-35③）。

（2）大拇指和食指握住拍柄（图 4-35④）。

（3）剩下三个手指在另一侧拍面上支撑住球拍（图 4-35⑤）。

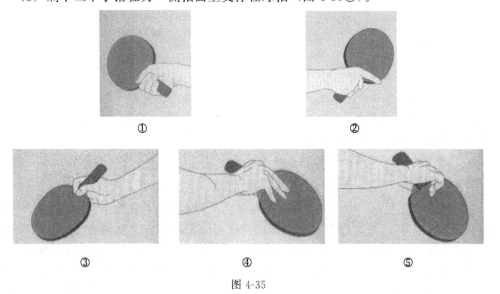

①　　　　　　　　　　　②

③　　　　　　　④　　　　　　　⑤

图 4-35

（二）基本姿势

由于乒乓球运动是速度最快的一类球类运动项目，运动员根本不知道来球方向，所以运动员必须保持一种能够允许应对每个必要比赛情况的姿势。

1. 准备姿势（图 4-36）

（1）身体呈三个夹角：躯干与大腿之间、大腿与小腿之间、小腿与脚掌之间。

（2）双腿与肩同宽，分腿站立，两腿大约相互平行，脚尖向外。

（3）大臂和前臂成直角，大臂垂直地面，小臂平行地面。

（4）小臂位于正反手中间位置。

（5）重心落在前脚掌。

2. 不同打法类型采用基本姿势的位置

运动员与球台的位置如下：

进攻型打法：底线后 1 米；

中台型打发：底线后 1～2 米；

防守型打发：底线后 2 米或 2 米以上；

接发球时的基本姿势和进攻型打发一样，不能站在超过底线后一米的位置。

图 4-36

（三）基本步法

灵活的步法是抢占合理位置熟练运用各种手法击球的前提。要注意判断及明、蹬地快、步法灵活、移动重心。

（1）单步：以一脚为轴，另一脚向前后左右移动一步。

（2）跨步：以来球同方向的脚向侧跨出一大步，另一脚再跟着移动一步。

（3）跳步：以一脚蹬地，两脚同时离地向前后左右跳动。

（4）侧身步：以左脚为轴，右脚向左右移动一步；或左脚先向左跨一步，右脚向左后移动一步。

（5）交叉步：以来球方向的脚向来球方向移动一大步，另一脚随着移动一步。

（四）发球技术

发球是乒乓球运动中十分重要的击球方式，如果一个运动员有好的发球，在接下来的比赛中就能掌握主动。发球时应采用不同变化打乱对手的节奏，如快和慢，长和短，旋转和不旋转，上旋、下旋和侧旋，不同方向、不同落点，正手和反手。一般常见的发球技术有以下几种。

1. 上旋发球

（1）发球方法（图 4-37）：球在体前（反手）或体前侧面（正手）被击打。

①击球点：下降期。

②水平从后向前随之完成击球动作。

③腕关节向前上方完成发球动作。

① ② ③ ④

图 4-37

（2）练习形式。

①首先练习反手发球，再练习正手发球。

②变化发球线路：斜线发球、直线发球、长短结合。

③朝确定的目标区域发球。

2．下旋发球

（1）发球方法（图4-38）。

① ② ③ ④

图 4-38

①球在体前（反手）或体前侧面（正手）被击打。

②击球点：下降期。

③手臂动作：从后上方向前下方完成击球。

（2）练习形式：参考"上旋发球"内容。

3．侧旋发球

侧旋发球一般有两种方式：向上持拍、向下持拍。

（1）向上持拍发球的发球方法（图4-39）。

① ② ③

图 4-39

①通过手臂在肘关节处的大幅弯曲，使球拍处于高处，引拍结束时球拍的位置大约与头同高。

②通过小臂的伸展随之进行击球手臂从后向前下方的挥拍动作。

③发球动作快而短。

④发球完毕运动员呈下蹲姿势。

⑤拍面基本处于垂直状态。

（2）向下持拍发球。

①发球方法（图4-40）。

①

②

③

图 4-40

a. 发球位置：体前与髋同高。

b. 拍面稍打开，垂直指向下方。

c. 双脚平行于底线。

d. 击球手臂从右上方向左下方（正手发球）进行、（反手发球则相反），在击球瞬间腕关节参与发力，加强侧旋。

②变化可能性：上旋、下旋及混合旋转——侧下旋、侧上旋。

③练习形式：参考"上旋发球"内容。

（五）击球技术

1. 攻球

（1）击球方法（图 4-41）。

①

②

③

④

图 4-41

①准备姿势：

正手：双脚与肩同宽，左脚前，右脚后。

反手：双脚平行站立，间距与肩同宽。

②引拍阶段：

正手：击球手臂向后引拍与肩形成直线，同时完成髋关节向后转体，重心移至右脚上。

反手：击球手臂向后引至左髋前，身体重心没有变化。

③击球阶段：击球手臂从后向上方挥动。击球点在球的上升期。

④结束阶段：

正手：动作朝着左肩方向结束。

反手：动作以小臂伸直为结束。

（2）练习形式：用攻球回击对方的球；用攻球回击上旋发球；线路的变化，直线和斜线；加力与不加力；回球回到对方指定的球台区域。

2. 搓球

（1）击球方法（图4-42）。

① ② ③

图4-42

①准备姿势：

正手：两腿微微分开，左前右后。

反手：双脚平行站立，间距与肩同宽。

②引拍阶段：

正手：搓球时，肘关节处弯曲的手臂向右边引拍，重心移至右脚上。

反手：手臂引拍至左胸前，重心移至左脚上。

③击球阶段：手臂向前下方挥拍，击球的中下部。

④结束阶段：击球结束后，前臂随球向前伸直。

（2）练习形式：自己抛球落台后反手搓球击球过网；两人台上对搓练习；多球练习。

3. 弧圈球

（1）击球方法（图4-43）。

① ② ③ ④

图4-43

①准备姿势：

正手：侧身，与底线大约形成45°角。两腿分开，左前右后。

反手：与球形成正面向前姿势，双脚平行。

②引拍阶段：

正手：击球手臂向后下方引拍到膝关节，身体同时向右转体，重心移至右脚。

反手：击球手臂向后下方引拍至腿和膝盖之间，膝关节弯曲，重心下降。

③击球阶段：球拍向前上方拉提，击球点于体前、球的下降期。接触球的瞬间，前臂加速发力。

④结束阶段：

正手：击球手臂随挥到头部，重心移至左脚。

反手：前臂随球向前伸直，重心移至右脚。

（2）练习形式：让球从高处落地，然后用弧圈球击球过网；多球练习；用搓球喂球后用弧圈球回击。

二、乒乓球运动的基本战术

1. 进攻行球员战术

发球：变化多端。

击球方式：尽量采用进攻性击球（如攻球、弧圈球）或者回接短球。

得分手段：通过击球速度和击球方法的变化主动得分。

2. 防守行球员战术

发球：一般进行下旋发球。

击球方式：搓球的变化（旋转、不旋转），杀球和推拨球技术作为突袭的击球方式。

得分手段：通过对球旋转的变化使对手失误得分。

三、比赛形式

乒乓球比赛形式参考本章第二节中的羽毛球比赛形式。

第五章
大球运动篇

☞ **本章要点** ≫≫

了解"三大球"的起源与发展，熟悉基础知识、掌握基本技术和练习方法，有利于更好地锻炼身体和领会体育精神对自身气质的陶冶。

第一节　　篮　　球

☞ **本节要点** ≫≫

1. 了解篮球运动的起源与发展、及现代篮球运动的发展趋势和我国篮球运动的发展概况；

2. 掌握篮球基本技术与战术；

3. 在比赛中能灵和运用多种个人技术和集体配合；

4. 竞赛组织。

篮球运动是 1891 年由美国马萨诸塞州斯普林菲尔德（Springfield）市基督教青年会国际训练学校（后为春田学院），由该校体育教师詹姆斯·奈史密斯（James Naismith）博士发明。篮球运动是一项集体性、综合性的活动性游戏。它起源于人类劳动过程之中，是社会文化进步和文明程度提高的反应。

篮球游戏简易而有趣，可以因人、因时、因需而异，变换各种方式组织丰富多彩的活动，方便与吸引人们参与，达到活跃身心、强身健体的目的，进而提高社会的文明氛围，充实人们业余文化生活。

篮球运动的最大的特点在于它是围绕高空的球篮这个目标，以篮球为工具，以投篮准确为目的，以个体与整体运用专门的技术、战术为手段，以两队立体型凶悍攻守为基本形式的一项非周期运动。

一、基本技术

篮球技术教学通常由三个教学环节来完成，即掌握技术动作、组合技术动作、在攻守对抗中提高技术的运用能力。

（一）基本站立姿势

两脚依据场上需要，平行或前后开立，距离约与肩同宽或略宽于肩，两膝自然弯曲，身体重心的投影点在两脚之间，上体正直稍前倾，两眼平视，时刻保持启动状态。基本姿势是攻守技术动作的基础。保持正确的基本姿势，能使身体各部位处于最适宜的工作状态，以利于迅速、协调地完成各种攻守技术动作。

（二）移动

移动是篮球比赛中队员为了改变位置、方向、速度和争取高度而采用的各种脚步动作的统称。移动对掌握和运用任何进攻或防守技术，都有着密切的关系。在进攻中运用移动，目的是为了摆脱防守去完成选择位置、切入、接球或是迅速合理地完成传球、投篮、运球、突破等进攻技术。在防守中运用移动，目的是为了保持或抢占有利位置，防止对手摆脱或及时果断地抢球、打球、断球或抢篮板球。移动是篮球技术的基础之一，也是比赛中运用最多的一项基本技术。

（1）启动：起动要从准备姿势开始，篮球场上的准备姿势也就是在进攻或防守时运用技术前的基本姿势（图5-1①）。要求两腿开立略比肩宽，屈踝、屈髋、含胸、收腹、抬头、眼向前看，两脚尖微内扣、脚跟微抬，身体重心降低并落在两前脚掌内侧。进攻时两臂自然下垂屈前臂，防守时两臂伸开，一臂前一臂侧（图5-1②）。启动时要两脚内侧同时用力，身体重心迅速移至要前进的方向，两臂快速摆动，步幅小，频率快。

①　　　　　　②

图 5-1

训练游戏：原地判断启动追拍。

教师把学生分为人数相等的两队站在球场中线两侧，并指定一队为单数队，另一队为双数队。游戏开始，教师用长、短哨声作为两队的代号，教师鸣哨后，学生根据哨声作出判断并立即启动追拍对方。

游戏规则：两队距中线的距离必须相等，追拍的队必须在场内"触拍"到对方才算有效。

游戏目的：提高学生的快速反应、快速启动、奔跑的能力以及动作的敏捷性。

（2）变向跑：在进攻中利用变换方向摆脱防守的一种跑法，以从右向左变向跑为例。在跑动中变方向时，左脚先离地，这时，右脚前脚掌用力蹬地，同时脚尖稍向内转，腰部、肩部跟随向左侧转动，上体向左侧前倾，左脚落地（图5-2①）。落地时左脚尖朝左，同时两脚用力蹬地继续加速跑动（图5-2②）。

① ②

图 5-2

图 5-3

（3）侧身跑：比赛中常用的一种为了便于观察球的动向和抢位时而采用的一种跑法。快攻进攻是两边前锋沿边线快下准备接球的跑法。在向前跑动中，头和上体转向球的方向，脚尖对着前进方向，眼睛看球并注意周围情况（图 5-3）。

（4）后退跑：多用于退防时或为了观察场上情况背对前进方向的一种跑法。

（5）急停：急停有两种方法，一种是跳步急停，一种是跨步急停。

训练游戏：听音抓人。

学生相隔 2～3 米分散站立于球场的边线和端线上，并按顺时针（或逆时针）方向快跑，后者抓前者，听教师鸣哨后马上急停转身，仍为后者抓前者，如此反复进行。计算个人被抓住的次数，被抓住次数多者受罚。

游戏规则：游戏者必须沿球场的界线跑动，转角处亦然，只有"抓住"才算有效。

游戏目的：发展学生在快速移动中的急停、转身的能力。

（6）跳步急停：在慢跑或中速跑动中，单脚或双脚起跳（腾空不要过高），然后最好平行开立略比肩宽，脚跟先着地，屈膝、重心下降，上体由稍后仰迅速过度至稍向前倾，两臂前举，屈肘略向外张（图 5-4）。跳步急停接球的同时，要求移动中腾空接球后，两脚同时着地、身体重心要低、屈膝，脚跟先着地。

（7）跨步急停：一般在跑动速度较快是运用跨步急停，方法是：急停时先向前跨出一大步，膝盖由向前方向转为向侧前方，用前脚掌外侧撑地，同时重心下降，并先落在后脚上，身体稍向后坐，以减缓向前的冲力。第二步着地时，身体稍侧转，脚尖稍向内转，两膝弯曲并内扣，前脚掌内侧着地，上体稍前倾，随着惯性的前冲，身体重心落于两前脚掌内侧，同时腰、肩都要用上劲保持身体平衡。接球的同时跨步急停，移动中腾空接球后，两脚先后着地，先着地的脚（中枢脚）要用力支撑体重，以免滑动；后着地的脚要落在另一脚的侧边，脚内侧蹬地，身体重心要低，保持身体平衡。

图 5-4

图 5-5

（8）跨步：跨步是以一脚为中枢脚，另一脚向前、后、左、右跨步的一种技术，主要用于持球突破时超越防守队员或突破投篮前的假动作，与启动、转身动作结合运用，更有利于摆脱防守者和保护球（图 5-5）。

（9）转身：是以一脚为中枢脚，另一脚向任何方向移动的动作。转身经常同跨步和急停结合运用、去创造摆脱防守切入，接球、传球、运球或投篮的机会。防守时也常用来抢占有利位置、堵截对手、抢球、断球和抢篮板球。转身过程中身体重心要低不要有起伏，持球转身时，要注意利用身体做好护球动作。转身分前转身和后转身。前转身：移动脚向中枢脚前的方向跨步使身体改变方向叫前转身（图 5-6）。后转身：移动脚向中枢脚后的方向跨步使身体改变方向叫后转身。后转身可在原地或行进间进行。

图 5-6

（10）交叉步：在比赛中常与急停和滑步组合用于进攻队员移动较快时，方法是原地两脚平行站立或前后站立的防守基本姿势时，前脚或移动方向的异侧脚前掌内侧用力蹬地后，从另一只脚的前面或侧后方迈出，上体、腰部和重心随之转动或转移。起步后接急停或滑步。做交叉步时，注意重心不要上下起伏，动作要迅速突然。

（三）传、接球

1. 传球技术动作

传球技术如果从动作方法的组成上来分析，是由持球手法和传球动作两部分组成。持球手法可分为单手持球和双手持球两种。单手持球的方法是：手指自然分开，用手掌外沿和指根以上部位托（或抓住）球，手心空出。双手持球方法是：两手指自然分开，两拇指相对成"八字"形，用手指指根以上部位握球的两侧后下方，手心空出，两臂屈肘，肘关节下垂，将球置于胸腹之间。传球动作则是由下肢蹬地发力开始，配合全身协调用力，最后通过伸臂、屈腕和手指拨球的力量将球传出。

传球技术包括了准备、完成和结束三个阶段。准备阶段包括基本姿势和持球两个环节。正确的基本姿势是：两脚左右（或前后）开立，与肩同宽（或稍宽于肩），两膝微屈，上体稍前倾，双手或单手持球。完成阶段是传球技术的基本阶段，其形式有单手传球和双手传球两种。传球的方法有很多种，下面介绍几种最常用的传球动作方法。

（1）双手胸前传球，是一种最基本且最常用的传球方法。这种传球方法迅速而有力，准确性较高，适用于不同方向和不同距离，而且便于同投篮、运球突破等动作结合运用，也是常在阵地进攻的外围转移球时和快攻的推进时使用。

动作要领：两脚前后站立，屈膝，两臂自然下垂，屈肘，持球于胸前，指根以上握球，手心空出，目视接球者，向接球者迈步，同时两臂迅速前伸，在手臂伸直的瞬间两手快速完成手腕下压和外翻的抖腕动作。球出手过程中，两手向外翻转。球出手后的飞行路线要平。如果距离较远要跨步蹬地全身协调用力，还可以在跑动中和跳起在空中进行动作（图5-7）。

图 5-7

训练游戏：原地判断启动追拍。

把学生分成两人一组的若干组，相隔米面对面站好，其中一人拿球。游戏开始时，以双手胸前传球的方式传球。只计成功次数，各组之间相互比赛。在规定时间内传球次数多的组获胜。失败的一组做俯卧撑或蹲起10个。

游戏规则：必须按规定的传球方式，双手胸前传球（或击地传球、单手体侧传球等）。

游戏目的：提高学生双手胸前传接球的能力。

（2）双手头上传球。这种传球方法出手点高，不易被封锁，多用于传球给内线队员或接到高球后迅速回传时。

动作要领：持球手法同双手胸前传球。两手举球于头上，用手腕和手指短促快速的抖动将球向前传出。如传球的距离较远时，可以加上腰、腹和腿部的力量（图5-8）。

图 5-8

（3）单手肩上传球，是比赛中远距离常用的传球方法，球的速度快，准确性高，快攻偷袭时运用较多。

动作要领：以右手传球为例，双手持球成基本站立姿势，传球前左脚向前跨一小步，转身，球移到身体右侧约与肩高，右手持球，身体的重心由后脚移到前脚，同时球从后经头部侧上方向前传出。传球后手臂要充分伸展，出手时手腕前翻，手指用力将球传出（图 5-9）。

（4）单手体侧传球，是一种近距离的隐蔽传球方法，多用于外围队员向内线队员传球时。与跨步、突破等假动作结合运用，特别是在防守者两臂挥摆阻拦传球路线时出现左右腋下空挡时使用效果更好。

动作要领：以右手传球为例，双手持球，传球时将球移至右手，右臂做弧线向身体右前侧，同时用手腕和手指的力量将球传出。传球的同时，左脚向左跨步或右脚向右跨步均可（图 5-10）。

图 5-9　　　　　　　　　　　　　　　　　　图 5-10

（5）行进间传球。在比赛中，为了加快进攻的速度，缩短传球的时间，经常运用行进间传球。行进间传球的动作大体与原地传球动作相同，但运用时应注意以下两点：①行进中传球手臂与脚步动作的配合要协调，脚步动作同正常跑步相同要在中枢脚离地后再落地前将球传出。②行进中传球要注意同伴的跑动速度，传出的球要有提前量，使同伴接球后能顺利地连接下一个动作。

（6）击地传球，多用于接近防守时，如外围球员传球给内线队员或快攻结束阶段的切入分球，特别是小个队员遇到高大队员防守时多采用。

动作要领：可用单手传或双手传。传球手法同单手体侧传球只是出球时的用力向下，击地点要根据接球队员的位置，一般用目测传球队员到接球队员之间的距离 2/3 处，球反弹起来的高度以接球队员的腰部为宜。

2．接球技术动作

接球技术从形式上来区分包括单手接球和双手接球两种。从来球的高度上来划分，可以分为接高空球、接胸部高度的球、接低球三种。其技术动作结构也是由准备、完成和结束三个阶段构成。

接球技术在运用中一般应注意以下三点：①观察了解场上情况，不要原地站着等球，要积极主动地移动迎前接球。用身体、上肢和脚步的移动抢占有利的空间位置，保障接球的安全。②接球后要迅速做好和下一个进攻技术的衔接。③接球后要迅速转入投篮、传球、突破等下一个动作。

训练游戏：传递球。

把学生分为人数相等的两队，队员间相距一臂左右距离成纵队站在场内，排头手持一个球。

游戏可按以下任一种方式进行：①交换球：第一个人用双手把球从头上传递给第二个人，第二个人接球后用双手把球从胯下传递给第三个人，如此按次序一个从头上、一个从胯下把球传递至排尾。②交接球：第一个人双手持球向左转体把球传递给第二个人，第二个人双手接球后向右转体把球传递给第三人，如此按次序一个向左一个向右直到把球传递至队尾。

游戏目的：使学生学习和掌握双手接球和持球方法，训练灵活性和柔韧性。

（四）运球

运球是篮球比赛中个人攻击和与同伴组成配合攻击的重要技能。运球是指用手指、手腕连续拍按的动作使球借助地面反弹起来的动作过程。在比赛中，运球是突破防守、发动快攻、组织进攻配合、调整位置、寻找有利时机进行传球和投篮所必需的技术动作。

脚步动作的幅度和下肢各关节的屈度随球的速度和高度不同有所变化。慢速运球时，脚步动作幅度小，而各关节的角度则大；快速高运球时，脚步动作幅度大、各关节的角度小。低运球时，脚步动作幅度和各关节角度均小。前进时拍按球的后侧上方，变向是拍按球的外侧上方。拍按球的部位应与移动的方向、速度协调配合。

运球的方式是多种多样的，包括原地运球、高运球、低运球、运球急停急起、体前变向运球、背后变向运球、后转身变向运球、跨下变向运球等多种。下面介绍几种最常用的运球动作练习方法。

（1）原地运球。抬头，目视前方，两膝弯曲，两脚左右或前后开立，上体稍前倾，五指自然分开，手心空出，以肘关节为轴，用前臂屈伸，手指和手腕上扬、下压随球上下拍按，在原地运球，非运球手抬起，以保护球。

训练游戏：运球互相拍打。

把全体学生人手一球分散于半场（或三分线）内，运球并随时伸手拍打周围运球人的球，同时注意保护好自己的球。凡拍打到其他人的球者得 1 分，持续 2～3 分钟后统计各人得分，分数多者获胜。

　　游戏规则：只准在规定区域内相互拍打，否则算自动退出比赛。拍打到其他人的球一次得1分，被其他运球人拍到失1分。游戏进行2～3分钟。

　　游戏目的：帮助学生熟悉球性，提高控制、支配和保护球的能力。

　　（2）低运球。在快速运球中，接近防守者或防守者前来抢球时，两膝迅速弯曲，降低重心，上体稍微前倾，运球高度在膝关节和腰部之间，以便更好控制球，减少防守者抢球的可能性，用手臂和身体保护球（图5-11）。

图5-11

　　（3）高运球。在快速运球中无防守者阻挠的情况下，可运用高运球加速向前推动。运球时抬头看前方，上体稍前倾，运球高度约在腰部上下，身体正对运球方向，球落点在身体右侧，左臂弯曲举手于身前，用右手运球，左臂和腿部保护球。

　　（4）运球急停急起。在快速运球中防守者紧紧跟随时，利用速度的突然变化突破防守。

　　（5）体前变向运球。在运球中遇到防守者从正面堵截时，可以突然改变运球方向进行突破，以右手运球为例，从低运球开始变换，左手在身前推球击地，使之反弹至左手外侧。改变方向换右手向前运球时，两肩正对运球方向，后脚用力蹬地继续向前运球突破。用异侧臂和身体保护球（图5-12）。

图5-12

　　（6）背后变向运球。在运球中遇到防守者从正面堵截并且距离较近时，突然用背后运球改变前进方向以摆脱防守。运球时以左手为例，球应保持在左前方，遇到防守时，要靠近体侧运球，在右脚上步身体前移过程中，用左手腕和手指的力量拍按球的后侧上方，将球推向右前方，而后换右手继续运球向前推进（图5-13）。

图 5-13

（7）后转身变向运球。当防守者偏于运球者控球手一侧堵截时，运球着可采用此方法改变方向摆脱防守。以右手运球为例，将球控制在右侧，左脚在前做中枢脚，右手向后拉球转身，将球拍到左侧，同时撤右脚，脚尖指向前进方向，换左手运球继续前进（图 5-14）。

图 5-14

（8）跨下变向运球。跨下变向运球运用在对方防守距离很近，紧逼持球队员时，跨下变向运球时间快、距离短，因此在针对对方紧逼持球队员时，跨下变向运球运用的较多。以左手为例，运球时，右脚在前，左手把球拍向两腿之间，使之反弹于右侧，接着右脚向左前方跨出，右肩前压重心前移，换右手运球前进。

（五）投篮

投篮是进攻队员为了将球从篮圈上投入篮筐而采用的各种专门动作方法的总称。投篮是篮球运动的主要进攻技术，是得分的唯一手段。一切技术、战术运用的目的，都是为了创造更多更好的投篮机会。因此，投篮是整个篮球技术体系的核心。

投篮的动作方法很多，主要是由上肢及身体各个环节协调用力来完成的。

1. 原地投篮手法

投篮的手法正确和全身力量的协调运用，是投篮准确的关键。投篮的基本手法有单手和双手两种。

（1）单手投篮方法。以右手持球为例，五指自然分开，用指根以上部位触球，手心空出，手腕后翻托球，另一手扶在球的侧面辅助。出手时，全身协调用力，手臂向前上方伸出，手腕前屈，手指拨球，球最后从中指和食指的指尖出手（图5-15）。

图 5-15

（2）双手投篮方法。双手持球，手指自然分开，两拇指相对成八字形，用指根以上部位持球两侧稍后部，两手心空出，手腕放松。球出手时，全身协调用力，两手臂向前上方伸出，两手掌外翻，两拇指下压，球最后从两手拇指、中指和食指出手。

2. 行进间投篮

（1）行进间双手低手投篮。移动中跨右（左）脚的同时接球，左（右）脚接着跨一小步并用力蹬地起跳。起跳后身体尽量向球篮伸展，双手持球，在身体到达腾空最高点时，采用双手低手出球方法将球投出（图 5-16）。

图 5-16

（2）行进间单手低手和高手投篮（以右手投篮为例）。跑动中右脚跨出一大步的同时接球，左脚接着跨出一小步并用力蹬地起跳，右腿提膝，双手向前上方举球。当身体腾空接近最高点时，采用单手低手出球手法将球投出，投篮时身体尽量向球篮方向伸展（图 5-17）。

图 5-17

行进间单手高手投篮技术的方法与低手投篮基本相同，不同的是投篮时身体向上方跳起，出手时采用单手高手出球手法（图5-18）。

图 5-18

3. 急停跳起单手投篮

在移动中跨步或跳步接球的同时，重心下降，两腿弯曲，脚尖指向球篮方向成基本站立知识，接着快速起跳，双手同时持球上举。当身体腾空并接近最高点时，采用单手高手出球方法将球投出（图5-19）。

图 5-19

二、基本战术

篮球系统战术教学与训练是整个篮球教学与训练内容中的一个重要部分，是为篮球比赛做准备的过程。其主要目的是提高运动员的系统篮球战术意识，掌握多变、全面的篮球战术方法，提高运动员在比赛中有效地运用篮球战术的能力，组织攻守对抗，获得合理、有效的进攻机会或阻止对方攻击，取得比赛的胜利。

篮球战术的作用就是把队员身体、技术、心理等方面的训练效果，根据比赛双方的具体情况综合运用，使全体队员形成一个团结战斗的集体，保证每名队员的技术特长都得到充分的发挥。因此，在组织、运用战术及战术训练中，必须依据篮球运动的基本规律和自身队员的条件，建立符合自己特点的战术体系。

（一）进攻战术

根据参与战术行动的区域和人数、篮球进攻战术可划分为个人进攻行动、进攻战术基础配合以及整体进攻战术分为三个层次（图5-20）。

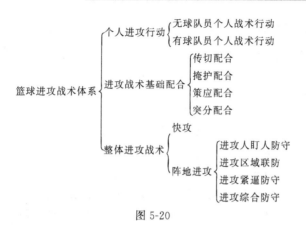

图 5-20

1. 进攻战术基础配合

进攻战术基础配合是指在篮球比赛中，进攻队员两三人之间以特定的专门方式所组成的简单配合方法。它是组成全队整体进攻战术配合的基础。因此，熟练掌握和灵活运用这些基础配合，对提高队员整体进攻战术配合能力和战术意识有极其重要的作用。进攻战术基础配合有传切、掩护、策应、突分等。

（1）传切配合：是指队员之间利用传球和切入技术所组成的简单配合，包括一传一切和空切两种。传切配合是一种最简单易行的进攻方法，一般在对方采用扩大盯人或扩大联防时运用。

一传一切配合：是指持球队员传球后，利用启动速度摆脱防守，向篮下切入接回传球投篮的配合。如图 5-21①所示，⑤传球给⑥，⑤向左做切入假动作，同时观察❺的移动情况，然后从右侧切入，侧身面向球，接⑥的传球投篮。

（2）空切配合：是指无球队员掌握时机，摆脱对手，切向防守空隙区域接球投篮或做其他进攻配合。如图 5-21②所示，④传球给⑤时，⑥利用❻未及时调整位置的机会，突然横切或沿底线切向篮下接⑤的传球投篮。

图 5 21

（3）掩护配合：是指进攻队员选择正确的位置，运用规则限定的合理的身体动作挡住同伴的防守者的移动路线，使同伴借以摆脱防守，获得接球投篮或其他进攻机会的一种配合方法。

前掩护：是指掩护队员站在同伴的防守者的身前所形成的掩护配合的方法。如图5-22①所示，⑤传球给④后，向篮下做切入动作，然后到❹前面做掩护，④可投篮或是突破。

侧掩护：是指掩护队员站在同伴的防守者的侧面所形成的掩护配合方法。

持球队员与徒手队员之间的侧掩护配合，如图5-22②所示，⑤传球给④后，移动到身体的左侧做侧掩护，接球后做瞄篮或向左侧突破的动作。当⑤掩护到位时，④立即从右侧贴着⑤的身体运球突破上篮。⑤立即转身切向篮下抢篮板球或接球投篮。

徒手队员之间的侧掩护配合。如图5-23①所示，⑤传球给④后，向传球的方向移动，然后给⑥做侧掩护时，⑥先向篮下做压切动作靠近❻，然后贴近⑤的身体横切接④的球投篮。⑤掩护后转身切入篮下，接④的传球投篮或抢篮板球。这种掩护也称反掩护。

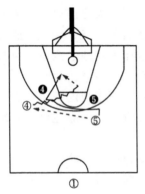
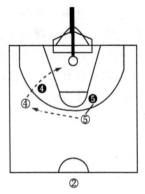

图 5-22

后掩护：指掩护者站在同伴的防守者的身后所形成的掩护配合方法。这种掩护不易被对方发现，成功率高。掩护配合时掩护者与同伴的防守者应保持通畅的半步距离，避免发生由非法掩护所造成的犯规。如图5-23②所示，⑤传球给④，⑥到❺身后做掩护时，⑤先做横切做假动作吸引❺，然后突然从左侧贴近⑥的身体切入篮下，⑥随后面向球横切，④将球传给⑤或⑥投篮。

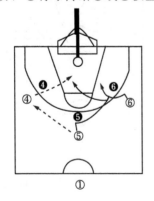
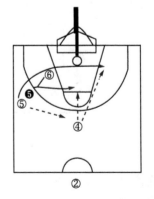

图 5-23

（4）策应配合：通常是指中锋运用策应配合较多进攻队员背对或侧对篮板接球后，以他为枢纽，通过多种传球方式与外线队员的空切、传切与绕切相结合，借以摆脱防守，创造各种里应外合的进攻机会。策应配合可以根据策应的区域和位置分内策应、外策应和高策应、低策应等，其策应配合方法都基本相似。

中锋外策应配合方法，如图 5-24①所示。⑤传球给④后，向左侧压切，然后以④为枢纽从右侧绕切，同时策应队员④先做传球给⑤的假动作，然后转身把❹挡在身后，再将球传给绕切过来的⑤，⑤接球可以投篮、突破或传给策应后下切的④。

中锋内策应配合方法，如图 5-24②所示，⑥传球给⑦，然后向右移动与④在策应队员⑦身前做交叉绕切，⑦可将球传给绕切的④或⑥，也可以自己转身进攻。

（5）突分配合：是指持球队员突破对手后，遇到对方的补防或协防时，及时将球传给进攻时机会最佳的同伴进行攻击的一种配合方法。当对方采用人盯人防守或区域联防时运用突分配合，可打乱对方的整体防守部署，压缩防区，给同伴创造最佳的外围投篮或篮下进攻机会。

①

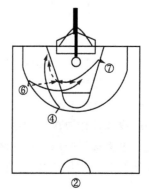
②

图 5-24

2. 篮球整体进攻战术

（1）快攻战术是防守队获得球后，由守转攻时力争在对手布阵未稳之际，抓住战机以最快的速度、最短的时间，造成人数上的优势、位置上的优势、能力上的优势，果断而合理地发动攻击的一种速决性战术配合。快攻战术形式有长传快攻、传球与运球结合的快攻和个人突破快攻。重点掌握长传快攻技术。

长传快攻是队员在后场获球后，用一次或两次传球把球传给快下的同伴进行攻击的一种方法。这种快攻由发动和结束阶段组成，特点是时间短、速度快、战术组织简单。但要求快下队员意识强、速度快，发动队员传球要及时、准确，视野开阔。长传快攻的组织形式主要有以下四种。

抢篮板球后长传快攻，如图 5-25①所示，⑤抢到篮板球后，迅速观察场上情况，寻找长传快攻机会。⑦和⑧判断⑤可能抢到篮板球时，立即快下，超越防守队员接⑤的长传球投篮。

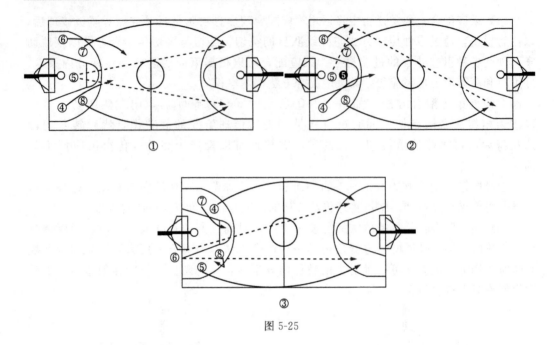

图 5-25

抢篮板球通过接应发动长传快攻，如图 5-25②所示，当⑤抢到篮板球后⑦和⑧已经快下，但由于受到❺的严密防守，⑤不能及时长传时，立即将球传给⑥，⑥接应后再迅速长传给快下队员投篮。

掷后场端线球长传快攻，如图 5-25③所示，当对方投中篮后，离球近的⑥立即捡球跨出端线，迅速掷界外球，快速将球长传给快下的④或⑤投篮。

断球长传快攻，如图 5-26①所示，❼断获⑥的传球后立即将球传给快下❻或❺投篮。

跳球获球后长传快攻：如图 5-26②所示，⑥跳球打给④的同时，⑤快下，由④将球长传给⑤上篮。

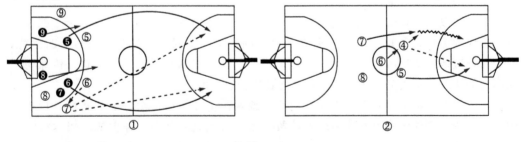

图 5-26

（2）进攻半场人盯人防守战术配合的方法。

根据队员的身体条件、技术特点、战术素养选择能够充分发挥本队特点的进攻阵型。最常见的进攻落位阵形如图 5-27 所示。

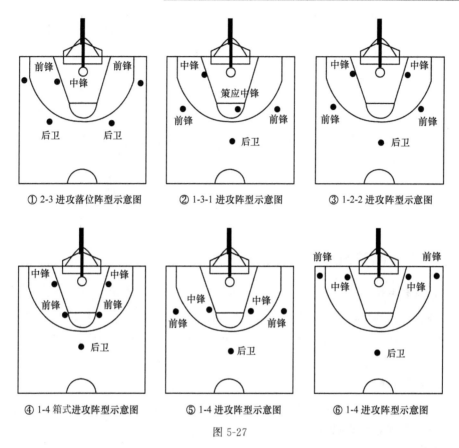

① 2-3 进攻落位阵型示意图　　② 1-3-1 进攻阵型示意图　　③ 1-2-2 进攻阵型示意图

④ 1-4 箱式进攻阵型示意图　　⑤ 1-4 进攻阵型示意图　　⑥ 1-4 进攻阵型示意图

图 5-27

(二) 防守战术

防守战术基础配合是指在篮球比赛中，防守队员二、三人之间所采用的协同防守配合的方法，包括抢过、穿过、绕过、夹击、关门、补防、交换防守及围守中锋等。熟练掌握和灵活运用防守基础配合，对提高队员整体防守战术配合能力和战术意识有极其重要的作用。这里以抢过配合与穿过配合为例进行介绍。

（1）抢过配合：是指对方进行掩护时，防守队员在掩护队员接近自己的一刹那，迅速抢前横跨一步贴近自己的对手，并从两名进攻队员之间侧身挤过去，继续防守自己对手的配合方法。当对方离球篮较近、外围队员想利用掩护投篮或由于身高的差别而不宜交换防守的情况下，运用主动性很强的抢过配合，可以破坏对方的掩护配合。如图 5-28①所示，⑤给④做掩护，当⑤接近❹的一刹，❹抢前横跨一步贴近④，并从④和❺之间主动侧身抢过去继续防守④。

（2）穿过配合：是指当对方进行掩护时，掩护者的防守队员及时提醒同伴，并主动后撤一步，让同伴及时从自己和掩护队员之间穿过去，继续防守自己对手的配合方法。当对方掩护发生在弱侧区域、离球篮较远、无投篮威胁、不宜换防的情况下，运用穿过配合可有效地破坏对方的掩护配合。如图 5-28②所示，④传球给⑤，④反方向移动给⑥做掩护的一刹那，❹主动后撤，让❻从④和❹中间穿过去，继续防守⑥。

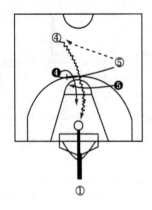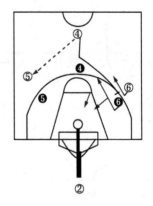

图 5-28

三、三人制篮球比赛的规则与方法

（一）比赛方法

三人制比赛，每队三人出场，另有一名替补队员。比赛分上、下半场。每半场 7.5 分钟或者 10 分钟，也有采用先得 22 分者为胜的方法。场上设 3 分区，在三分线内投中得 2 分，在三分线外投中得 3 分，罚球命中得一分，比赛中不得扣篮。

（二）比赛规则

三人制比赛，目前国际上尚未统一比赛规则，中国篮球协会于 1999 年颁布了《"三对三"篮球竞赛规则（试行）》。

1. 场地

标准的半个篮球场地（14 米×15 米），或按半场比例适当缩小（长度减 2 米，宽度减 1 米），地面坚实，场地界线外有 1.5～2 米的安全地带。距地面 3.05 米的球篮提供给男子成年及女子高中以上、男子初中（含初中）以上青年组，距地面 2.80 米的球篮提供给女子初中及男子小学组。

2. 工作人员及其职责

设一至二名裁判员和一名记录员。裁判员与记录员着装一致，但其颜色、款式应区别于运动员。裁判员是比赛中唯一的宣判和终决人员，负责在记录表上签字，兼管计 20 秒违例。记录员兼管计时、记分，记录两队累积的分数（包括投篮和罚球的得分）、全队及个人犯规次数以及比赛时间，并按规则要求宣布比赛进行的时间和比分。

3. 特殊规则

除下列特殊规则外，比赛均按照当年最新国际篮球规则执行。

（1）比赛双方报名为四人，上场队员为三人。

（2）比赛时间：初赛、复赛不分上、下半时，全场比赛 10 分钟（组织者可根据参赛队多少修订时间为 12 或 15 分钟）。比赛进行到 5 分钟和 9 分钟时，计时员各宣布一次时间。10 分钟内双方都不得暂停（遇有球员受伤，裁判员有权暂停比赛 1 分钟）。决赛分上、下两个半时，每半时 8 分钟，上半时之后休息 2 分钟再进行下半时。

（3）比赛开始，双方以掷硬币的形式选发球权。

（4）比赛开始和投篮命中后，均在发球区（中圈弧线后）掷球入场，算作发球。

（5）每次投篮命中后，由对方发球、所有犯规、违例及界外球均在发球区发球，发球队员必须将球传给队友，不能直接投篮或运球，否则处以违例。

（6）守方队员断球或抢到篮板球后，必须迅速将球运（传）出三分线外方可组织反攻，否则判违例。

（7）30秒违例的规则改为20秒。

（8）双方争球时，争球队员分别站在罚球线上跳球。

（9）比赛中，每名队员允许三次犯规，第四次犯规罚出场。任何队员被判夺权犯规，则取消该队比赛资格。

（10）每个队累计犯规达五次后，该队出现第六次及以后的侵入犯规均由对方执行两次罚球。前五次犯规中，凡对正在做投篮动作的队员犯规时，如投中，记录得分、对方个人及全队犯规次数，不追加罚球，由守方发球；如投篮不中，则判给攻方一次罚球，罚中得一分，并由攻方继续发球，如罚球不中，仍由攻方继续发球。

（11）只能在死球的情况下进行替换，被换下的队员不能重新替换上场（场上队员不足三人时除外）。

（12）比赛中，队长是场上唯一的发言人。

（13）比赛时间终了，以得分多者为胜方。如出现平局，初赛及复赛阶段执行一对一依次罚球，只要出现某队领先一分时即为胜方，比赛结束。如果在决赛阶段，比赛时间终了，双方打成平局，则加赛3分钟，发球权仍以掷硬币的形式决定。如果加时赛仍打成平局，则以一对一依次罚球的形式决胜，某队领先一分即为胜方，比赛结束。

（14）在使用小篮架的比赛中，不允许队员出现扣篮动作，绝不允许队员将身体任何部位悬挂于篮圈（或篮架）上，否则可被判罚离场并不能再替换进场。

（15）比赛中应绝对服从裁判，以裁判员的判罚为最终决定。

第二节 排 球

☞ **本节要点** ⟫⟫⟫

1. 重点掌握传球和垫球技术，逐步掌握扣球、发球等技术，以增强学生对排球教学的兴趣和参与比赛的能力；

2. 掌握排球运动的组织竞赛及裁判方法，能够组织基层竞赛，参加临场裁判工作。通过学习和实践，逐步让学生掌握一种运动方法，培养学生的兴趣、爱好和特长，使之成为自己所固有的体育锻炼方式并终生受益。

排球起源于美国，1895年美国麻省好利诺城青年会干事威廉·摩根首创了排球运动。最初是在室内球网两边用篮球胆拍来拍去使球不落地的一种游戏，取名Volleyball，意思为"空中飞球"。

一、排球的基本技术

（一）排球的准备姿势

排球技术有两种：一种是有球技术，又称击球动作，包括发球、垫球、传球、扣球和拦网等；另一种是无球技术，又称配合动作，包括各种准备姿势、移动、起跳、掩护以及前扑、滚翻、鱼跃、倒地等配合完成有球技术的技术动作。熟练掌握无球技术可以对有球技术的学习起到打好基础、串连衔接的作用，为有球技术的提高创造较好的条件。

1. 准备姿势和移动

准备姿势和移动是排球的基本技术之一，又称无球技术，是完成发球、垫球、传球、扣球和拦网等各项击球技术的前提和基础，并对各项击球技术动作的运用起到串连和纽带作用。

2. 准备姿势的技术方法

（1）半蹲准备姿势。两脚左右开立稍比肩宽，一脚在前，两脚尖适当内收，脚跟稍提起，膝关节保持一定弯曲（图5-29①）。上体前倾，重心靠前膝的垂直线应在脚尖前面，两臂放松，自然弯曲，双手置于腹前。全身肌肉应适当放松，两眼注视来球，两脚始终保持微动（图5-29②）。

（2）稍蹲准备姿势，比半蹲准备姿势身体重心稍前，动作方法相同（图5-29③）。

（3）深蹲蹲准备姿势较之前两种准备姿势身体重心更低，更靠前，两脚左右、前后的距离更宽一些，膝部弯曲的程度更大一些，肩部垂直线过膝，膝部垂直线超过脚尖，手臂置于胸、腹之间（图5-29④⑤）。

① ② ③ ④ ⑤

图 5-29

3. 常用移动步法的分类

移动是队员从启动到制动之间的人体位移。当我们做好了准备姿势，还要采用合理的步法才能准确移动到位，保持好人与球的合理位置关系。

（1）并步与滑步：当来球弧度较高离身体较近约1米时采用并步。如向右并步移动时，右脚先向右迈出一大步，左脚迅速并上，落在右脚的左面，还原成原来的身体姿势，如连续并步则构成滑步（图5-30）。

图 5-30

（2）跨步与跨跳步：如向前移动，则后脚用力蹬地，前脚向前跨出一大步，膝部弯曲，上体前倾，身体重心移至前腿上。

（3）交叉步：采用向右侧交叉步时，上体稍向右移，左脚从右脚前面向右交叉迈出一步，然后右脚再向右跨出一大步，同时身体转向来球方向，保持击球前姿势（图 5-31）。

图 5-31

（4）跑步：距球的距离比较远可采用跑步，但要注意跑步时双眼注视来球，可采用侧身跑、后退跑或边转身边跑，跑步时的制动要注意安全和规范。

（5）综合步法：以上各种步法的综合运用。如跑步之后再侧滑步，滑步后再接交叉步或跨三步等。

（6）制动。

一步制动法：一步制动时，移动最后跨出一大步，同时降低重心，膝和脚尖适当内转，全脚掌横向蹬地，减少身体重心继续前移的惯性力，并用腰腹力量控制上体使身体重心垂线停落在两脚所构成的支撑面以内。

二步制动法：采用二步制动时，以倒数第二步做第一次制动，紧接着跨出最后一步做第二次制动。同时身体后倾，重心下降，双脚用力蹬地，使身体处于有利于做下一个动作的状态。

（7）练习方法。

练习 1：学生试做各种准备姿势，教师纠正。

练习 2：学生试做各种移动步法，教师纠正。

练习 3：根据教师的手势做不同方向、不同步法的移动练习。

练习 4：学生站在场地内进攻线后 3 米处，听到教师信号后快速移动。先跑 6 米，然后退 3 米，最后冲刺到端线。要求手触及标志线。

练习5：两人一组，一人抛球一人进行移动练习，或者两人都进行移动，移动到位后，用低手在腹前位置或用上手在额头前上方位置用双手将球接住。

练习6：结合训练，强化启动速度和移动的灵活性，借以提高接近球、对准球的移动能力，为高质量的击球创造条件。

练习7：多提高髋关节和步法的灵活性有关的折返跑、变速跑和变向跑练习，以及动作的转换应变的练习。

（二）垫球

垫球是用手臂或手的坚硬部位击球的动作（除手指弹击动作外）。最常见的是小臂和手的坚硬部位击球。垫球是排球的基本技术之一，垫球在排球比赛中占有重要地位。主要用于接发球、接扣球、接拦回球，有时也用来组织进攻。

垫球的击球技术很多，有正面、侧面，有单手、双手，有滚翻，前扑，有高、中、低姿。

1. 垫球技术

（1）正面双手垫球动作要领。

准备姿势：面对来球，成半蹲姿势站正，在不影响快速启动的前提下，重心适当降低。

击球手型：当球接近腹前时，两手掌根靠紧，手指重叠互握，两拇指平行，手腕下压，两臂外翻形成一个面（图5-32①）。

击球部位：垫球时，以前臂腕关节以上10厘米左右桡骨内侧平面为宜（图5-32②）。

击球：当球飞到腹前一臂距离时，两臂夹紧前伸，插到球下，向前上方蹬地抬臂，迎击来球。身体重心随击球动作前移（图5-32③）。

① ② ③

图 5-32

击球点：在腹前击球，便于控制用力大小，便于调整手臂击球角度，便于控制球的角度，便于控制球的落点和方向。

（2）体侧垫球动作要领。

垫击飞向体侧的来球为体侧垫球。这种垫球可扩大控制范围，但不易控制垫球的方向。当球向左侧飞来时，右脚前脚掌内侧蹬地，左脚向左跨出一步，左膝弯曲，重心移至左脚上，两臂夹紧向左伸出（右肩向下倾斜），用向右转腰和收腹的动作，配合两臂在体左侧截住球，用两臂垫击来球的后下部，切忌随球摆臂。当球向右侧飞来时，以相反方向动作击球。

2. 垫球的练习方法

（1）徒手模仿练习。

原地成半蹲准备姿势，随教师口令做原地垫球动作。要求身体重心移动、蹬地、抬臂用力协调。

原地成半蹲准备姿势，看教师的手势做各种移动步法后的垫球。要求移动要迅速，做垫球动作时重心要稳定。

（2）垫固定球。

一人双手将球固定在垫球者的腹前适宜的位置，反复做垫击动作，体会手臂触球部位和用力（图 5-33①）。

图 5-33

（3）结合球练习。

练习1：自己连续垫球。两臂抬平向上自垫，应注意运用身体的协调力量，用力适当，控制球的高度（图 5-33②）。

练习2：两人一组，相距 4～5 米，一人抛球一人垫球，然后交换。

练习3：两人一组，相距 4～5 米对垫。相距的距离由近到远。

练习4：三人一组，两人抛球，一人左右移动垫球。

练习5：教师在 2 号位向 5 号位抛球，学生鱼贯垫球。

练习6：两人一组相距 7～9 米，一人发球一人接发球或一发一垫一传。

练习7：3 人一组进行发、垫或隔网一人发球、一人垫球、一人传球。

练习8：6 人站位接发球练习。

3. 垫球易犯错误及纠正方法

（1）击球时手臂并不拢，伸不直。

纠正方法：两手手指交叉轻握，垫抛球，或垫固定球，或多做徒手模仿练习和连续自垫练习。

（2）臀部后坐，全身用力不协调，主要用抬臂力量击球。

纠正方法：两手并拢用手绢绑住，臂与胸之间夹一球，然后垫抛球或防扣球，垫固定球。

（3）击球时上体后仰或耸肩。

纠正方法：穿过网下垫球。击球时手要向球下插，击球后接着向前用手触地面。

（4）垫球时双手有撩球动作。

纠正方法：进一步说明垫球的动作和用力的方法，强调推顶肘、压腕、直臂送垫过程，或者接高低不等的来球练习，体会垫击用力节奏。

（三）传球

传球是利用手指、手腕的弹击力量将球传至一定目标的击球动作。传球是排球运动的基本技术之一，是组织战术的基础。传球多用于二传，主要用于衔接防守和进攻。传球可分为正面传球、背传、跳传、侧传和单手传球技术，也可原地传、移动传、倒地传、跳起传。

1. 传球技术

（1）正面传球。

准备姿势：采用稍蹲准备姿势，面对来球，双手自然抬起置于脸前，两肘关节自然张开，手腕稍稍后仰（图5-34①）。

手形：当手触球时，两手应自然张开或半球状，手腕稍后仰，以拇指、食指和中指托住球的后下部，两拇指相对，接近"一"字或"八"字形，两手间有一定距离，用拇指内侧，食指全部，中指的二、三指关节触球，无名指和小指在球两侧辅助控制传球方向，两肘适当分开，两前臂之间约成90°。

击球点和迎球：当来球接近额前时，开始蹬地、伸膝、伸臂，两手微张从脸前向前上方迎球，击球点在额前上方约一球距离处（约25～26厘米）。击球点不宜过高或过低，否则都会影响传球的准确性（图5-34②③）。

击球用力：传球主要靠伸臂的力量和手指手腕所产生的反弹力，并辅之以蹬地力量。传球所需要的力量是由多种力量合成的。如伸臂力量；手指手腕的反弹力；伸腿蹬地的力量；主动屈指屈腕力量以及球的反弹力等（图5-34④⑤）。

击球用力后的伴送动作（图5-34⑥）：很多学生在学习过程中都不太注意这样的技术细节，其实要想真正很精准地控制击球的力量、速度和方向，击球时的伴随动作都是必不可少的。伴随动作就是要求在击球后尽可能地将手臂继续伴送直到完全伸直为止。

重点：移动正对来球，重心稳定，手型合理，击球点正确，用力协调，弹送有力。

（2）侧传球。身体不转动，靠双臂向侧方的传球动作，称为侧传。

（3）背传球。向头的后上方传球，称为背传球。背传是传球中的一种基本方法。

（4）其他姿势的传球有跳传球、顺网正面二传、调整二传、背二传、侧二传、跳二传、倒地二传、传快球、传平快球、传背快球、传时间差、传短平快、晃传等。

图 5-34

2. 传球的练习方法

练习 1：原地做徒手模仿正面传球动作。

练习 2：自然站立摆好手型，反复做手指手腕传球的模仿练习。

练习 3：每人一球，自己向头顶上方抛球，然后用传球手形接住，自我检查手形。

练习 4：连续自传，传球高度不低于 1 米，尽量把球控制在一定范围，在基本掌握之后，要求观察周围情况，如传球中看教师的手势等。

练习 5：距离墙 50 厘米左右对墙连续传球，以建立正确的手形，增强手指手腕的弹力。

练习 6：两人一组，相距 3～4 米，一人抛球至对方，另一人连续做传球。

练习 7：两人一组，相距 3～4 米对传，随着传球技术的提高逐渐加大传球的距离。

练习 8：两人一组左右移动传球。

练习 9：三人一组，三角传球。

练习 10：移动中二人对传，一人定位，一人向前向后或两侧移动传球。

3. 传球易犯错误及纠正方法

(1) 手形不正确，大拇指朝前，形成不了半球状。

纠正方法：①自抛后，用传球手接住球，接住球后自我检查手形。②距离墙 40 厘米左右连续对墙传，不断检查和纠正手形。传足球等可加强手指、手腕力量及加强手感，纠正手型。

（2）击球点过高或过前。

纠正方法：击球点过前，多练习自传；击球点过高，多做平传或平传转自传。

（3）传球时上体后仰。

纠正方法：①击球点过前，多练习自传；击球点过高，多做平传或平传转自传。②两人对传中，球传出后，立即就用手触及体前地面。③传球后，跟进保护垫球。

（4）传出的球控制不好方向。

纠正方法：①加强对球的预判能力及各种移动步法的练习。使球传前身体插入球下，并保持合理的人球关系。②多做长短、高低不同弧度要求的传球，增强手对球的控制能力。

（四）发球

发球是比赛的开始，也是进攻的开始，是后排右边队员在发球区由自己抛球，用一只手将球击入对区的一种击球方法。击球的一刹那即完成发球。发球时可运用正面、侧面、上手、下手、助跑或起跳发球。击球手法可用全手掌、掌根、半握拳、虎口和腕部。发球有 5 秒限制。队员因抛球不当，可让球落地后再行抛球，不算犯规，但不得有意拖延比赛时间，发球后即可迅速入场参加比赛。

1. 发球技术

（1）正面下手发球。这种发球动作简单，容易掌握，比较适用于初学者，也适用于一攻的配合训练，由于面对球网站立，便于观察，容易将球击中空当。

准备姿势：面对网两脚前后开立，左脚在前，右脚在后，两膝自然弯曲，上体稍前倾，左手持球于腹前（图 5-35①）。

抛球与挥臂：左手将球垂直上抛在右肩的前下方，球离手约 20～30 厘米高度即可。在抛球的同时，右臂伸直以肩为轴直臂后摆，身体重心适当后移（图 5-35②）。

击球的动作：以肩为轴，手臂经由后下方向前上方摆动，身体重心也随之前移。

击球点：在右肩的前下方腹前高度用全掌、掌根或虎口击球的后下方。

击球的用力方式：击球时要利用腿部蹬地，重心向前移动，全身协调用力（图 5-35③）。

① ② ③

图 5-35

（2）侧面下手发球。这种发球也适用于初学者，比较省力，也适用于一攻的配合训练。它主要是利用蹬地转体动作带动手臂挥动，可增加发球的力量。

动作要领：队员左肩对网，两脚左右开立，约与肩同宽，两膝微屈，上体稍前倾，重心落在两脚间，左手将球平稳抛在身体正前方，离身体一臂之远，高约 30 厘米左右，在抛球的同时，右臂摆至右侧后下方，接着利用右脚蹬地向左转体的力量，带动右臂向前上方摆动，在腹前用虎口或全手掌击球的后下方。击球后，随击球动作，迅速进场比赛。

（3）正面上手发球。这种发球由于面对球网站立，便于观察对方，发球的准确性大，易控制落点，并能充分利用转体，收腹的动作，带动手臂加速挥动。加大发球的力量和速度。采用这种方法发球，更具有威胁性。这种发球适用于具有一定水平的练习者。

准备姿势（图 5-36①）：采用稍蹲准备姿势，你可以面对球网站立，两脚自然开立，左脚在前，左手或双手持于体前（最好采用双手抛球，因为双手便于平稳地抛球，并且在离开手的同时右手可以自然地引臂，更有利于身体的协调配合）。

抛球（图 5-36②③）：利用腿的蹬地抬臂和手掌平托上送，球的出手高度约 1 米，平稳地抛在右肩前上方处。

挥臂击球（图 5-36④）：击球是发球的关键，击球的好坏直接影响着发球的质量。

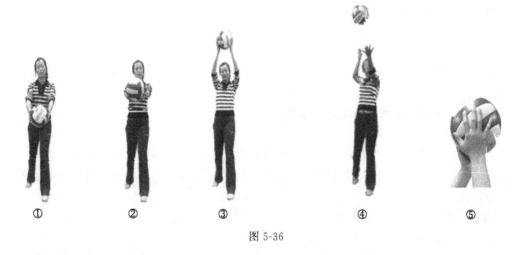

①　　　　②　　　　③　　　　④　　　　⑤

图 5-36

引臂：在左手或双手抛球的同时，右臂抬起，屈肘后引，肘与肩平，上体自然右转。

击球的手形（图 5-36⑤）：击球时五指自然张开呈勺形与球吻合，以便更好地控制球。

击球部位：以全掌包满球，击球的后中下部。

击球的用力：击球时要充分利用转体收腹动作，加大击球时的手臂速度，击球瞬间手指手腕要主动迅速的推压，使击出的球呈上旋飞行，增加旋转力。

伴随动作：击球后手臂不要立刻停下来，手臂应继续随挥以提高对球的控制力，并且人随着身体重心的前移，迅速进入场地比赛。

2. 发球的练习方法

练习 1：徒手做抛球练习（图 5-37）。

练习 2：对击球点位置和固定目标做挥臂击球练习。

练习 3：结合球，面对球网反复做抛球练习，巩固平托上送动作，建立抛球的位置、高度等空间概念。

① ② ③ ④

图 5-37

练习 4：对墙近距离发球，把抛球、挥臂、击球、用力等环节有节奏地衔接起来。

练习 5：两人一组分别立于场地两侧的进攻线后，近距离的相对发球过网。

练习 6：站在端线后向对区发球。

练习 7：连续发球，巩固发球技术，逐步学会用各种不同力量、速度、弧度来发球。

练习 8：练习发直线、斜线、前排、后排及向接发球站位的空当，场地的边角处发球。

练习 9：结合接发球进行发球技术练习。

3. 发球易犯错误及纠正方法

(1) 正面下手发球，抛球过高，击球部位靠下，击球不准，击球点过高，挥臂击球方向不正确，发球时没有用上身体的协调力量，仅凭手上的力量来击球，容易出现发球不过网。

纠正方法为：①明确动作概念，反复进行抛球练习。②击固定球，徒手练习挥臂动作。③结合抛球进行挥臂练习。

(2) 正面上手发球，抛球不固定，忽高忽低，击球点偏前或偏后，全身协调用力不好。

纠正方法为：①明确动作要领，反复练习抛球。②对墙近距离地发球，要求手包住球，使球旋转。③正面上手掷实心球或羽毛球，做排球的发球挥臂练习。

(五) 扣球

扣球是队员利用起跳，将高于球网上沿的球有力地扣入对区的一种击球方法。扣球是排球的基本技术之一，在比赛中占有重要地位。扣球是得分、得权的主要手段，是进攻中最积极有效的武器，扣球的成败，体现了一个队的战术质量和效果，是夺取胜利的关键。

1. 正面扣球动作技术方法

正面扣球技术动作由准备姿势、助跑、起跳、空中击球、落地等动作组成。在正面扣球几个动作环节中，选择好起跳及起跳的时机，保持好人与球的位置关系是扣好球的基础，挥臂击球是完成扣球动作的关键环节。

（1）准备姿势（图5-38①）：采用稍蹲姿势，两臂自然下垂，在离球网3.5米左右的地方，观察判断，做好向各个方面助跑起跳的准备。

（2）助跑：助跑步法力求灵活，适应性强，根据不同的来球情况步幅可大可小，步数可多可少。一般常用的一步、二步、多步助跑等不同的步法。以两步的助跑右手扣球为例，助跑时，左脚先向前迈出一步，接着右脚再迅速跨出一大步，左脚及时并上，踏在右脚之前，两脚尖稍向内转准备起跳。助跑的第一步小，便于寻找和对正上步的方向，第二步大，便于接近球。第二步即最后一步，要以右脚的脚跟先着地过渡到全脚掌着地，左脚在并上踏地制动过程中，两臂自后积极向前摆动，随着双腿蹬地向上起跳，两臂也做有力上摆，配合起跳（图5-38②③④）。

①　　　　②　　　　③　　　　④　　　　⑤

图5-38

（3）起跳：当助跑最后一步时，两臂自后积极向前摆动，随着双腿蹬地向上起跳，两臂也做有力上摆，配合起跳。两腿从弯曲制动的最低点，猛力蹬地向上起跳。

（4）空中击球：起跳后，挺胸展腹，上体稍向右转，右臂向后上方抬起身体成反弓形。挥臂时，以迅速转体，收腹动作发力，依次带动肩、肘、腕各部关节（或鞭甩动作）向前上方挥动，击球时，五指微张，呈勺形，并保持紧张，以全手掌包满球，掌心为击球中心，击球的后中部（图5-38⑤）同时主动用力屈腕、屈指向前推压，使扣出的球加速上旋。

（5）落地、缓冲：落地时，以前脚掌先着地，再过渡到全脚掌着地。同时顺势屈膝，收腹以缓冲下落力量。

2．近体快球

快球可分为：近体快球、背快、短平快、平拉开快、调整快、远网快、单脚快等。不论采用哪种快球，都应注意以下两点：

（1）对助跑起跳的要求：助跑的步法要轻松、快速、灵活、有节奏；起跳动作应蹲得浅，起跳快；起跳的时间要准确。

（2）对击球动作的要求：上体动作和挥臂动作的振幅要小，主要利用臂前和手腕加速甩动击球。挥臂的时间要早，球来之前就要挥臂，球到时正好击球。

3．扣球的练习方法

练习1：两步助跑起跳练习和网前助跑起跳练习。

练习 2：原地徒手练习挥臂击球动作。

练习 3：手握一棒球做正面扣球挥臂，将球甩到 3 米左右处。

练习 4：距离墙 3～4 米，连续对墙扣反弹球或连续扣固定球。

练习 5：做徒手的结合助跑起跳，挥臂击球动作。

练习 6：原地自抛自扣或自抛跳起扣球。

练习 7：教师连续网前 4 号位抛球，同学连续轮流地助跑起跳扣球（也可在 3 号位、2 号位抛扣球）。

练习 8：传扣练习，同学将球传到 3 号位，3 号位把球顺网传到 4 号位，扣球者上步起跳扣球。

练习 9：队员在 4 号位接发球一次，将球垫给二传队员，再扣二传传给的球一次，这样反复练习数次。

练习 10：队员把对区抛来的球垫给二传，然后再在 2 号位扣球一次。

4．扣球易犯错误及纠正方法

（1）助跑起跳时间不准。

纠正方法：开始助跑时，教师利用口令，信号或触动队员身体，使他们体会启动上步时机。

（2）起跳前冲。

纠正方法：网前练习一步助跑，或 2～3 步助跑（最后一步跨大）。在网前起跳接地抛球或扣固定球。

（3）屈肘击球，击球点偏低。

纠正方法：降低网高，原地隔网或采用甩小网球或垒球，连续甩臂击高度适中的树叶。

（六）拦网

排球拦网是防守的第一道防线，是阻挡和削弱对方进攻的最积极、最有效的手段，并且能为组织反攻和防守创造条件。

1．单人拦网

（1）准备姿势（图 5-39①）：队员面对球网，两脚平行开立约与肩宽，人与球网的距离约 30～40 厘米，两手要高举超过自己的双肩位置。

（2）判断移动（图 5-39②）：只有做好准确的预判才能迅速移动，将身体重心移动到拦网位置，准备起跳。移动步法可采用并步、跨步、滑步、交叉步、跑步等。

（3）起跳：移动后立即制动，使身体正对球网后起跳，拦一般高球要在对方扣球队员向前挥臂时己方拦网队员在起跳。起跳时膝关节弯曲，两脚用力蹬地，两臂在体侧滑小弧度用力上摆，带动身体向上垂直起跳。注意起跳时双手要尽可能地贴近球网，但又不能触网（图 5-39③）。

（4）空中击球：起跳同时，两手从额前贴近并平行于球网向上方伸出，两臂伸直，两肩尽量上提，两手自然张开成匀状，当手触球时，两手要突然屈腕，用力捂盖（图 5-39④）。

① ② ③ ④

图 5-39

（5）落地：如球被拦回，可面向对方落地，屈膝缓冲；如未拦回，落地后要立即转身向着球移动的方向，准备接应救球。

2. 练习方法

（1）降低球网，原地在网前做伸臂拦网的徒手动作。

（2）反复起跳拦网上悬吊球。

（3）两人隔网相对站立，做原地或向左，向右移动一步的起跳网上击掌。

（4）两人一组，一人原地平扣球，另一人拦网。

（5）对方 3 号位扣球，本方 3 号位单人拦网。

（6）依次向 2、3、4 号位移动，进行单人移动拦网。

（7）拦 4 号位或 2 号位扣球时，2 号位或 4 号位先取位，拦直线或中斜线，3 号位并过来拦中斜线或小斜线。拦 3 号位扣球时，3 号位先取位，2 号位或 4 号位并过来一人，两人平分拦主线和转体线。集体拦网队员间的距离、两人相邻手距要保持好，应尽量组成统一屏障。

重点：判断移动的及时，起跳时间和起跳地点的选择准确，拦击手型合理，落地缓冲安全，便于动作转换。

3. 拦网易犯错误及纠正方法

（1）起跳过早。

纠正方法：按照拦网节奏给予起跳信号。起跳前深蹲慢跳，掌握好起跳时间。

（2）手下压触网。

纠正方法：一对一原地扣拦练习，结合矮网，原地提肩屈腕把球拦下。

（3）拦网时低头闭眼睛。

纠正方法：隔网拦对方抛来的球，逐步过渡到轻扣。

（4）身体前扑触网。

纠正方法：多练顺网移动起跳，加强腰腹肌的练习。

二、排球的基本战术

排球战术是运动员在比赛中根据排球运动的比赛规律，彼此双方的具体情况和临场的变化，合理地运用技术及所采取的有组织、有目的和有预见的配合行动。排球战术可分为个人战术和集体战术两部分。

（一）个人战术

个人战术不但是集体战术的组成部分，而且还可以提高个人的技术动作效果和补充集体战术的不足。个人战术包括发球、一传、二传、扣球、拦网及后排防守等。下面简单介绍前三项个人战术。

（1）发球的个人战术。在实现发球战术时，首先要观察和分析临场的具体情况，然后针对性地采用不同的发球战术，才能取得良好的效果。

（2）一传个人战术。一传个人战术是为了组成本队的进攻战术而有目的的垫击。

（3）二传个人战术。二传个人战术主要是利用空间、时间和动作上的变化，为进攻创造有利的形势。二传动作的变化包括通过传球出手的快慢、假动作、隐蔽传球、时间差跳传等变化来达到预期的战术目的。

（二）阵容配备

阵容配备是合理地搭配队员的一种组织手段。阵容配备有以下三种形式。

（1）"三三"配备：由三名进攻队员和三名二传队员组成，此种形式的战术形式简单，攻击力较弱，适合于初学者。

（2）"四二"配备：由两名主攻队员，两名副攻队员和两名二传队员组成。队员分别对角站立。这种阵容配备便于采用"中一二"和"边一二"进攻战术。前排始终保持两名进攻队员和一名二传队员，这样能够组织多种战术配合，充分发挥本队的进攻力量（图 5-40①）。

图 5-40

（3）"五一"配备：由一名二传队员和五名进攻队员组成。这种配备形式攻击力强，能够组织多种战术体系。二传队员在前排时，能够组织"中一二"、"边一二"进攻战术。二传队员在后排时，可采用插上战术，保持前排三点进攻。具有一定水平的队多采用此种配备（图 5-40②）。

（三）简单战术

1. "中一二"进攻的战术

（1）"中一二"进攻阵形最容易组成，适合初学和水平较低的球队在接发球进攻中采用。进攻阵形是由前排 3 号位队员担任二传，2 号位和 4 号位队员扣球的战术形式。它的特点是"战术简单变化少，配合容易效果差"。

（2）"中一二"进攻战术的运用：3 号位二传队员给 4 号位和 2 号位队员集中或拉

开进攻，迷惑对方拦网。"中一二"进攻不但可运用一点定位，另一点跑动活点进攻，甚至可运用两点跑动的换位进攻，可充分运用强攻、快攻和两次攻中的多种打法，达到突破对方防御的目的。

2. "边一二"进攻战术

这种是由 2 号位队员担任二传，3 号位队员和 4 号位队员担任扣球的一种战术形式。"边一二"进攻战术也是最基本的战术阵形，一般只能保持两点进攻适合于一般水平较低，适合扣、传能力不够均衡的队采用。其特点是"战术简单变化少，配合容易效果差"。进攻战术的运用为：

（1）除组织前排两名队员定位进攻外，还可以在定位进攻中组织 3 号位快球掩护、4 号位拉开进攻。也可以一点定位，另一点跑动换位进攻。还可通过与二传队员的信号联系，由两名进攻队员同时或先后跑动，造成各种双活点进攻。

（2）定位进攻：接发球一传到位后，2 号位二传队员传给 3 号位、4 号位队员扣一般集中或拉开球。

（四）沙滩排球比赛方法及规则

1. 比赛设施

（1）沙滩排球比赛场地的地面是水平的沙滩，沙滩至少 40 厘米深，其中没有石块、壳类及其他可能造成运动员损伤的杂物。沙滩排球比赛场地包括比赛场区和无障碍区。比赛场区为 16 米×8 米的长方形。场地边线外和端线外的无障碍区至少宽 5 米，最多 6 米，比赛场地上空的无障碍空间至少高 12.5 米。比赛场区上所有的界线宽为 5～8 厘米，界线与沙滩的颜色需有明显的区别，并且由抗拉力材料的带子构成。

（2）沙滩排球比赛的球网设在场地中央中心线的垂直上空，高度为男子 2.43 米，女子 2.24 米。球网长 8.50 米，宽 1 米，网眼直径 10 厘米。球网上有两条宽 5～8 厘米（与边线同宽）、长 1 米的彩色带子为标志带，分别系在球网的两端，垂直于边线。标志杆是有韧性的两根杆子，长 1.80 米，直径 10 毫米，由玻璃纤维或类似质料制成。两根标志杆分别设置在标志带的外沿、球网的两侧。

（3）沙滩排球比赛所使用的球是由柔软和不吸水的材料，如皮革、人造皮革或类似材料制成，颜色是黄色、白色、橙色、粉红色等明亮的浅色。

2. 比赛方法

沙滩排球比赛是一项每队由两人组成的两队在由球网分开的沙地上进行比赛的运动。沙滩排球比赛采用三局二胜制，胜二局的队赢得比赛的胜利。

3. 比赛规则

（1）暂停：沙滩排球比赛每局每队最多可请求 1 次暂停，每次暂停时间为 30 秒。第一局和第二局比赛，当双方比分累积为 21 分时，有 1 次 30 秒钟的技术暂停。受伤队员可以请求获得 5 分钟的受伤暂停时间，但每名队员在每场比赛中只有一次机会。

（2）交换场地：每当比赛双方比分累积达 7 分（第一、二局）、5 分（第三局）或 7 分、5 分的倍数时，双方将马上交换比赛场区。

4. 观赛礼仪

（1）观众应提前入场，比赛期间少走动，将手机关机或处于振动、静音状态。

（2）开赛前，运动员集体入场举行仪式，向观众席行礼致意时，观众应用热情的掌声回应。单独介绍教练员、运动员及裁判员时要报以热烈的掌声。

（3）运动员做准备活动时，如球飞到看台，观众不要直接将球扔回场内，应将球捡起交给捡球员。

（4）比赛中，运动员发球时，任何声响干扰都不受限制。如果运动员发球失误，观众也可以鼓掌表示对另一方得分的祝贺，过分地鼓"倒掌"是不礼貌的行为。

（5）比赛中，观众不使用不文明的、侮辱性的言行刺激运动员和裁判员。观看比赛时，禁止燃放烟火、向场内抛掷物品、破坏公物、做不文明手势，禁止吸烟。照相不宜使用闪光灯。

（6）晴朗的天气适宜比赛，但观众在观看沙滩排球比赛前应适当抹上一些防晒霜以降低紫外线对皮肤的伤害。墨镜、饮料是观赛必不可少的，但为了不影响周围的观众，不提倡撑开遮阳伞。

第三节　足　　球

☞ **本节要点** 》》》

1. 对足球运动中踢、接、运、顶等主要基本技术进行了口诀式的介绍，以及足球战术的概念及分类；

2. 足球阵形的演变；足球比赛的原则；足球比赛中的进攻战术、防守战术以及定位球战术；并对足球战术的教学和训练做了一定的介绍。

足球运动是世界上最受欢迎的运动项目之一，以脚支配球为主，两个队在同一场地内进行攻守的体育运动项目，是集对抗、趣味、竞技性于一身的集体运动项目，是世界上最受人们喜爱、开展最广泛、影响最大的体育运动项目，被誉为"世界第一运动"。

一、基本技术

（一）颠控球（熟悉球性练习）

颠球是指足球运动员用身体的各个有效部位连续地触击球，并加以控制尽量使球不落地的技术动作。颠控球能力是极其重要的竞技能力组成部分，提高足球运动员的颠控球能力是足球运动员技术训练部分的一个重要环节。技术要点有挑球、双脚脚背颠球、双脚内侧颠球、双脚外侧颠球、大腿颠球、头部颠球、肩部颠球七种，下面介绍几种颠球熟悉球感的练习方法。

1. 基本动作练习

（1）双手持足球，将足球置于腰部高度将落下，用脚背正面将球颠起，用手接住，双脚交替进行练习（图5-41①）。

（2）将足球用网兜装住提在手中，并将球控制值在体前距离地面20厘米的适当位置，然后用左（右）脚的脚背正面连续颠球，熟悉后一只脚颠一次交替颠球（图5-41②）。

①

②

图 5-41

（3）将足球置于腰部高度，使足球落地反弹起来向下落时，用一只脚的脚背正面颠球一次，待球落地反弹起来以后，再颠第二次。熟悉后一只脚颠一次球，依次轮换左右脚进行练习。

（4）将足球放在地上，用脚尖将球挑起，然后用脚背正面单脚连续颠球，熟悉后用双脚脚背正面任意交替连续颠球，整个过程中不能用手控制。

2. 提高动作练习

（1）单脚连续颠球，在颠球时高度不超过膝关节（在此高度的练习过程中可以使用重量较重的球练习）、不可超过腰部高度、不可超过头部高度三种熟悉球感的练习方法。

（2）双脚连续任意交替颠球，在颠球时高度不超过膝关节（在此高度的练习过程中可以使用重量较重的球练习）、不可超过腰部高度、不可超过头部高度三种熟悉球感的练习方法。

（3）行进间双脚连续交替颠球，高度不超过膝部、腰部、头部。

以上练习方法在练习过程中可以一人一球颠球，体会触球的时间、部位、力量和整个动作的协调配合；还可以两人一球，尽量不要让球落地，每人可触球一次，也可触球多次互换。

3. 颠球时易犯错误

（1）脚击球时踝关节松弛，造成用力不稳定；

（2）击球时脚尖向下或向上勾，造成球受力后向前或向后运行，使球难以控制；

（3）点球时身体的其他部位不够放松，以至于动作僵硬；

（4）头部颠球时腿部、躯干、颈部配合用力不协调，仅靠颈部。

（二）运球与运球过人

1. 运球

运球一般由三个阶段构成：支撑脚踏地后蹬、运球脚前摆触球、运球脚踏地支撑，在运球过程中，撑、蹬、摆、送动作是有序的统一体，因此整个动作要协调连贯。运球跑动要步幅小、频率快、重心低。

（1）运球技术动作方法。常用的运球方法有脚背正面运球、脚背外侧运球、脚背内侧运球和脚内侧运球。

①脚背正面运球：用于直线快速运球，特点是直线推拨，速度快，路线单一，运球前进时前方需要有较大的纵深距离（图 5-42①）。

②脚背外侧运球：用于直线、弧线、变向运球多在快速奔跑和向外改变方向时使用。特点是灵活性强、可变性强、易于控制运球方向和发挥运球人的速度优势（图 5-42②）。

③脚背内侧运球：多在运球变向并需要用身体掩护球的情况下使用。特点是控制球稳，动作幅度大速度较慢（图 5-42③）。

④脚内侧运球：是速度最慢的一种运球技术，适用于掩护性运球。特点是易控球（图 5-42④）。

①

②

③

④

图 5-42

（2）运球要求：眼睛要看球并兼顾场上情况，扩大视野，以随时躲避对手和改变方向与速度，及时完成传球、射门等动作；运球跑动要自然，步子小而短促，重心低，以便随时、随意地根据场上人、球距离，或快或慢，或绕或躲，应对自如地进行合理的技术动作；再推拨球时，不管是正面还是侧向运球，用力要适当，使球始终处于自己的控制范围内。

2. 运球过人

运球过人可分为三个阶段：运球逼近对手、运球越过对手、运球摆脱对手。常见的运球过人主要有：强行突破、运球假动作突破、变向运球突破、变速运球突破等。这里仅对几种常用的方法进行分析。

（1）强行运球突破：指利用速度优势，以突然的推波球与快速起跑相结合的动作，越过对手的突破方法，这种突破方法只要时机掌握恰当就容易奏效。

（2）运球假动作突破：指利用各种虚晃动作迷惑对手，如假射、假传、假停等，使其产生错误判断而做出抢球动作或贸然盲动失去重心，并乘机突破的动作方法。实施假动作时在控制好球的同时，能够有效调动对手，利用其重心错位进行突破。

（3）变向运球突破：利用灵活的步法和娴熟的运球技术，不断改变球路，使对手的防守重心出现错位，并利用出现的位置差乘机突破的动作方法。实施变向突破时，要求脚下控球要娴熟，步法灵活，重心变换随心所欲，变向动作要突然，变向角度要合理。

（4）变速运球突破：指通过速度的变化，打乱对手的速度节奏，利用运球速度的变化，达到摆脱对手的目的。实施变速突破时，节奏变化要鲜明，做到疾停疾起，利用攻防的先决优势去支配和协调对方，真正做到你快我慢，你停我走，使对手无所适从。

运球过人要注意下列因素：一是要保持好运球过人的距离；二是要掌握好运球过人的时机；三是运球过人要有速度和方向的变化。

（三）踢球

踢球是指运动员有目的地用脚的某一部位将球击向预定目标的动作方法的总称。踢球是运动员进行比赛的主要技术手段，它在比赛中主要用途是传球和射门。踢球的方法很多，动作要领也有所不同，但是每一种踢法都是由助跑、支撑、摆腿、击球、随前动作组成。这五个环节是整个踢球的统一过程，在这五个环节中，支撑脚的站位、踢球腿的摆动、脚触球是其中的重要环节，而脚触球又是决定踢球质量的决定因素。

弧线球（香蕉球）踢法：主要运用脚背内侧或外侧击球，击球的作用力不通过球心，使球产生旋转，并沿一定弧线运行。这种球具有一定的隐蔽性。

按照脚接触球的部位，我们可以把踢球技术分为脚内侧、脚背内侧、脚背正面、脚背外侧、脚尖和脚跟踢球。

（1）脚内侧踢（停）球。

踢球：助跑正对踢球方向，趋步向前腿后摆。支（撑）脚落在球外侧，勾脚外撇踢（球）后中（部）（图5-43①）。

停球：轻提大腿膝放松，勾脚（尖）外撇内侧迎（球）。腿似触球缓（冲），也可"切"球改向停（图5-43②）。

① 　　　　　　　　　　②

图 5-43

（2）内脚背踢球：助跑夹角四十五，趋步向前腿后摆。支（撑）脚落（球）侧躯内倾，绷脚背踢球后下（部）（图5-44①）。

（3）正脚背踢球：助跑正对踢方向，趋步向前腿后摆。支（撑）脚落在球外侧，绷脚背踢球后下（部）（图5-44②）。

① ②

图 5-44

（4）脚内侧停空中球：根据来球的方向，调整身体变侧向。先期抬腿举小腿，勾脚内侧下"切"（球）落。

（5）胸部挺身停球：移动身体置落点，挺胸后仰做"平台"。屏气迎球球上弹，正好落在脚跟前（图5-45①）。

（6）头顶球：正对来球（腿）前后立，重心后移脖紧张。眼盯来球速前移，前额顶球射向前（图5-45②）。

① ②

图 5-45

（7）原地掷界外球：双手持球（腿）前后立，举球过头（重）心后移。后退迅速向前并，两臂屈伸向前掷。

（四）守门员技术

守门员技术是守门员运用身体的合理部位所采取的有效防御的动作方法和在接球后所做的有助于本队进攻的动作方法总称。足球竞赛规则赋予了守门员特殊的权利在本方罚球区内可以用手触球，守门员的技术特点主要是以手操作为主。守门员是全队的最后一道防线，由于位置的特殊性，决定了其首要任务是守住本方球门。其次，应具备指挥全队防守和组织进攻的能力。因此，守门员的技术水平和临场发挥，对全队起着举足轻重的作用。

（1）接球，如图 5-46 所示。

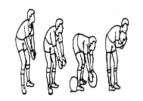

图 5-46

（2）扑球，如图 5-47 所示。

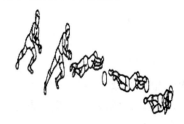

图 5-47

（3）拳击球、托球，如图 5-48①所示。
（4）发球，如图 5-48②③所示。

① ② ③

图 5-48

（五）基本技术练习

1. 贴碰球

目的：体会脚触球时的部位与感觉。

方法：将球紧靠墙根放稳（也可以让另一人用脚将球踩住），用脚内侧部位轻轻触击足球的后中部。

要求：小力量轻轻踢球，体会触球的部位与踝关节的紧张固定感觉。

2. 稳支撑练习

目的：体会和学习快速上步支撑身体重心动作，以保证踢球腿能够自由摆动。

方法：将球放在原地，练习者距离球一大步。迅速上步支撑稳定住身体的重心，踢球腿控制在后摆状态（踢球腿不向前摆动踢球）。

要求：支撑脚的位置与姿势一定要正确，否则这个练习就没有效果。

3. 模仿踢球

目的：体会脚内侧踢球的完整动作。

方法：慢跑中徒手模仿脚内侧踢球的摆腿踢球动作。

要求：注意前摆时小腿加速摆动与脚后跟向前送。踢球腿与支撑腿都要保持屈膝状态。

4. 踢快球

目的：提高踢球腿摆动的熟练性和踝关节紧张-放松快速交替的感觉和触球准确性。

方法：将球装入一小网提在手中，放在基本与地面相接处的位置，用脚内侧连续踢球。

要求：小腿后摆动要快速协调，踝关节要紧张-放松不断交替。小力量触球。

5. 规范动作练习

目的：学习完整正确的脚内侧踢球动作。

方法：面对球墙距离在8～10米，用脚内侧中小力量踢球。

要求：注意支撑交的位置与姿势、踢球腿的摆动、脚触球的部位要正确。

（六）提高技术练习

练习目的：提高练习者踢球动作的技术规范水平和熟练程度。

练习要点和要求：踝关节紧张固定，要控制好脚、触球时的脚型、脚掌保持与地面平行；踢活动球时注意支撑脚的支撑位置要根据球滚动的速度适当调整支撑脚落地的位置；上肢自然张开，保持身体平衡。

1. 一进一退

目的：提高队员在运动状态下的踢球动作能力。

方法：两人一组，距离10米左右，前后站立，一进一退，在活动中不停球直接踢球。

要求：注意控制好触球时脚掌与地面保持平行，击球时机应当是在球滚动到支撑脚的脚弓侧面时，不宜过早，也不宜过晚。向回踢的队员用力要稍小一些，且在踢球后要快速向反退。

2. 空中回传

目的：提高队员活动中踢空中球的动作能力。

方法：两人一组，距离5米左右，前后站立。在一进一退活动中，后面队员用手抛平空球，前面队员用脚内侧直接踢凌空球回传给后面的队员。

要求：注意控制好触球时机（触球时机一般在球运行道身体侧面约道大腿前方的相同高度时）和脚型。要将球回传到抛球队员的手中。

3. 双向对踢地滚球

目的：提高踢球动作的规范性和踢球后就跑动接应的意识。

方法：3人（两个球）一组，两端各站一个队员持球，间隔距离30米左右。一队员在中间，两端队员分别向中间队员脚内侧踢定位球，中间队员则来回跑动约5～8米后接球，并快速将球回传给两端的队员。中间队员左右脚各踢10次后即与另一个队员交换位置。

要求：中间队员接控球与踢球动作连接要快速，踢球后要迅速转身去接应另一端队员传球。所有队员都必须踢地滚球，并要控制球的准确性。

4. 传快球

目的：提高队员直接传快球的控制能力与传完球后就跑动的意识。

方法：两队，分两组，共四组。每队两组之间相距15米。每组第一个队员将球传向对面第一个同伴后，快速跑动换位到对面的队尾；对面第一队员直接将球传回，并快速跑位交换到对面一组的队尾。所有队员依次轮换，在规定时间内看那两个组传球次数最多（图5-49①）。

要求：必须直接传地滚球，传球速度尽可能加快。注意控制好触球时脚掌与地面保持平行。击球时机应当是在球滚动到支撑的脚弓侧面时，不宜过早，也不宜过晚。

5. "8"字传球

目的：提高队员直接传球的控制能力和传球后的跑位意识。

方法：成四方形站位，每个角2～4个人。将球按照"8"字的形状直接传球，传球后就跑向球所在的位置（图5-49②）。

要求：直接传地滚球。直传球速度稍慢一些，斜传球速度要快一些。传球后要迅速跑位。

6. 渗透传球

目的：提高队员在对抗情况下实际运用技术的控制能力和配合意识。

方法：两队，每队4～6人。在40×20米方形场地范围内进行，在场地中间划出一个3米宽的"隔离区"。双方各有一名队员在对方半场内作为接应队员，其他队员在自己本方的半场内传球。双方都争取控制住球，并将球传到对方半场内的本方接应同伴的脚下，每成功传到对方半场的同伴脚下一次，就允许一名同伴进入对方半场作为接应队员，全部队员先进入对方半场的队为获胜队。所有队员不允许进入"隔离区"。传球被抢断或传出界，交换球权（图5-49③）。

要求：根据实际提出不同的规定来调整练习的难度。

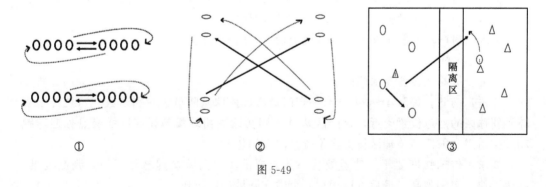

图 5-49

7. 传中球练习

目的：提高队员在活动中大力踢球的控制能力和传球后立即跑位的意识。

方法：2～4组，一组3人，一人在罚球区边线附近，一人在门前中路35米处，一人在罚球区内球门区外与前门柱平行的位置。在门前35米处的队员传地滚球给边路的队员，并快速跑向边路队员的位置，边路队员跑动中直接将球传向罚球区内的队员，并快速向罚球区内队员的位置跑动，罚球区内的队员接球后快速运球回到开始传球的门前35米处。不断循环传球—跑动练习（图5-50①）。

要求：传球速度要快，落点要准，跑动要快。边路传中的队员可以先传地滚球，然后传平空快球，最后传侧旋弧线球。

8. 运球过杆

目的：提高队员运控球的变向能力。

方法：两队人数相等，两个球，场地为25米×10米。在场地上每隔3～5米折线处装上两组标志物，两队的第一个队员运球过杆道最后一个，将球传回本队的第二个队员，然后快速跑回本队队尾。第二个队员重复第一个队员的练习过程，直到全部队员都练习过为止（图5-50②）。

要求：扣拨触球动作要快速协调，用力控制要柔和，身体重心要提前向运球方向倾斜，左、右脚均要练习。

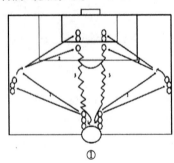
①

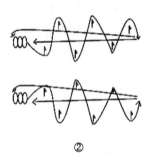
②

图 5-50

9. 射门练习

目的：提高队员射门的技术水平和能力。

方法：将球放在门前中路的发球弧顶，依次快速射门，一人守门，射门5次后看谁得分多，射入少的替换守门员，不断交换练习位置与角色。

要求：射门动作要求在准确的基础上增大射门的力量。

10. 凌空射门

目的：提高队员侧身射门的能力

方法：两队，每队4～6人，有一守门员△，控球队队员①在罚球区底角处传平直球到罚球区的点球位置附近，射门队队员④则在远端罚球弧与罚球区线交点处迎球跑动凌空射门，射门与传球队员交换位置（图5-51①）。

要求：传球弧度要平，球速要快，落点要准。射门队员迎球要积极，判断要准，起脚要快，宁偏勿高。最后可以增加一个防守队员进行防守。

11. 转身快速运球射门

目的：提高队员突然改变身体姿势并在快速跑动中射门的能力。

方法：两人一组，距离球门30米左右，两个队员相聚8米左右面对面站位，面对球门的队员①颠球传高球给背对球门的队员②，②胸部停球后转身接反弹球后快速运球向前，在距离球门 20 米左右处其脚射门。然后继续向前捡球转身运球回到开始的位置，与①交换练习位置（图 5-51②）。

要求：颠球队员传球要准确。踢球队员接球转身要快，运球时要调整好人球关系，起脚踢球动作要快。

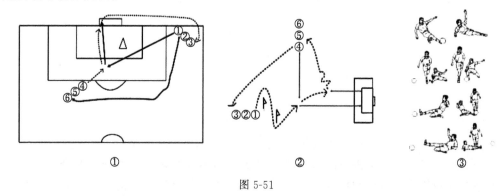

图 5-51

12. 头球射门

目的：提高头球射门的技巧。

方法：3 人一组，在 10 米×10 米的场地上进行，在场地一端线上用标志物设立一个宽为 3 米的球门，一名队员守门，一名队员在球门一侧做抛球队员，顶球队员在门前 8 米左右的位置顶球入门，积分多着为胜，3 人交换练习角色，不断重复练习。

要求：射门顶球触球部位和方向要根据顶入球门的方位和角度来确定，最好向下顶向球门的一个下角。

13. 铲球

目的：提高队员铲球的基本技术水平

方法：每人一球，将球放在原地距离自己一大步左右的位置，用脚背外侧、脚掌、脚内侧、铲球（图 6-51③）。

要求：铲球腿要充分伸直，支撑腿迅速弯曲，降低臀部，身体成半仰卧姿势。

二、足球基本战术

战术是引用军事术语，在足球比赛中"战"可以理解为一场比赛，"术"可以理解为方法、方式、行动、动作。随着足球运动的不断发展，新的战术层出不穷、老的战术不断更新改进、变幻莫测、永无止境。战术能力包括：战术理论、战术意识、战术运用。

足球战术的作用是：根据自身以及对手的情况，采用相应的阵形和配合方法，使得每名队员能够充分发挥自身的特长，并且队员之间能够相互弥补，从而积极调动集体的力量，最终在比赛中取得优异的成绩。

足球战术通常划分为整体进攻战术和整体防守战术两大系统（图 5-52）。在攻守两大战术系统中又分别包括个人战术、局部战术、全队战术。

$$
足球战术
\begin{cases}
进攻战术
\begin{cases}
个人战术：传球、射门、运球突破、跑位 \\
局部战术：传切配合、交叉掩护配合、二过一配合 \\
全队战术：边路进攻、中路进攻、转移进攻、快速反击进攻、\\
\quad 层次进攻、破密集防守进攻
\end{cases} \\
定位球战术：中点开球、任意球、角球、掷界外球、门球、点球 \\
防守战术
\begin{cases}
个人战术：选位、盯人、断球、抢断、封堵 \\
局部战术：保护、补位、围抢 \\
全队战术：区域盯人防守、人盯人防守、混合盯人防守、\\
\quad 向前逼压式防守、层次回撤式防守、快速密集式防守
\end{cases}
\end{cases}
$$

图 5-52

（一）进攻战术

整体进攻战术包括：边路进攻与防守边路进攻、中路进攻与防守中路进攻等。

局部进攻战术：局部进攻战术是指在进攻中两名或几名队员之间的配合行动，其目的是把各种传球、运球和跑动的组合在一起，在局部突破对方的防线。局部配合的基本形成有：传切配合，交叉掩护配合、二过一配合和三过二配合。

1. 传切配合

传切配合是指控球队员向防守队员的身后传球，接应同伴越过防守队员，切入后得球的行动。传切配合主要有如下三种配合的形式。

（1）局部的一传一切，如图 5-53①所示。

（2）长传切入配合，如图 5-53②所示。

（3）长传转移切入配合，如图 5-53③所示。

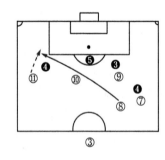

图 5-53

2. 二过一战术配合

二过一战术配合是指在局部区域地区两名进攻队员通过两次连接传球配合，越过一名防守队员的配合方法。二过一战术配合的形式有：斜传直插二过一配合、直传斜插二过一配合、踢墙式二过一配合、回传反切二过一配合。重点掌握斜传直插和踢墙式二过一配合。

（1）斜传直插二过一配合，如图 5-54①所示。

（2）踢墙式二过一配合，如图 5-54②所示。

（二）整体防守战术

整体防守战术方法主要有：区域防守、人盯人防守和综合防守。

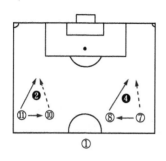

① ②

图 5-54

1. 区域防守

区域防守是由攻转守时，根据场上队员位置的分布，每个防守队员防住一个区域，在对方某一队员攻入本区时，就进行积极防守，限制对方进攻的配合方法。这种防守方法虽然节省体力，但是对方可以交叉换位，容易造成局部地区以少防多的局面。因此目前这种防守方法在比赛中已经很少采用。

2. 人盯人防守

人盯人防守是指由攻转守时每个防守队员盯住一个对手，封锁对方的进攻路线，控制对手的活动和传球时机的配合方法。这种防守方法的特点是分工明确，缺点是某一点被突破就会使整个防线出现很大漏洞，体能消耗大。因此，在比赛中仅使用人盯人防守也是不利的。

（1）防快速反击。主要是距离球最近的队员，要延缓阻止或尽快破坏对方快攻的第一传，其他队员快速回防到位。当形成一对一局面时要以堵截、边退边抢来延缓对方的进攻速度，争取同伴回访。当本队反攻到前场时，应该注意保持进攻的纵深、后卫插上时应有人填补他的空位、中卫不能压得太大等。

（2）防守边路进攻。在由守转攻时，边后卫应紧盯对方的边锋，不给边锋得球和控球运球突破的机会。同时，对对方边路地区的接应队员和插上、切入的队员，也要紧逼盯人，防止对方从边路配合突破和运球突破。无球的一侧进行区域防守，一旦边路被突破，要防止对方包抄射门，要争抢传中球和紧逼门前对方球员抢点。

3. 综合防守

综合防守是指区域防守和人盯人防守相结合的防守方法。由于区域防守和人盯人防守各有优缺点，因此为了克服两种防守方法的弱点，结合两种防守方法的优点，相互补充综合使用，在目前比赛中普遍采取了综合防守的方法。

（1）防快速反击。主要是距离球最近的队员，要延缓阻止或尽快破坏对方快攻的第一传，其他队员快速回防到位。

（2）防守边路进攻。在由守转攻时，边后卫应紧盯对方的边锋，不给边锋得球和控球运球突破的机会。

（3）防守中路进攻。盯人中卫紧逼对方中锋，如果对方采用双中锋突前时，应有一个前卫回撤（或一个后卫）盯着另一个中锋，自由中卫在后面保护，后卫快速回收，进行区域防守。

（4）密集防守。个别队员留在中场进行抢截以待机会反击，其他队员都要回收到罚球区附近，严密封堵射门区，自由中卫托后填补漏洞和抢断对方的直传球，其他队员实行紧逼盯人，迫使对方中场进行横传或回传延缓进攻。

三、小足球竞赛简介

为了因地制宜开展足球运动，除了十一人制足球赛以外，还可以进行七人制、五人制等比赛，这些足球赛规则也与十一人制有所不同，现简介如下。

（一）七人制足球

七人制足球在主要规则内容上与十一人制规则相同，不同的地方主要有以下三个方面。

1. 场地

球场的大小不同，一般是标准足球场地大小的一半（图 5-55）。

2. 比赛用球

足球周长为 62～65 厘米，重量为 350～380 克。

队员人数，每队上场队员为 7 人，其中一人为守门员。

3. 比赛时间

比赛时间为 40 分钟，分上、下半场。

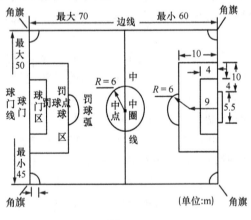

图 5-55

（二）五人制足球

室内五人制足球比赛是国际足联举办的一项世界性赛事。自 1989 年开始，每两年举行一次，目前参赛的国家越来越多，影响越来越大。室内比赛还可以利用墙做配合，机动性更强。

1. 五人制足球比赛特点

（1）比赛场地小、时间短、队员少，技术动作快、射门次数更多，比赛争夺较十一人更加激烈。

（2）技术动作次数多，攻防转换频繁，运动强度大，要求运动员具备充足的体力。

（3）传接球技术要求高，技、战术简练，要求"小、快、巧"，破门率高。

2. 五人制足球比赛主要规则

（1）比赛场地（图 5-56），比赛用球为 4 号球。

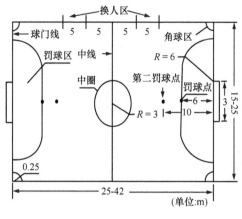

图 5-56

（2）没有越位限制。

（3）不允许冲撞对方运动员，用肩冲撞也不允许。

（4）球出边线后队员在球出界处以踢球方式恢复比赛。

（5）比赛中出现任意球、踢边线球、角球，在球进入比赛状态之前，对方队员必须至少距球 5 米，且本方队员必须在 4 秒内将球踢出，否则裁判员应判由对方踢间接任意球恢复比赛。

（6）球门球只允许守门员用手抛或掷球的方式恢复比赛。

（7）不允许运动员铲球，无论触及对方与否都要判为犯规。

（8）赛中队员替补不受人次限制，只要不违反规则，在替补区内，并按先下后上的规定，便可随意进行替换，被替换下场的队员可以重新上场比赛。

（9）队员被罚出场，2 分钟后可以由其他替补队员替补。

第六章
武术运动篇

☞ **本章要点** 》》》

1. 学习和掌握武术的基本手法、技术和套路；
2. 具有内外合一。形神兼备的练功方法；
3. 通过武术锻造，不仅能增强体质。还能掌握一些格斗的攻防技术。

武术又称为功夫、武功和国术，是以技击动作为主要内容，以武术套路和散打为主要运动形式，注重内外兼修的中国传统体育项目。中国人民千百年的习武实践和多年的科学研究表明，武术对人体的锻炼是全方位、多层次的。练习武术，可以增强体质，可以掌握防身自卫的知识和方法，提高人体的灵活性和对意外情况的应变能力，同时对治疗多种慢性疾病和调节人体内在环境平衡均有良好的医疗保健作用，是一种修身养性的重要手段，有益于人的全面发展。

第一节　武术基本功和基本动作

武术基本功是指为掌握武术技法，发展专门素质的基础练习。武术基本动作，是指武术拳术中最基础、最具有代表性的动作。重视和加强基本功和基本动作的练习，对于尽快地掌握武术技法，全面提高武术动作质量，提高专项身体素质都有着十分重要的意义。基本功和基本动作的练习，需遵循先易后难、动静结合、循序渐进的原则。

一、上肢练习

（一）基本手形

拳	动作说明	五指卷紧，拇指压于食指、中指第二指节处。
	要点	拳握紧、拳面平、直腕。
	教法提示	先示范与讲解拳的规格、要求，再采用静止的手形变换练习，后结合手法练习。

拳背 —— 拳面
拳眼 ——
—— 拳轮
拳心

续表

掌	动作说明	四指伸直并拢，拇指弯屈紧扣于虎口处。	
	要点	掌心开展、竖指。	
	教法提示	先示范与讲解掌的规格、要求，再采用静止的手形变换练习，后结合手法练习。	
勾	动作说明	五指撮拢成勾，屈腕。	
	要点	屈腕。	
	教法提示	先示范与讲解勾的规格、要求，再采用静止的手形变换练习，后结合手法练习。	

（二）手法

冲拳	预备姿势	两脚左右开立，与肩同宽，两拳抱于腰间，拳心朝上。	
	动作说明	挺胸、收腹、直腰，右拳从腰间旋臂向前猛力冲出，转腰、顺肩，前臂内旋，力达拳面，臂伸直与肩平。左肘向后牵拉，目视前方。	
	要点	拧腰、顺肩、急旋前臂；出拳快速有力。	
	教法提示	先慢做，注意动作的准确性，再逐步过渡到快速有力。	
架拳	预备姿势	同冲拳。	
	动作说明	右拳向右上方划弧架起，拳眼向下，目视左方。	
	要点	松肩、肘微屈、前臂内旋。	
	教法提示	先慢做，体会动作路线和架拳位置，再加快练习。	
推掌	预备姿势	同冲拳。	
	动作说明	右拳变掌，以掌外沿为力点向前猛力推出。同时转腰、顺肩，臂伸直与肩平，左肘向后牵拉，目视前方。	
	要点	出掌快速有力；沉腕、翘掌、力达掌外沿。	
	教法提示	同冲拳。	

亮掌	预备姿势	同冲拳。	
	动作说明	右拳变掌，经体侧向右上划弧，至头部右前上方时，抖腕亮掌，臂成弧形。掌心向前，虎口朝下，目视左方。	
	要点	抖腕、亮掌与转头要同时完成。	
	教法提示	先分解练习摆臂、抖腕、亮掌、转头动作，再进行完整动作练习。	

二、肩臂练习

压肩	预备姿势	开步站立。	
	动作说明	两手抓握肋木，上体前俯并做下振压肩动作。	
	要点	挺胸、塌腰，臂、腿要伸直，压点集中于肩部。	
	教法提示	压肩时振幅应逐渐加大。	
单臂绕环	预备姿势	成左弓步站立，左手按于左膝上，右臂上举。	
	动作说明	右臂由后（前）向前（后）绕环一周为后（前）绕环。	
	要点	臂伸直、肩放松、划立圆。	
	教法提示	练习前先压肩；绕环时，速度由慢到快。	
前后绕环	预备姿势	开步站立，右臂上举。	
	动作说明	左臂前绕环，右臂后绕环。	
	要点	同单臂绕环。	
	教法提示	同单臂绕环。	

续表

左右绕环	预备姿势	开步站立。	
	动作说明	两臂同时从右向左划立圆绕环，然后反方向划立圆绕环。	
	要点	同单臂绕环。	
	教法提示	同单臂绕环。	
交叉绕环	预备姿势	开步站立，两臂上举。	
	动作说明	两臂分别向前、后绕环。	
	要点	同单臂绕环。	
	教法提示	同单臂绕环。	
抢拍	预备姿势	开步站立。	
	动作说明	成左弓步，同时右掌向前下方伸出，左掌心朝里，插于右肘关节处；上动不停，成右弓步，同时右臂抢至右上方，左掌下落至左下方；上体右后转，同时右臂抢至后下方，左臂抢至前上方；上体左转成右仆步，同时右臂拍至右腿内侧拍他，左臂停于左上方，目随右手。	
	要点	上抢贴近耳，下抢贴近腿。	
	教法提示	由慢到快做抢臂练习，再逐步过渡到完整的抢拍练习。	

三、下肢练习

（一）基本步型

弓步	动作说明	左脚向前上一大步（约为本人脚长得 4～5 倍），脚尖微内扣，屈膝半蹲，大腿成水平，膝部约与脚面垂直；右腿挺膝伸直，脚尖里扣斜向前方，两脚掌着地，上体正对前方，两手抱拳于腰间。	
	要点	挺胸，立腰；前腿弓、后腿绷。前脚尖与后脚跟一线。	
	教法提示	先做高姿势练习，逐渐按规格要求做正确的动作；逐渐延长原地静力性练习的时间。	

续表

马步	动作说明	两脚左、右开立约为脚长的 3 倍，脚尖正对前方，屈膝半蹲，膝部不超过脚尖，大腿成水平，两手抱拳于腰间。	
	要点	头正、挺胸、立腰、扣足。	
	教法提示	同弓步	
虚步	动作说明	两脚前后开立，右脚外展 45°，屈膝半蹲，大腿接近水平，全脚掌着地，左腿微屈，脚面绷紧，脚尖虚点地面。	
	要点	挺胸、立腰、虚实分明。	
	教法提示	同弓步	
仆步	动作说明	一腿全蹲，大腿和小腿靠紧，臀部接近小腿，全脚掌着地，膝与脚尖稍外展；另一腿平铺接近地面，全脚掌着地，脚尖内扣。	
	要点	挺胸、立腰、开髋、全脚掌着地。	
	教法提示	同弓步	
歇步	动作说明	两腿交叉屈膝全蹲，前脚全脚掌着地，脚尖外展，后脚跟离地，臀部外侧紧贴后小腿。	
	要点	挺胸、立腰、两腿贴紧。	
	教法提示	同弓步	
丁步	动作说明	两腿半蹲并拢，一脚全脚掌着地支撑，另一脚停在支撑脚内侧相靠，脚尖点地。	
	要点	挺胸、立腰、虚实分明。	
	教法提示	同弓步	

（二）步法

插步	预备姿势	开步站立，两手叉腰。	
	动作说明	右脚向左脚后横插一步，两腿交叉。	
	要点	横插步幅不要过大或大小。	
	教法提示	先练习下肢动作，再配合手法练习。	

续表

击步	预备姿势	两脚前后开立，两手叉腰。	
	动作说明	前脚蹬离地面，后脚向前以脚弓碰击前脚跟，后、前脚依次落地；目向前平视。	
	要点	跳起腾空时，保持上体正直并侧对前方。	
	教法提示	先练习原地跃起两脚碰击动作，并逐渐增加前纵；再进行行进间练习和结合手法练习。	
垫步	预备姿势	同击步。	
	动作说明	后脚提起向前脚处落步，前脚以脚掌蹬地前跳落步，目向前平视。	
	要点	跳起腾空时，保持上体正直并侧对前方。	
	教法提示	先练习原地两脚移位动作，再进行行进间练习和结合手法、腿法练习。	

（三）腿法

1. 压腿

正压腿	预备姿势	并步站立。	
	动作说明	左脚跟搁在肋木上，脚尖勾紧，上体向前下做振压动作。	
	要点	直体向下振压，压至疼痛时，做耗腿练习。	
	教法提示	压腿前先把肌肉和关节活动开，压腿后把被压腿屈膝抱在胸前，然后松开。	
侧压腿	预备姿势	同正压腿，侧对肋木。	
	动作说明	左脚跟搁在肋木上，脚尖勾紧，右臂上举，左掌附于右胸前，上体向左侧压振。	
	要点	立腰、展髋，直体向侧下压振。	
	教法提示	同正压腿。	
后压腿	预备姿势	同正压腿，背对肋木。	
	动作说明	左脚背搁在肋木上，脚面绷直。上体后屈并做振压动作。	
	要点	挺胸，展髋，腰后屈。	
	教法提示	同正压腿。	

续表

仆步压腿	预备姿势	开步站立。	
	动作说明	右腿全蹲，左腿挺膝伸直，脚尖内扣。两脚全脚掌着地，两手分别抓握两脚外侧。	
	要点	挺胸、立腰、沉髋，臀部尽量贴近地面。	
	教法提示	同正压腿。	

2. 搬腿

搬腿	预备姿势	并步站立	
	动作说明	右腿支撑，左腿向前上方举起，挺膝、脚外侧朝前；也可由同伴托住脚跟或膝部做正搬、侧搬和后搬练习。	
	要点	同侧压腿。	
	教法提示	同正压腿。	

3. 劈腿

劈腿	预备姿势	并步站立。	
	动作说明	竖叉：两腿前后分开成直线。左腿后侧着地，脚尖勾起；右腿内侧或前侧着地。横叉：两腿左右分开成直线，腿内侧着地。	竖叉
	要点	挺胸、立腰、沉髋、挺膝。	横叉
	教法提示	先做压腿、摆腿和踢腿等练习，以免韧带拉伤。	

4. 直摆性腿法

正踢腿	预备姿势	并步站立，两臂侧平举。	
	动作说明	左脚上步直立，右腿挺膝，脚尖勾起向前额处猛踢，目向前平视。	
	要点	挺胸、收腹、立腰。踢腿时，迅速收髋、收腹，脚尖勾起绷落，过腰后动作加快，要有寸劲。	
	教法提示	先练压腿，再练踢腿；踢低腿，适当放慢速度，再按要点练习；行进间左、右交替踢腿。	

侧踢腿	预备姿势	并步站立，两臂侧平举。	
	动作说明	右脚上步，脚尖外展；左脚跟稍提起，身体略右转，两臂后举。随着，左腿勾脚向左耳际踢起，右臂上举亮掌，左臂立于右肩前，目向前平视。	
	要点	开髋、侧身、猛收腹。	
	教法提示	同正踢腿。	
外摆腿	预备姿势	同正踢腿。	
	动作说明	右脚上步；左脚尖勾紧，向右侧上方踢起，经面前向左侧上方摆动，直腿落在右脚旁，目向前平视，用掌在面前依次迎击脚面。	
	要点	展髋，腿成扇形外摆，幅度要大。	
	教法提示	先练压腿、踢腿，再做外摆腿。	
里合腿	预备姿势	同正踢腿。	
	动作说明	同外摆腿，唯由外向内合。	
	要点	同外摆腿。	
	教法提示	同外摆腿。	
拍脚	预备姿势	并步站立。	
	动作说明	左脚上步；右腿挺膝、绷脚面向上猛力踢摆。同时右拳变掌，于前上方迎击右脚面，目向前平视。	
	要点	收腹、立腰。踢腿高度过胸，击拍脚面要响亮。	
	教法提示	先练原地单腿的拍脚，再练行进间左右腿交替拍脚。	

5. 屈伸性腿法

蹬腿	预备姿势	同弹腿。	
	动作说明	同弹腿，唯脚尖勾起，力达脚跟。	
	要点	收髋，蹬击有寸劲，力达脚跟。	
	教法提示	逐渐增加弹腿高度；结合手法练习。	

续表

弹腿	预备姿势	并步站立。	
	动作说明	支撑腿直立或稍屈，另一腿由屈到伸向前弹出。脚面绷平，力达脚尖。	
	要点	收髋，弹击有寸劲，力达脚尖。	
	教法提示	逐渐增加弹腿高度；结合手法练习。	
侧踹腿	预备姿势	成插步。	
	动作说明	右腿伸直支撑；左腿由屈到伸，脚尖里扣，用脚掌猛力踹出，高与腰平，上体倾斜；目视左侧方。	
	要点	挺膝、开髋、猛踹，脚外侧朝上、力达脚掌。	
	教法提示	手扶一定高度的物体，做侧踹腿练习；逐步提高踹腿高度。	

6. 扫转性腿法

伏地后扫腿	预备姿势	成左弓步，两掌向前推出。	
	动作说明	成右仆步，上体前俯，两掌撑地，左腿全蹲；右腿伸直，脚尖内扣，以左脚掌为轴贴地后扫一周。	
	要点	转体、俯身、撑地、扫转要连贯协调，一气呵成。	
	教法提示	体会以拧腰带动扫腿的旋转要求，再逐步增加后扫腿的速度和力量。	

四、腰部练习

前俯	预备姿势	并步站立，直臂上举。	
	动作说明	上体前俯、两掌心尽量贴地。	
	要点	挺膝、挺胸。收髋、前折体。	
	教法提示	幅度逐渐加大，逐渐延长练习时间。	

后甩	预备姿势	开步站立，直臂上举。
	动作说明	以腰、髋关节为轴，上体后屈甩腰，两臂随之后摆。
	要点	快速、紧凑、富有弹性。
	教法提示	甩腰幅度由小到大，速度由慢到快。
涮腰	预备姿势	开步站立。
	动作说明	以髋关节为轴，上体前俯，两臂随之向左前方伸出，继而向右后绕环一周。
	要点	两脚抓地，两臂随着腰部动作放松绕动，尽量增大上体环绕幅度。
	教法提示	先做上体前、后、左、右侧屈的动作，再做涮腰；速度要由慢到快，次数逐渐增多，左、右方向交替进行。
翻腰	预备姿势	右歇步双摆掌。
	动作说明	上体前俯，沿纵轴向左翻转一周；同时两臂先左后右依次轮绕成左歇步双摆掌。
	要点	上体必须沿纵轴翻转，快而有力，两臂要抡成立圆。
	教法提示	先保持一定高度做左右翻转练习。

五、跳跃练习

大跃步前穿	预备姿势	并步站立。
	动作说明	左脚上一步蹬地向前跃出，两臂依次向上划弧摆起，右、左脚随即落地成仆步，右掌变拳抱于腰间，左掌下落停于胸前成立掌，目视左掌。
	要点	跳得高、跃得远、步幅大。
	教法提示	先按上、下肢动作顺序教学，然后再完整练习。

	预备姿势	并步站立。	
腾空飞脚	动作说明	右脚上步蹬地跃起，左腿前上摆踢，两臂向头上摆起，右手背迎击左手掌。在空中，右腿向前上方弹（摆）踢，脚面绷直，右手迎击右脚面。左腿屈膝收控于右腿侧。左掌摆至左侧方变勾手，上体微前倾，目平视前方。	
	要点	踢摆腿脚高必须过腰，左腿在击响一瞬间，屈膝收控于右腿侧；在腾空的最高点完成击响动作，拍击动作必须连续、准确、响亮；在空中，上体正直、微向前倾、不要坐臀。	
	教法提示	做右腿蹬地起跳，左腿屈膝摆起，同时两臂上摆并在头上击响的踏跳练习。	
旋风脚	预备姿势	高虚步亮掌。	
	动作说明	左脚向左上步，同时左掌前推；随即右脚上步，脚尖内扣，上体向左旋转前俯；重心右移，右腿屈膝蹬地跳起，左腿提起向上左方摆动。上体向左上方翻转的同时，两臂向左上方抢摆；身体旋转一周，右腿里合，左手在面前迎击右脚掌，左腿自然下垂。	
	要点	里合腿贴近身体；摆动时成扇形；抢臂、踏跳、转体、里合腿等环节要协调一致，身体的旋转不少于270°。	
	教法提示	原地的或行进间的"左外摆一右里合"转体击响练习；不加腿法的抢臂转体跳转360°的"翻身跳"练习；先转头看预定目标，后做跳起转体90°的击响练习。逐步增加转体180°、270°的练习。	

续表

	预备姿势	高虚步挑掌站立。	
腾空摆莲	动作说明	左脚前上步，右脚随之向前上一大步，脚尖外展、屈膝、略蹲。身体右转，同时右臂顺势下落，左臂前摆；右脚蹬地跳起，同时左腿里合踢摆，两手上摆于头上击响。上体向右转体，身体腾空；右腿上踢外摆，两手先左、后右依次拍击右脚面，左腿伸直分开摆动控于体侧。	
	要点	上步要成弧形，右脚踏跳时，注意脚尖外展和屈膝微蹲；上跳时，左腿里合扣踢；右腿外摆成扇形，上体微前倾。两手依次击拍右脚面。	
	教法提示	做左里合，右外摆的组合练习；上右腿起跳，摆扣左腿，两手头上击响向右转180°，逐步做到360°的"转体跳"练习。	

六、平衡练习

	预备姿势	并步站立。	
提膝平衡	动作说明	右腿直立站稳，左腿屈膝高提近胸，脚面绷直，垂扣于右腿前侧，右臂上举于头上亮掌，左手反臂后举成勾手。	
	要点	平衡要站稳、提膝过腰、脚内扣。	
	教法提示	做提膝平衡前先做弓步压腿、提膝抱腿等练习，以提高髋关节的柔韧性和腿部的控制能力。	
望月平衡	动作说明	右脚后撤一步站稳，同时两手左右分开上摆成亮掌。上体侧倾拧腰向支撑腿同侧方上翻，挺胸场腰。左腿在身后向支撑腿的同侧方上举，小腿屈收，脚面绷平；目视右后侧。	
	要点	展髋、拧腰、抬头。	
	教法提示	原地先做抖腕、亮掌、摆头的练习，过渡到完整练习。	

第二节 武术器械

一、刀术

刀术是武术中短器械的一种。刀术是以缠头裹脑的招式为基本动作，加上劈、砍、挂、撩、扎、点、云、崩等刀法所组成的套路练习。刀术的风格特点是勇猛快速、激烈奔腾、紧密缠绕、雄健剽悍。

1. 刀的部位名称（图 6-1）

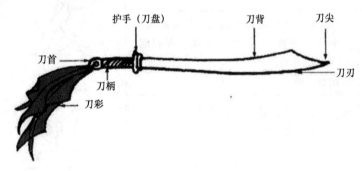

图 6-1

2. 刀的基本握法

（1）左手抱刀法：拇指和虎口压住刀盘，食指和中指夹住刀柄，无名指和小指托住刀盘，使刀背靠近小臂内侧，刀刃朝前，刀尖朝上，刀身垂于身体左侧。

（2）右手握刀法：右手虎口靠贴刀盘，拇指和食指紧握刀把，其余三指屈握刀把。

3. 刀术的主要运动方法

（1）缠头刀：刀尖下垂，刀背沿左肩贴背绕过右肩。

（2）裹脑刀：刀尖下垂，刀背沿右肩贴背绕过左肩。

（3）劈刀：刀由上向下为劈，力达刀刃，臂与刀成一直线。

抡劈刀：刀沿身体右（左）侧抡一立圆。

（4）砍刀：刀向右下方或左下方斜劈为砍，力达刀刃，臂与刀成一直线。

（5）撩刀：刀刃由下向前上为撩，力达刀刃前部。

正撩刀：前臂外旋，手心朝上，刀沿身体右侧贴身弧形撩出。

反撩刀：前臂内旋，刀沿身体左侧贴身弧形撩出。

（6）挂刀：刀尖由上向下、向后划弧为挂，力达刀背前部。

（7）扎刀：刀刃朝下、朝上或朝左，刀尖向前直刺为扎，力达刀尖，臂与刀成一直线。

（8）藏刀：刀身横平（刀尖朝后，刀刃朝外）藏于左腰后为拦腰藏刀；刀身竖直藏于左臂后为立藏刀；刀身平直（刀尖朝前，刀刃朝下）藏于右够侧为平藏刀。

二、剑术

剑是一种平直、细长带尖、两面有刃的短兵器。它以劈、刺、点、崩、云、抹、撩、挂、穿、腕花等剑法和左手剑指，配合各种步法、腿法、身法、平衡、跳跃等动作构成套路结构。其特点是手腕灵活，身法轻快多变，姿势潇洒优美。

1. 剑的部位名称（图 6-2）。

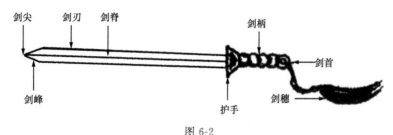

图 6-2

2. 剑的基本握法和剑指

（1）左手持剑法：臂内旋，护手握于掌心，食指伸直按于剑柄，拇指虎口卡于护手上方，其余手指为另一侧直腕扣握护手，剑脊贴近小臂后侧。

（2）右手持剑法：右手全掌握剑柄，虎口靠近护手，剑刃必须与虎口相对。剑刃朝上下为立剑，剑刃朝左右为平剑。

（3）剑指：中指与食指伸直并拢，其余三指屈于手心，拇指压在无名指的第一指节上。

3. 剑术的主要运动方法

（1）刺剑：立剑或平剑向前直出为刺，力达剑尖，臂与剑成一直线。

（2）劈剑：立剑，由上向下为劈，力达剑身，臂与剑成一直线。

抡劈剑：剑沿身体右（左）侧绕一立圆。

（3）挂剑：立剑，剑尖由前向上、向后或向下、向后为挂，力达剑身前部。

上挂：向上、向后贴身挂出。

下挂：向下、向后贴身挂出。

（4）撩剑：立剑，由下向前上方为撩，力达剑身前部。

正撩剑：前臂外旋，手心朝上，贴身右侧弧形撩出。

反撩剑：前臂内旋，手心朝下，贴身左侧弧形撩出。

（5）云剑：平剑，在头顶或头前上方平圆绕环为云。

（6）点剑：立剑，提腕，使剑尖猛向前下为点，力达剑尖，臂伸直。

（7）崩剑：立剑，沉腕，使剑尖猛向前上为崩，力达剑尖，臂伸直，剑尖高不过头。

（8）截剑：剑身斜向上或斜向下阻挡为截，力达剑身前部，臂与剑成一直线。

（9）斩剑：半剑向左（右）横出，高度在头与肩之间为斩，力达剑身，臂伸直。

（10）剪腕花：以腕为轴，立剑在臂两侧向前下贴身立圆绕环，力达剑尖。

（11）撩腕花：以腕为轴，立剑在臂两侧向前上贴身立圆绕环，力达剑尖。

三、棍术

棍是武术器械中长兵器的一种。棍主要以抡、劈、扫、拨、舞花等动作，配合各种步法、身法构成套路结构。其特点是快速、勇猛、刚劲有力，练起来棍法密集、风格泼辣、节奏鲜明、呼呼生风。

1. 棍的部位名称（图6-3）。

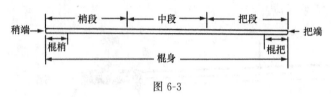

图 6-3

2. 棍的基本握法

（1）持棍法：右手持棍，以拇指和食指卡握棍身，其余三指自然弯曲，虎口朝向棍梢，使棍身紧贴于身体右侧，把端触地。

（2）提棍法：单手握，右手握住棍身距把端1/3处；顺把握，双手虎口顺向握棍；对把握，双手虎口相对握棍。

3. 棍术的主要运动方法

（1）拨棍：棍梢斜向前上方左右摆动为拨，拨棍时用力轻快平稳，幅度不要过大。

（2）扫棍：棍梢在腰部以下水平抡摆，或尽量以棍梢贴地，棍身倾斜抡摆为扫。扫棍要求迅猛有力，力达棍梢。

（3）抡棍：单手或双手将棍梢向左或向右平抡。平抡不得超过一周，加转身不得超过两周。抡棍要求迅猛有力，力达棍梢。

（4）戳棍：棍梢或棍把直线向前、向侧或向后戳击。戳棍要求发力短促，力达梢端或把端。

（5）劈棍：棍由上向下为劈。劈棍要求迅猛有力，力达棍梢。

（6）立圆舞花：两手握住棍身中段，使棍在身体两侧由上向前、向下绕立圆转动。

（7）提撩舞花：两手握住棍身距把端1/3处，使棍沿身体左右两侧由下向前、向上划立圆连续向前撩出。

四、枪术

枪是武术长器械的一种。枪术主要以拦、拿、扎枪为主，配合舞花、劈、崩、穿、缠等各种枪法和各种步法、身法、跳跃等动作构成套路结构，运动起来翻转自如、灵活多变、节奏明快。

1. 枪的部位名称（图6-4）。

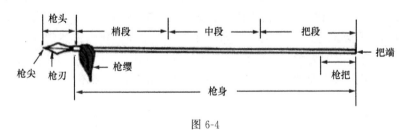

图 6-4

2. 枪的基本握法

（1）持枪法：持枪法和持棍法相同。

（2）握枪法：单手握住枪的把端为单手握；双手虎口顺向握枪为顺把握；双手虎口相对握枪为对把握。

3. 枪术的主要运动方法

（1）拦枪：枪尖向左下方划弧，高不过头，低不过胯。拦枪时腰部配合发力，力达枪尖并使之颤动。

（2）拿枪：枪尖向右下方划弧，高不过头，低不过胯。拿枪时腰部配合发力，力达枪尖并使之颤动。

（3）扎枪：两手顺向握枪，后手发力作用于枪的纵轴，使枪沿直线刺出，前手随之松握并控制枪的高度，后手必须触及前手，两臂伸直，力达枪尖。

第三节　武术套路

一、组合动作

预备姿势：并步抱拳	①弓步冲拳	②弹腿冲拳	③马步架打
两腿直立，双拳抱于腰两侧的中后部，双肩后展，上体微向前倾，自然挺胸收腹、直背、立腰、敛臀。头左摆90°。目视左前方。	成左弓步，左手向左平搂收回腰间抱拳；冲右拳。目视前方。	重心前移，右腿向前弹踢，同时冲左拳，收右拳。目视前方。	右脚落地，向左转体90°，下蹲成马步，同时左拳变掌，屈臂上架，冲右拳。目视右方。

④歇步盖冲拳		⑤提膝仆步穿掌	

201

续表

左脚向右脚后插一步，同时右拳变掌向左下盖，掌外沿向前，身体左转 90°，收左拳。目视右掌。	上动不停，两腿屈膝下蹲成歇步，同时冲左拳，收右拳。目视左拳。	两腿起立，身体左转。随即左拳变掌，顺势收至右腋下；右拳变掌，由左手背上穿出，手心向上。同时左腿屈膝提起。目视右手。	上动不停，左脚落地成仆步；左手掌指朝前，沿左腿内侧穿至左脚面。目视左掌。

⑥虚步挑掌	⑦收势

左腿屈膝前弓，右脚前上成右虚步。同时左手向后划弧成勾手，右手顺右腿外侧向上挑掌。目视前方。	左脚向右脚靠拢成并步。同时左钩手和右掌变拳，回收抱于腰间。目视前方。

二、二十四式太极拳

第一式：起势

身体自然直立，两臂自然下垂，两手放在大腿外侧。左脚向左成开立步，与肩同宽，脚尖向前，头颈正直，下颏微收，目视前方。	两臂慢慢向前平举，两手高与肩平，与肩同宽，手心向下。	上体保持正直，两腿屈膝半蹲，同时两掌轻轻下按至腹前，目视前方。	

要点：两肩下沉，两肘松垂，手指自然微张。屈膝松腰，臀部不可凸出，身体重心落于两腿中间。两臂下落和身体下蹲的动作要协调一致。

第二式：野马分鬃

①上体微向右转，重心移至右腿，同时右臂收在胸前平屈，手心向下。左手经体前向右下划弧至右手下，手心向上，两手心相对成抱球状。左脚随即收到右脚内侧，脚尖点地。眼看右手。

②上体左转，左脚向左前方迈出，成左弓步，同时左右手随转体慢慢分别向左上、右下分开，左手高与眼平，手心斜向上；右手落在右胯旁，肘微屈，手心向下，指尖向前。眼看左手。

③上体慢慢后坐，重心移至右腿，左脚尖翘起，微向外撇（大约 45°～60°），脚掌慢慢踏实，左腿慢慢前弓，随后身体左转，重心再移至左腿；同时左手翻转向下，左臂收到胸前平屈，右手向左上划弧至左手下，两手心相对成抱球状。右脚随即收到左脚内侧，脚尖点地。眼看左手。

与②解同，只是左右相反。

与③解同，只是左右相反。	与④解同，只是左右相反。

要点：上体不可前俯后仰，胸部必须宽松舒展。两臂分开时要保持弧形。身体转动时要以腰为轴。弓步动作与分手的速度要均匀一致。做弓步时，迈出的脚先是脚跟着地，然后脚掌慢慢踏实，脚尖向前，膝盖不要超过脚尖；后腿自然伸直；前后脚夹角约成 45°～60°。前后脚之间的横向距离应该保持在 10～30 厘米之间。

第三式：白鹤亮翅

上体微向左转，左手翻掌向下，左臂平屈胸前，右手向左上划弧，手心转向上，与左手成抱球状。眼看左手。	右脚跟进半步，上体后坐，重心移至右腿。上体先向右转，两手随转体慢慢向右上、左下分开，右手上提停于右额前，掌心向左。同时上体再微向左转，左脚尖向前成左虚步点地，左手落于左胯前，手心向下，指尖向前。目视前方。

要点： 完成姿势胸部不要挺出，两臂都要保持半圆形，左膝要委屈。身体重心后移和右手上提、左手下按要协调一致。

第四式：搂膝拗步

①右手从体前下落，由下向后上方划弧至右肩外，手与耳同高，手心斜向上。左手由左下向上、向右划弧至右胸前，手心斜向下。同时上体先微向左再向右转，左脚收至右脚内侧，脚尖点地。眼看右手。	②上体左转，左脚向前迈出成左弓步。同时右手屈回由耳侧向前推出，高与鼻尖平。左手向下由左膝前搂过落于左胯旁，指尖向前。眼看右手前方。

③右脚慢慢屈膝，上体后坐，重心移至右腿，左脚尖翘起向外撇，随后脚掌慢慢踏实，右脚前弓，身体左转，重心移至左腿，右脚收到左脚内侧，脚尖着地，同时左手向外翻掌由左后向上划弧至左肩外侧，肘微屈，手与耳同高，手心斜向上；右手随转体向上、向下划弧落于左胸前，手心斜向下。眼看左手。	与②解同，只是左右相反。	与③解同，只是左右相反。

续表

与③解同，只是左右相反。	与②解同。

要点：推掌时要沉肩垂肘，坐腕舒掌，同时松腰、弓腿上下协调一致。

第五式：手挥琵琶

右脚跟进半步，上体后坐，重心转至右腿上，上体半向右转，左脚略提起稍向前移，变成左虚步，脚跟着地，脚尖翘起，膝部微屈。同时左手由左下向上挑举，高与鼻尖平，掌心向右，臂微屈。右手收回放在左肘里侧，掌心向左，眼看左手食指。

要点：身体要平稳自然，沉肩垂肘，胸部放松。左手上起时不要直向上挑，要由左向上、向前，微带弧形。右脚跟进时，脚掌先着地，再全脚踏实。身体重心后移和左手上起、右手收要协调一致。

第六式：左右倒卷肱

①上体右转，右手翻掌（手心向上）经腹前由下向后上方划弧平举，肘微屈，左手随即翻掌向上。眼先向右看，再转向前方。	②右臂屈肘向前，右手由耳侧向前推出，掌心向前，左臂屈肘后撤，掌心向上，撤至左肋外侧。同时左腿轻轻提起向后退一步，脚掌先着地，然后全脚慢慢踏实，重心移到左腿上，成右虚步，右脚随转体以脚掌为轴扭正。眼看右手。	③上体微向左转，同时左手随转体向后上方划弧平举，掌心向上，右手随即翻掌，掌心向上。眼先向左看，再转向前方。

续表

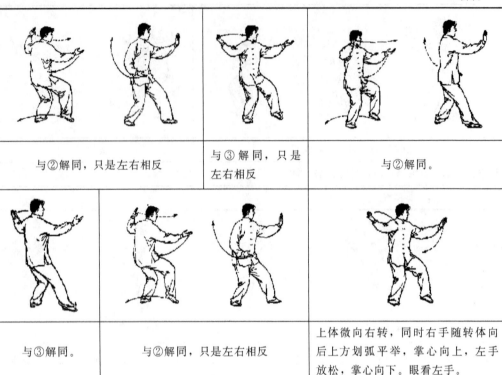

与②解同，只是左右相反	与③解同，只是左右相反	与②解同。

与③解同。	与②解同，只是左右相反	上体微向右转，同时右手随转体向后上方划弧平举，掌心向上，左手放松，掌心向下。眼看左手。

要点：前推时，要转腰松胯，两手的速度要一致，避免僵硬。退左脚略向左后斜，退右脚略向右后斜，避免使两脚落在一条直线上。最后退右脚时，脚尖外撇的角度略大些，便于接做"左揽雀尾"的动作。

第七式：左揽雀尾

①上体继续向右转，左手自然下落逐渐翻掌经腹前划弧至左肋前，掌心向上；左臂屈肘，掌心转向下，收至右胸前，两手相对成抱球状。同时重心落在右腿上，左脚收到右脚内侧，脚尖点地。眼看右手。	②上体微向左转，左脚向左前方迈出，成左弓步。同时左臂向左前方掤出，高与肩平，掌心向后。右手向右下落于右胯旁，掌心向下，指尖向前。眼看左前臂。 **要点**：掤出时，两臂前后均保持弧形。分手、松腰、弓腿三者必须协调一致。

续表

③上体微向左转，左手随即前伸翻掌向下，右手翻掌向上，经腹前向上、向前伸至左前臂下方。然后两手下捋，直至右手掌心向上，高与肩齐，左臂平屈于胸前，掌心向后，同时重心移至右腿。眼看右手。**要点**：下捋时，上体不可前倾，臀部不要凸出。两臂下捋须随腰旋转，仍走弧线。左脚全掌着地。

④上体微向左转，右臂屈肘折回，右手附于左手腕里侧，左臂屈肘横于胸前。上体继续向左转，双手及左前臂随左弓步向前慢慢挤出，左手掌心向后，右手掌心向前。眼看左手腕部。**要点**：向前挤时，上体要正直。挤的动作要与松腰、弓腿相一致。

⑤左手翻掌，掌心向下，右手经左腕上方向前、向右伸出，高与左手齐，掌心向下，两手左右分开，宽与肩同。然后右腿屈膝，上体慢慢后坐，重心移至右腿上，左脚尖翘起。同时两手屈肘回收至腹前，手心均向前下方。目视前方。

⑥上势不停，重心慢慢前移，同时两手向前、向上按出，掌心向前；左腿前弓成左弓步。目视前方。**要点**：向前按时，两手须走曲线，腕部高与肩平，两肘微屈。

第八式：右揽雀尾

①上体后坐并向右转，重心移至右腿，左脚尖里扣。右手向右平行划弧至左肋前，掌心向上。左臂平屈胸前，左手掌心向下与右手成抱球状。同时重心再移至左腿上，右脚收至左脚内侧，脚尖点地。眼看左手。

同"左揽雀尾"②解，只是左右相反。

续表

| 同"左揽雀尾"③解，只是左右相反。 | 同"左揽雀尾"④解，只是左右相反。 |

| 同"左揽雀尾"⑤解，只是左右相反。 | 同"左揽雀尾"⑥解，只是左右相反。 |

第九式：单鞭

①上体后坐，重心移至左腿上，右脚尖里扣。同时上体左转，两手（左高右低）向左弧形运转，直至左臂平举，伸于身体左侧，掌心向左。右手经腹前运至左肋前，掌心向后上方。眼看左手。

②重心再逐渐移至右腿上，上体右转，左脚向右脚靠拢，脚尖点地。同时右手向右上方划弧（掌心由里转向外），至右侧方时变勾手，臂与肩平。左手向下经腹前向下划弧停于右肩前，掌心向里。眼看左手。

③上体微向左转，左脚向左前侧方迈出成左弓步。左掌随上体的继续左转慢慢翻转向前推出，掌心向前，手指与眼齐平，肘微屈。眼看左手。

要点：上体保持正直，松腰。定势时，右肘稍下垂，左肘与左膝上下相对，两肩下沉。左手向外翻掌前推时，要随转体边翻边推出，不要翻掌太快或最后突然翻掌。

第十式：云手

①重心移至右腿上，身体渐渐向右转，左脚尖里扣。左手经腹前向右上划弧至右肩前，手心斜向后。同时右手变掌，掌心向右前方。眼看左手。

②上体慢慢左转，重心随之逐渐左移，左手由脸前向左侧运转，手心转向左方。右手由右下经腹前向左上划弧至右肩膀前，手心斜向后。同时右脚靠近左脚，成小开立步。眼看右手。

③上体再向右转，同时左手经腹前向大踏步划弧至右肩前，手心斜面向后；右手右侧划弧，手心翻转向右；随之左腿向左横跨一步。眼看左手。

同②解。

同③解。

同②解。

要点：身体转动要以腰脊为轴，松腰、松胯，不可忽高忽低。两臂随腰的转动而运转，要自然圆活，速度要缓慢均匀。下肢移动时，身体重心要稳定，两脚掌先着地再踏实，脚尖向前。眼的视线随左右手而移动。第三个"云手"的右脚最后跟步时，脚尖微向里扣，便于接"单鞭"动作。

第十一式：单鞭

上体向右转，右手随之向右运转，至右侧方时变成勾手。左手经腹前向右上划弧至右肩前，掌心向内。重心落在右腿上，左脚尖点地。眼看左手。	同前"单鞭"③解。

第十二式：高探马

右脚跟进半步，重心逐渐后移至右腿上。右手变掌，两手心翻转向上，两肘微屈。同时身体微向右转，左脚跟渐渐离地。眼看左前方。	上体微向左转，面向前方；右掌经右耳旁向前推出，手心向前，手指与眼同高；左手收至左侧腰前，手心向上；同时左脚微向前移，脚尖点地，成左虚步；眼看右手。

要点：上体自然正直，双肩要下沉，右肘微下垂。跟步移换重心时，身体不要有起伏。

第十三式：右蹬脚

左手掌心向上，前伸至右腕背面，两手相互交叉，随即向两侧分开并向下划弧，掌心斜向下。同时左脚提起向左前侧方进步（脚尖略外撇）。重心前移，右腿自然蹬直，成左弓步。眼看前方。

两手由外圈向里圈划弧，两手交叉合抱于胸前，右手在外，掌心均向后。同时右脚向左脚靠拢，脚尖点地。眼看右前方。	两臂左右划弧分开平举，肘微屈，掌心均向外。同时右腿屈膝上提，右脚向右前方慢慢蹬出。眼看右手。

要点：身体要稳定，不可前俯后仰。两手分开时，腕部与肩齐平。蹬脚时，左腿微屈，右脚尖回勾，力达脚跟。分手和蹬脚须协调一致。

第十四式：双峰贯耳

右腿收回，屈膝平举，左手向前下落至体前，两掌心均翻转向上，两手同时向下划弧分落于右膝两侧。眼看前方。	右脚向右前方落下，重心渐渐前移成右弓步，面向右前方。同时两手下落，慢慢变拳，分别从两侧向上、向前划弧至面部前方，两拳相对，拳眼斜向上，高与耳齐。眼看右拳。

要点：定势时，头颈正直，松腰松胯，两拳松握，沉肩垂肘，两臂均保持弧形。

第十五式：转身左蹬脚

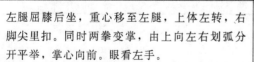

左腿屈膝后坐，重心移至左腿，上体左转，右脚尖里扣。同时两拳变掌，由上向左右划弧分开平举，掌心向前。眼看左手。	重心再移至右腿，左脚收到右脚内侧，脚尖点地。同时两手由外经下向里圈划弧合抱于胸前，左手在外，掌心均向后。眼看左方。

两臂左右划弧分开平举，肘微屈，掌心均向外。同时左腿屈膝提起，向左前方慢慢蹬出。眼看左手。

要点：左蹬脚与右蹬脚方向成180°。

第十六式：左下势独立

| ①左腿收回平屈，上体右转。右掌变成勾手，左掌向上、向右划弧下落于右肩前。眼看右手。 | ②右腿慢慢屈膝下蹲，左腿向左侧伸出，成左仆步。左手下落，顺左腿内侧向前穿出。眼看左手。 |

| ③重心前移，左脚尖尽量外撇，左脚前弓，右腿后蹬，右脚尖里扣，上体微向左转并向前抬起。同时左臂继续向前伸出（立掌），掌心向右，右勾手下落，勾尖向后。眼看左手。 | ④右腿慢慢提起平屈，成左独立势。同时右手变掌，由后下方顺右腿外侧向前弧形提起，屈臂立于右腿上方，肘与膝相对，掌心向左。左手立于左胯旁，掌心向下，指尖向前。眼看右手。 |

要点：上体要正直，独立的腿要微屈，由腿提起时脚尖自然下垂。

第十七式：右下势独立

右脚下落于左脚前，脚掌着地。然后左脚前掌为轴，脚跟转动，身体随之左转。同时左手向后平举变成勾手，右掌随着转体向左侧划弧立于左肩前，掌心斜向后。眼看左手。	同"左下势独立②解，只是左右相反。

同"左下独立势"③解，只是左右相反。	同"左下独立势"④解，只是左右相反。

要点： 右脚尖触地后必须稍微提起，然后再向下成仆步。

第十八式：左右穿梭

①身体微向左转，左脚向前落地，脚尖外撇，右脚跟离地，两腿屈膝。同时两手在左胸前成抱球状（左上右下）。然后右脚收到左脚的内侧，脚尖点地。眼看左前臂。

②身体右转，右脚向右前方迈出成右弓步。同时右手由脸前向上翻掌停在右额前，掌心斜向上。左手先向左下再经体前向前推出，高与鼻尖平，掌心向前。眼看左手。

续表

③身体重心略向后移，右脚尖稍向外撇，随即重心移至右腿，左脚跟进，停于右脚内侧，脚尖点地。同时两手在右胸前成抱球状（右上左下）。眼看右前臂。	同②解，只是左右相反。

要点：两个定势分别面向右侧和左侧前方。手推出后，上体不可前俯。手向上举时，防止引肩上耸。两手动作与弓步要协调一致。

第十九式：海底针

右脚向前跟进半步，重心移至右腿，左脚稍向前移，脚尖点地，成左虚步。同时身体稍向右转，右手下落经体前向后、向上提至肩上耳旁，再随身体左转，由右耳旁斜向前下方插掌，掌心向左，指尖斜向下。与此同时，左手向前、向下划弧落于左胯旁，掌心向下，指尖向前。眼看前下方。

要点：右手前下插掌时，手腕稍向上提，上体稍前倾，收腹敛臀。

第二十式：闪通臂

上体稍向右转，左脚向前迈出，屈膝成左弓步。同时右手由体前上提，屈臂上举，停于右额前上方，掌心翻转斜向上，拇指朝下。左手上起经胸前向前推出，高与鼻尖平，掌心向前。眼看左手。

要点：定势时，上体不可过于侧倾，两臂保持微屈。推掌、举掌和弓腿动作要协调一致。

第二十一式：转身搬拦捶

上体后坐，重心移至右腿上，左脚尖里扣，身体向后转，然后重心再移至左腿上。同时，右手变拳随转体向右、向下经腹前划弧至左肋旁，拳心向下。左掌上举于头前，掌心斜向上。眼看前方。

向右转体，右拳经胸前向前翻转撇出，拳心向上；左手下按至腹前，掌心向下，指尖向前。同时右脚回收经左脚内侧向前迈出，脚尖外撇。眼看右拳。

重心移至右腿上，左脚向前迈一步，左手经左侧向前上划弧拦出，掌心向前下方。同时右拳向右划弧收到右胯旁，拳心向上。眼看左手。

左腿前弓成左弓步，同时右拳向前打出，拳眼向上，高与胸平，左手附于右前臂里侧。眼看右拳。

要点："搬"应先按后搬并于右腿伸落相配合。"拦"应以腰带臂平行绕动向前平拦。"捶"应与弓步配合，上下肢协调一致。

第二十二式：如封似闭

左手由右腕下向前伸出，右拳变掌，两手手心逐渐翻转向上并慢慢分开回收；同时身体后坐，左脚尖翘起，重心移至右腿。眼看前方。

续表

两手在胸前翻掌，向下经腹前再向上、向前推出，腕部与肩平，手心向前。同时左腿前弓成左弓步。眼看前方。

要点： 身体后坐时，上体不可后仰，臀部不可凸出。两手推出时上体不得前倾。

第二十三式：十字手

屈膝后坐，重心移向左腿，左脚尖里扣，向右转体。右手随着转体动作向右平摆划弧，与左手成两臂侧平举，掌心向前，肘部微屈。同时右脚尖随着转体稍向外撇，成右侧弓步。眼看右手。	重心慢慢移至左腿，右脚尖里扣，随即向左收回，两脚距离与肩同宽，两腿逐渐蹬直，成开立步。同时两手向下经腹前向上划弧交叉合抱于胸前，两臂撑圆，腕高与肩平，右手在外，成十字手，手心均向后。眼看前方。

要点： 两手分开和合抱时，上体不要前俯。站起后，身体自然正直，头要微向上顶，下颏稍向后收。两臂环抱时须圆满舒适，沉肩垂肘。

第二十四式：收势

两手向外翻掌，手心向下，两臂慢慢下落，停于身体两侧。同时收左脚成并步站立。目视前方。

要点： 两手左右分开下落时，要注意全身放松，同时气也徐徐下沉。

第四节　女子防身术

女子防身术是一种简单实用、快捷有效，适宜女性防身自卫的武术技击方法。其技术动作以单一性动作为主，结构简单精练，层次分明，具有简单、实用、易记、易学的特点。女子防卫术技术实用性很强，经常练习，不仅能够增强身体机能，更重要的是，通过技术动作的练习和掌握，能够运用技术方法来抗击歹徒对自身的侵害。

一、女性防身自卫的原则

（1）冷静沉着，随机应变。

（2）不畏强暴，勇于搏斗、及时逃脱。

（3）等待机会、寻找机会、制造机会、抓住机会。

（4）精、准、快、狠，击打要害，一招制胜。

（5）使用自身一切可能的部位和可能采用的一切武器攻击。

二、人体要害、薄弱部位和攻击方法

人体要害与薄弱部位，指受外力击打和压迫易受伤残，或影响活动能力的部位，在遇到歹徒时，则可灵活掌握，制服敌手，达到自卫防身的目的。

备注图示：

▲　男性受攻击易伤害的要害部位。裆部是女子防身自卫的首选攻击部位，其他依次为眼睛、咽喉、颈部。

◇　需要相当力量攻击才能奏效的要害部位。

○　一般情况下不适合女性用于攻击的部位。

训练中的注意事项：只要轻轻压迫或打击要害部位，就可能使人致伤、致死。因此在练习打击这些要害部位时，动作务必轻巧，并通过训练逐步加重打击力量，切记不可伤及假设敌。

1. 头和颈部要害部位（要害部位集中）

部位	说　明	击打方法	备注
耳部	受到击打，可以使人出现晕眩、恶心或短暂的昏迷，严重时可以使人出现脑震荡，甚至死亡。	两手成杯状；同时拍击双耳。	○
太阳穴	太阳穴在耳廓前面，前额两侧，外眼角延长线的上方。受到击打，可以使人头晕目眩，严重时可以使人脑震荡、昏迷，甚至死亡。	用掌外侧、拳、肘等击打。	◇
眼睛	受到击打，可以使人出现视力模糊，影响辨别能力，严重时可以致盲。	用食指，中指猛刺敌双眼。	▲

217

续表

部位	说　明	击打方法	备注
鼻梁	受到击打，可以使人出现骨折、错位，使其疼痛难忍并暂时失明。	用掌外侧或拳头横击鼻梁。	○
上唇	受到击打，可以使人出现剧痛难忍，严重时可以使人出现昏迷。	手掌外侧猛击或用拳戳击。	○
下颌	受到击打，可以使人出现剧痛难忍，严重时可以使人出现昏迷或休克。	直拳冲击或肘关节上挑。	○
喉结	喉结位于颈部正中，突出于皮下，成年男子尤为显著。受到击打，可以使人出现突然窒息，甚至引起呼吸、心跳骤停而立即导致昏迷或死亡。	直接攻击或用肘勒、手卡。	▲
咽喉	咽喉位于颈部前面，两锁骨内侧的凹陷部位。受到击打，可以使人出现呼吸困难、剧烈咳嗽，甚至引起窒息。如果咽喉被刺破，可以在短时间使人死亡。	用手指猛戳咽喉下部的凹处。	▲
颈侧	受到击打，可以使人出现昏迷，甚至死亡。	手掌外沿砍，也可用肘关节下砸。	▲
后脑	受到击打，可以使人出现晕眩、恶心或短暂的昏迷，严重时可以使人出现脑震荡、休克，甚至会引起呼吸骤停而导致死亡。	用拳、肘等击打。	◇

2. 躯干要害部位

部位	说　明	击打方法	备注
心窝	受到击打，可以使人出现心脏跳动急促或停止跳动、剧痛难忍，严重时可以使人出现窒息、昏迷，甚至死亡。	脚踢、踹或用尖拳猛戳。	○
腹部	腹部有肝、胆、胃、脾、肾、肠、膀胱等脏器。受到击打，可以使人出现剧痛难忍，严重时可使敌死亡。	拳打，膝顶，肘击，脚踢。	○
档部	男性受到击打，可以使人出现剧烈疼痛、恶心、呕吐以及严重休克，甚至死亡。女性受到击打，可以使人出现外阴出血，并产生剧烈疼痛，严重的会引起休克。	膝顶，脚踢，手抓。	▲

部位	说　明	击打方法	备注
肋部	受到击打，可以使人出现肋骨骨折、内脏震荡，严重时骨折断面的锋利处还会刺破内脏，造成体内大出血。	拳击，脚踢，膝顶。	○

3. 四肢要害部位

部位	说　明	击打方法	备注
指关节	都是单轴关节，活动范围较小，只能伸屈，伸直时，往后或往两侧猛折会造成脱臼或骨折。	用手猛折。	◇
腕关节	腕骨关节骨细小复杂，主要靠韧带连接，其韧带坚固性较差，受击打或过度拧折会造成脱臼，韧带崩裂，骨折。	施用擒拿术时，用掌外侧扣压。	◇
肘关节	肘关节如遭暴力击打易出现骨折、脱臼、韧带撕裂。	用拳或掌击肘后部，或用小臂压击。	◇
肩关节	肩关节盂浅，关节囊松弛，牢固性差，如用力将其外后旋，或猛前挫，易脱臼，易致肌肉、韧带撕裂。	敌倒地后，用膝顶压或用脚猛踩。	◇
膝关节	膝关节是人体中最大、结构最复杂的下肢主要关节。如遭受重击可使韧带、肌腱、关节造成裂、伤、脱位。	伸直时，从前方，侧方用脚猛力蹬踹。	◇
踝关节	踝关节两侧附着韧带，外侧面韧带薄弱，内翻易伤，如用力将足左右扳拧、扭转，易致韧带撕裂、关节脱位。	用力将足左右扳拧、扭转。	◇
脚背	脚背神经密布，肌肉极少。受外力砸压会脱节和错位。而且连接其的踝关节活动范围亦较小，如用力击打或拧折．可造成韧带撕裂。	脚跟猛向下跺或碾其脚背。	◇

三、女子防身术动作方法

女性在遇到歹徒时，要根据不同的情况，灵活多变地采用不同技术方法，出其不意，攻其不备，精、准、快、狠地反击对方。

	说　明	示　范
用头部攻击	前额是头部坚实的区域，以前额为武器攻击对手。前额攻击，主要用于撞击歹徒的面部鼻梁处，其次是胸部。也可猛仰头以后脑击其面部。	
用手攻击　拳	勾拳：由下方用拳面击打对方腹部、下颌等。劈拳：由上往下，以拳外背棱或指棱攻击对方面部。	
掌	张开手掌，以掌根猛击歹徒鼻梁或掌外沿砍颈部；或掌击其裆部。	
爪	张开五指，以指甲狠抓歹徒面部；或伸手抓、握、提对方的裆部。	
指	单指、双指、金剪指、金铲指，可用来戳击对方眼睛、咽喉等要害部位。	单指　　金剪指　　双指　　金铲指

续表

说 明		示 范
用肘攻击	挑肘	前臂回收弯曲，肘尖由下向前上挑击。可用于击打歹徒的胸腹部。
	横肘	蹬腿，旋转身体，大臂向前横移，以肘尖击打歹徒，适于攻击歹徒的太阳穴、后脑、耳门、颈部以及胸肋等。
	反手横肘	手臂平抬，蹬腿，身体旋转发力，同时手臂随旋转方向向后横向猛击，力达肘尖。主要用于攻击背后之歹徒的面部、太阳穴等。
用膝攻击		以膝攻击裆部有三个好处，一是距离短，保证攻击可以很快地在瞬间完成；二是角度小，攻击准备和攻击过程都可以很隐蔽；三是攻击力量大。提膝是女性用以攻击的利器。要领是膝腿上抬，动作要猛，并以双手拉住歹徒帮助发力。
用腿攻击		一腿支撑，一腿提膝，同时膝关节由屈到伸，向正前方弹踢出腿。脚背绷直，力达脚背。弹踢时要干脆、快速、有力。女性自卫一般多用正弹腿攻击歹徒的裆部。 ① ②
用脚攻击		以脚跟猛跺其脚面。

第五节　散　打

一、散打基本姿势和基本步法

1. 散打基本姿势

动作说明	侧身，成前后开立步，两手握拳，拳眼斜朝上，两臂左前右后屈举于体前；左臂肘关节夹角在90°～110°，右臂肘关节夹角小于90°，垂肘紧护右肋；下额微收，闭嘴合齿；面部和左肩、左拳正对对方。
要点	**要点**：进退灵活，攻守严密，移动方便。姿势不可太低，重心控制在两脚之间，两手紧护躯体，暴露给对方打击的有效部位尽量缩小。

甲　　　乙

2. 散打基本步法

进步	动作说明	前脚（左脚）先向前进半步，后脚再跟进半步。
	要点	进步步幅不宜过大，后脚跟进后的身体姿势不变，进步与跟步的衔接越快越好。
	教法提示	配合信号练习，即根据不同的信号做出相应的步法，提高反应能力；二人配合练习，如一方进一步，一方则退步，提高步法移动的准确性、距离感；结合攻防动作练习，提高上下配合，整体协调。
退步	动作说明	后脚（右脚）先后退半步，前脚再退回半步。
	要点	退步步幅不宜过大，身体姿势保持不变。
	教法提示	同进步。
上步	动作说明	后脚向前上一步，同时左、右拳前后变换成反架实战姿势。
	要点	上步时身体重心要平稳，两手动作与上步要协调配合，同时进行。
	教法提示	同进步。

（进步图）左脚　右脚

（退步图）右脚　左脚

（上步图）右脚　左脚

续表

撤步	动作说明	前脚向后撤一步，同时左、右拳前后变换成反架实战姿势。	
	要点	撤步时身体重心要平稳，两手动作与撤步要协调配合，同时进行。	
	教法提示	同进步。	
闪步	动作说明	左（右）脚向左（右）侧移半步，右（左）脚随之向左（右）滑步，同时身体向右（左）移动约90°。	
	要点	步法轻灵，转体闪躲敏捷。	
	教法提示	同进步。	
换步	动作说明	左脚与右脚同时蹬地并前后交换位置，同时两拳也前后交换成反架实战势。	
	要点	转换时要以髋关节带动两腿，身体不能明显向上腾空。	
	教法提示	同进步。	

二、散打进攻技术

1. 基本拳法

左冲拳	动作说明	实战姿势。右脚微蹬地，重心微前移，同时左拳直线向前冲出，力达拳面。	
	要点	蹬地、拧腰、旋臂，出拳快，上体不前倾。回收迅速成实战势。	
	攻防含义	距离对于较近，易发动，可高、低姿势配合，左躲右闪击打对方腰以上任何部位。多用于以假乱真，虚招引诱对手。	

右冲拳	动作说明	实战姿势。右脚微蹬地内扣，转腰顺肩，右拳直线冲出，力达拳面；左拳回至右肩内侧。	
	要点	充分利用转腰蹬地加大冲拳力量，经腰、肩、肘达于拳面。动作完成后以腰带肘主动回收。	
	攻防含义	右冲拳动作幅度大，力量大，主要攻击对方的面部和胸、肋部位。在左先锋拳突破对方防守后使用效果最佳。	
贯拳	动作说明	实战姿势。乙右脚微蹬地内扣，合胯向左转腰，同时右拳经外向前向里横掼，力达拳面或偏于拳眼侧，左拳变掌收护于下颌。	
	要点	合胯转腰带动掼拳发力。	
	攻防含义	适用于距离较近，多用于连击或防守后反击，专击对方头侧或肋部。	乙　甲
抄拳	动作说明	实战姿势。乙右脚蹬地，扣膝合胯，微向左转腰的同时，右拳由下、向前、向上抄起，大小臂夹角在 90°～110°之间，拳心朝里，力达拳面，左手回收至右肩内侧。	
	要点	抄拳要借助蹬地、扣膝、合胯、转腰，发力由下至上。	
	攻防含义	适用于近距离攻击对方下颏或胸、腹部。	乙　甲

2. 基本腿法

左蹬腿	动作说明	实战姿势。右腿稍屈支撑，左腿提膝抬起勾脚向前蹬出，力达脚跟；或者送髋，脚掌下压，力达前脚掌。	
	要点	屈膝高抬，爆发用力，快速连贯。	
	攻防含义	可主动攻击对方的躯干部，也可加步法或防守后运用。如进步蹬腿，防拳蹬腿。	

续表

右蹬腿	动作说明	实战姿势。身体重心前移，左腿稍屈支撑，身体稍左转，右腿提膝抬起勾脚向前蹬出，力达脚跟；或者送髋，脚掌下压，力达前脚掌。	
	要点	同左蹬腿。	
	攻防含义	同左蹬腿。	
横摆踢腿	动作说明	实战姿势。乙左膝外展，上体左转、收腹，带动右腿、扣膝、收髋，向左上方横摆踢腿，踝关节屈紧，力达脚背至小腿下端。	乙　　甲
	要点	以转体带动摆腿，动作连贯快速。	
	攻防含义	主要攻击对方肋部、头部，运用得好能起到重击对手的作用。但因其弧形横摆路线长，易被对方察觉和防守，使用时注意突然性。	乙　　甲
蹁腿	动作说明	实战姿势。乙左腿直立或稍屈支撑，身体左转180°，同时右腿屈膝前抬，小腿外摆，脚尖勾起，脚掌用力向前蹁出，力达脚掌，上体可侧倾。	乙　　甲
	要点	蹁出时一定以大腿推动小腿直线向前发力。	
	攻防含义	配合步法运用，变化多，宜在不同距离上使用。人体下、中、上各部位均可攻击。	乙　　甲

勾踢腿	动作说明	实战姿势。乙左膝外展，身体左转180°，收腹合胯，带动右腿直腿勾脚向前、向左弧线擦地勾踢，脚背屈紧内扣，力达脚弓内侧。
	要点	勾踢快速，力点准确，保持身体平衡。
	攻防含义	当对方身体重心在前腿时，可击其脚后跟，破坏其支撑的稳定性。配合同侧手做切拨对手上盘效果更佳。

3. 常用摔法

抱腿前顶摔	动作说明	双方由实战姿势开始。当甲拳击乙头部时，乙下潜躲闪，上左步，两手抱甲双腿用力回拉，同时用左肩顶甲腹部，将其摔倒。
	要点	下潜敏捷抱腿紧，双手回拉与前顶肩同时进行。
	攻防含义	无论主动进攻或防守反击，运用此法一定掌握好时机、距离。
抱腰过胸摔	动作说明	甲击乙头部，乙闪身进步贴身，双臂抱住甲腰部；右腿上步屈膝后蹬地，同时向后弓腰、仰头将甲抱起，随之向后倒地，离地面约30厘米时突然向左转体，将甲摔于身下。
	要点	抱腰紧，抱起挺腹协调有力，翻转要迅速及时。
	攻防含义	主要用于对方左、右冲拳攻击我头部时，防守后反击。

抱腿别腿摔	动作说明	当甲站立或用左侧弹踢腿时，乙避势趋进抱起甲左腿，并上左腿绊别甲支撑腿，随即上体右转用胸上压甲腿，使其倒地。	
	要点	抱腿敏捷，别腿、转体压腿、衔接要快而有力。	
	攻防含义	可用于主动进攻或防守后反击。左右别腿均可使用。	
夹颈过背摔	动作说明	甲左直拳击乙头部。乙前臂格挡，左臂由甲右肩上穿过后屈臂夹甲颈部，同时右脚在向右转体时撤步至与左脚平行，两腿屈膝，以左侧髋部紧贴甲前身，继而两腿蹬伸，向下弓腰低头将甲背起后摔倒。	
	要点	夹颈牢，转身快，紧贴靠，低头弓腰、蹬腿协调连贯。	
	攻防含义	多用于对方冲拳、掼拳，掼拳击打我头部时防守后反击。	

　　以上进攻技术可单招练习使用，也可根据动作转换的合理性和可行性进行组合运用。如上下结合，手脚并用，左右连击，纵横交错，真假虚实，灵活变换，使对手顾此失彼防不胜防。

三、散打防守技术

1. 非接触性防守

后闪	动作说明	实战姿势。乙重心后移，上体略后仰闪躲，目视对方。	
	要点	后闪幅度不宜大，闭嘴合齿下额收。	
	攻防含义	防守对方拳法攻击上盘部位，常配合前蹬腿做防守反击练习。	

续表

下闪	动作说明	实战姿势。乙屈膝、沉胯、下蹲、缩颈、弧形向下躲闪，两手紧护胸部目视对方。	
	要点	下闪时膝、髋、颈部要协调一致。	
	攻防含义	主要防守对方横向攻击头部的左右摆拳、高横踢腿等。	
侧闪	动作说明	实战姿势。乙两腿微屈、俯身，上体向左侧或右侧闪躲。	
	要点	上体含缩，侧身转头，目视对方。	
	攻防含义	主要闪躲对方左右冲拳正面攻击我上盘都位。	

2. 接触性防守

拍挡	动作说明	实战姿势。乙左手以拳心或掌心为力点向里横向拍挡对方进攻。	
	要点	左小臂要垂直，拍挡幅度小，用力短促。	
	攻防含义	主要防守对方直线型拳法对我中、上盘的攻击。	
拍压	动作说明	实战姿势。乙左拳变掌，以掌心或掌跟为力点由上向前下拍压。	
	要点	拍压时臂内旋，手腕和掌指要紧张用力。	
	攻防含义	防守对方正面攻击我中盘的动作，如下冲拳、勾拳、蹬踹腿等。	
挂挡	动作说明	实战姿势。乙左臂屈肘，由前向后上左侧头部或肩部挂挡。	
	要点	大小臂叠紧，挂挡幅度小，用力短促，要注意合胸，暴露面小。	
	攻防含义	主要防守对方横向型手法或腿法击上盘如左右摆拳、横踢腿等。	

续表

提膝	动作说明	实战姿势。乙身体稍右转，右腿微屈独立支撑，左腿屈膝提起（里合、外摆或垂直向外），目视前方。	
	要点	沉肩、含胸、收腹，提膝迅速并贴近腹部。	
	攻防含义	防守对方正面或横向腿法攻下盘部位，如弹腿、蹁腿、低横踢腿等。	

乙　　　甲

第七章
组织比赛

运动竞赛不管规模大小，大到奥运会小到学生社团组织的各类比赛，要使其成功举行必须有周密严谨的策划和组织，才能取得预期的效果。本章结合案例，讲解组织竞赛活动的基本知识和技巧，介绍组织竞赛的工作流程和文案撰写，了解和掌握组织与策划在竞赛活动中的重要性对竞赛的成功举办起着指导性的作用。

第一节　比赛前期工作

一、制订详细的计划

竞赛计划可分为年度和学期两种，为了保证竞赛的正常进行和充分发挥竞赛的作用，加强竞赛的计划性是十分重要的。对全年的竞赛活动要全面的规划和安排，具体内容包括：项目、种类、时间、地点、参加单位、参加人数、主办单位、承办单位、协办单位等。

案例 1				××学院××××年度体育竞赛计划表			
序号	竞赛名称	日期	地点	比赛单位	主办单位	承办单位	备注
1	迎新篮球赛	9月中	学校篮球场	全校	体育运动委员会	体育教学部	
2	活力健美操赛	10月	学校田径场	全校	体育运动委员会	体育运动委员会	
3	冬季运动会	11月初	学校田径场	全校	体育运动委员会	体育教学部	
4	篮球赛	3月	学校篮球场	全校	体育运动委员会	体育教学部	
5	五人制足球赛	4月	学校足球场	全校	学校团委学生会	体育教学部	
6	排球赛	5月	学校排球场	全校	学校团委学生会	体育教学部	
7	大学生足球联赛	3月初	其他	各高校	教育厅	各学院	
8	大学生 CUB 篮球赛	6月中	其他国	各高校	教育厅	各学院	

二、制订计划的注意事项

（1）以"健康第一"为指导思想，以增强学生体质为目的，从实际情况出发，全方面、多角度思考，将教学、工作、学习和开展群众性体育活动相结合。安排一些学生喜欢的、生动活泼的、满足不同对象的竞赛活动。

（2）一定要根据学校教育计划，季节特点，使比赛比较均匀地安排在两个学期。在春秋两季主要进行全校性的重要项目的比赛。其他小型多样的比赛可安排在课余进行。

（3）各项竞赛活动的排列顺序，以日期先后排序，以便及时检查（参见案例1）。

三、请示审批与经费预算

任何比赛项目不论规模大小，组织形式何种、级别高低都是有计划，经费预算是执行经费开支的重要依据。本着勤俭节约的精神，对自己的每一项经费开支进行认真预算。并经过上级部门同意审批的。请示必须说明举办该项赛事的目的和意义，并附经费预算清单。

案例 2

关于我校承办 20××～20××李宁杯大学生足球联赛
××省预选赛的请示

尊敬的学院领导：

　　为丰富校园体育活动，增强学生体质，增进友谊，推进学校体育工作，贯彻和落实《学校体育条例》，促进学生积极参加体育锻炼。教育厅将于 20××年×月×日～×日举办 20××～20××李宁杯大学生足球联赛××省预选赛。经教育厅领导的考察我校各项设施达到承办的条件。同意由我校承办该项赛事，现向学院请示能否承办，请给予批示。（经费预算附后）

此致

　　敬礼

×××单位

二○××年×月×日

案例 3

××足球队参加 20××～20××李宁杯大学生足球联赛
××省预选赛经费预算

经费预算具体如下：

一、教练

　　（1）训练期间：2人×15天×x元/人＝y元

　　（2）比赛期间：2人×6天×x元/人＝y元

二、集训队员

    （1）训练期间：24人×15天×x元/人＝y元

    （2）比赛期间：22人×6天×x元/人＝y元

三、运动员比赛服

    （1）22人×x元/套＝y元

    （2）足球守门员比赛服：1人×x元/套＝y元（包括：手套和外套）

四、饮用水：20箱×x元/箱＝y元

五、比赛中工作人员费用：4人×5天×x元/人＝y元

六、布标和宣传费用：y元

七、报名费：y元

八、保证金：y元

九、其他：y元

合计：y元

×××单位

二○××年×月×日

四、比赛通知及规程

比赛通知及规程的发放是一个比赛的开始，参赛队和运动员的多少，比赛能否组织起来，要看规程的制定是否合理。它是竞赛的指导性文件，也是竞赛组织者和参加者进行工作和比赛的法律性文件。具体内容如下：

（1）比赛名称：根据竞赛的任务、性质和内容确定比赛名称，但一定要用全称；

（2）目的任务：根据比赛的活动要求，简要说明举办比赛的目的和任务；

（3）主办单位和承办单位：注明比赛主办单位和办单位；

（4）时间和地点：比赛开始时间和比赛结束时间，举办的具体时间：年、月、日；

（5）比赛项目和组别：项目设置和要求；

（6）参加办法：参加单位、运动员人数和运动员的资格要求；报名开始和截止时间及报名须知；抽签时间、地点；

（7）竞赛办法：确定采用的规则。比赛赛制以及各阶段的比分计算方法；比赛中违反规定的处罚办法；

（8）录取名次和奖励办法：根据报名实数确定录取名次；奖励前三名。

（9）裁判员：裁判员由教育厅选派。

（10）报到和比赛时间：×年×月×日～×月×日；

（11）其他相关事宜：未尽事宜，另行通知；规程解释权的归属单位。

案例 4

××省教育厅关于举办20××~20××年度

李宁杯中国大学生足球联赛暨五人制中国大学生足球联赛××分区赛的通知

各高等学校：

为了进一步推动我省大学生足球运动，丰富校园文化生活，加强校际间体育交流，经研究，定于20××年×月在×××大学、×××大学举行20××~20××年度李宁杯中国大学生足球联赛暨五人制中国大学生足球联赛××分区赛。现将规程印发给你们，请各高校积极组队参加。

附件：

1.《20××~20××年李宁杯中国大学生足球联赛××选拔赛规程》

2.《20××~20××年中国大学五人制足球联赛××选拔赛规程》（略）

××省教育厅

二○××年×月××日

案例 5

20××~20××年度李宁杯中国大学生足球联赛××选拔赛规程

一、比赛名称：20××~20××年度李宁杯中国大学生足球联赛××选拔赛

二、主办单位：××省教育厅

三、承办单位：×××学院

四、赞助单位：北京李宁体育用品有限公司

五、比赛时间和地点：20××年×月×~××日，×××学院

六、参赛单位：××省各高等院校。

七、参赛运动员资格（略）

八、参加办法（略）

九、报名与运动员注册

（一）报名

凡参加比赛的学校必须打印统一下发的报名表经学校领导审核盖章（报名表上加盖医务部门章）后，于20××年×月×日前（以邮戳为准）用特快专递邮件寄报×××学院（地址：××市××区×××1号×××学院体育部，邮编：××××××，联系人：×××，电话：1351××××06×，电子信箱：ynn@123456.com），逾期不予受理。

（二）运动员注册

报名时须提交以下证明：身份证原件、学生证原件、招生录取表复印件。

十、竞赛办法

（一）比赛分两个阶段进行

第一阶段采用分组单循环赛制（如报名不足六支球队，则采用单循环赛制）。

第二阶段采用交叉淘汰赛。

（二）决定名次办法（略）

十一、裁判员和仲裁人员的选调

裁判长、裁判员和仲裁委员由××省教育厅体卫艺处选调。

十二、报到

（一）各代表队于×月×日到××××学院报到。联系人：×××，电话：1351×××06×。

（二）联席会议于×月×日晚8：00时在×××学院慧宇楼102室召开，请各参赛队领队、教练务必按时参加。

十三、录取及奖励办法（略）

十四、资格审查（略）

十五、经费（略）

十六、其他

参加比赛的各队在参赛前必须为本队所有人员办理往返赛区途中及比赛期间的"人身意外伤害保险"。否则，不允许参加比赛。

十七、本规程由××省教育厅体卫艺处负责解释。未尽事宜，另行通知。

××省教育厅

二○××年×月×日

五、秩序册

秩序册是组织一次比赛的完整性的文件。是竞赛组织者组织管理比赛的依据，也是裁判员、教练员、运动员参加比赛的依据。它既是比赛的时间与项目安排表，又是比赛的成绩表，主要由以下三部分组成。

（一）封面

封面上注明了比赛名称、时间、地点、主办单位、承办单位、协办单位、赞助单位。

（二）目录

按顺序排列秩序册的所有内容。

（三）内容

（1）竞赛规程和补充规定（略）。

（2）大会组织委员会组织机构和成员名单、仲裁委员会成员名单和主裁判长、裁判员名单。

① 运动会组委会：主任、副主任、委员。

② 运动会执委会：总指挥、副总指挥。

③ 仲裁委员会：主任、委员。

④ 竞赛组：组长、副组长、组员。

⑤ 总记录组：组长、组员。

⑥ 奖品组：组长、组员。

⑦ 宣传报道组：组长、组员、广播站学生。

⑧ 安全保卫组：组长、组员。

⑨ 场地器材组：组长、组员。

⑩ 医务组：组长、校医、组员。

⑪ 生活组：组长、组员。

⑫ 精神文明奖评选组：组长、副组长、组员。

⑬ 裁判组：总裁判长、副总裁长等。

（3）各代表队名单。按规定顺序排列，包括：队名、领队、教练、医生和运动员名单。

（4）竞赛分组。

（5）竞赛日程。

（6）竞赛参赛人数统计。

（7）历届最好成绩记录。

（8）比赛场地平面图。

第二节　比赛中工作

一、召开组委会及裁判长、领队、教练员联席会议

（1）介绍参加会议的领导，各代表队领队和教练。

（2）由组委会成员介绍比赛活动的组织工作情况。

（3）请领导讲话。

（4）请本届裁判长介绍规程以及统一裁判规则，执法尺度及要求。

（5）听取意见和解决有关问题（运动员更换、号码、姓名、比赛服装颜色）。

（6）抽签并安排比赛日程表。

（7）确定开闭幕式的方法及程序。

二、开闭幕式的程序

1. 开幕式秩序

（1）主持人；

（2）入场式；

（3）宣布开会；

（4）升国旗仪式；

（5）领导讲话；

（6）运动员代表讲话；

（7）裁判员代表讲话；

（8）运动员退场；

（9）竞赛开始。

2. 闭幕式秩序

（1）主持人；

（2）代表队就位（集合）；

（3）领导主席台就座；

（4）主持人宣布闭幕式开始；

（5）裁判长宣布比赛成绩；

（6）颁奖；

（7）学校领导致闭幕式词；

（8）学校领导宣布运动会闭幕；

（9）全体运动员退场。

三、临场管理

临场管理是组织好体育比赛的重要环节，它直接影响比赛的是顺利进行。裁判员需要公正执法；运动员需要规范职业道德；工作人员需要做到热情服务；竞赛组织者要保证各个环节信息的畅通，各个部门要协调一致。一旦发现问题，立刻进行解决，切实保证比赛的顺利进行。

四、完成成绩统计和处理工作

任何项目的竞赛都要对比赛的全过程及每个阶段的成绩做出准确的统计和记录，以此作为录取名次、决定比赛结果的依据。同时也便于成绩公告、分析研究、宣传报道和汇编成成绩册。

第三节　比赛后工作

一、赛后管理

赛后的管理工作包括以下七个方面。

（1）比赛结束后，排定名次做好颁奖工作；并由裁判长在闭幕式上宣布成绩（包括精神文明奖和其他奖项同时颁奖）；

（2）编制和印发总的比赛成绩表，某些单项技术评比名次和其他一些获奖名单；

（3）对比赛技术资料的处理归档；

（4）对比赛器材设备的整理；

（5）办理参赛队伍的离会手续；

（6）对竞赛的收支进行财会决算；

（7）进行工作总结。

二、非比赛活动的管理

1. 对开幕式、闭幕式的管理

主题要明确，安排要紧凑，场面要热烈，以扩大该项目的影响，提高该项目运动的社会地位，加强运动员的责任感。

2. 对赛事服务工作的管理

组织好每次比赛后的新闻发布会，尽快地处理和传递当日比赛的各种信息。安排每场比赛中的赛间表演。抓紧对比赛场地器材设备的检查、保养和维修。经常对食堂进行食品卫生检查，预防肠道传染疾病的发生。对住地进行相应的封闭治保，避免闲杂人员的干扰，保证参赛人员的休息和安全。为参赛人员提供某些特殊的服务项目。

3. 对赛场观众的管理

做好文明观赛的宣传工作，引导观众讲礼貌、守纪律，为比赛双方鼓劲加油。组织好观众出入口疏导，对观众中可能出现的过激行为要有应急措施。

三、竞赛方法

竞赛中通常采用的有淘汰法和循环法两种。

（一）淘汰法

淘汰法就是球队在比赛中失败一次或两次以后，即失去继续比赛的资格，连续获胜的球队继续参加比赛，直到最后确定优胜队为止。失败一次即失去比赛资格的方法为单淘汰，失败两次即失去比赛资格的方法为双淘汰，和同一对手以三战两胜、五战三胜或七战四胜的形式进行淘汰的为多次淘汰。

单淘汰法的编排方法：先根据报名参赛的队数，对照 2 的 n 次方 $\geqslant N$ 的关系式，确定比赛的场数、轮数和号码位置数（N 为参赛队数）比赛场数 $= N - 1$，比赛轮数 $= n$，号码位置数 $= 2$ 的 n 次方。然后，由各队进行抽签，确定在比赛表中的位置，再按顺序将号码两两相连，列出单淘汰轮次表。如果参赛队数恰巧是 2 的乘方数（4、8、16、32、64 等），那么在第一轮中所有的队都要参加比赛。例如 8 个队参加比赛，比赛轮次表如图 7-1 所示。

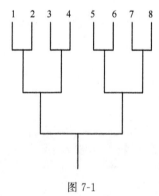

图 7-1

（二）循环法

循环法是使参加比赛的队，在整个竞赛中或在同一组中的竞赛中，都能够相遇比赛，最后根据各队在比赛中的胜负场数，按一定的计分办法排列名次的一种方法。所有参赛队都能相遇比赛一场的为单循环，所有参赛队都能相遇比赛两场的为双循环，所有参赛队都能相遇比赛两场以上的为多循环，在参赛队较多而竞赛时间有限的情况下，往往把参赛队分成若干小组，分别进行单循环，这就是从单循环衍生出来的分组循环。

1. 循环法的编排

单循环比赛的总场数为 $N(N-1)/2$（N 为参赛队数）。单循环比赛的总轮数：若参赛队为奇数，则比赛轮数为比赛队数；若参赛队为偶数。则比赛轮数为参赛队数—1。双循环比赛的总场数和总轮数比单循环增加一倍。

2. 排轮次的方法

无论参加比赛的队数是单数还是双数，都按双数编排，若参赛队是单数，则在队数后面加一"0"号，使总数成双。将成双的号数一分为二，前一排号数写于左边，后一排号数写于右边，只不过将"0"写于右下角，右边其他号码分别上移一个位置。两两相对应，就是第一轮比赛的编排。然后，以"0"号位置固定不动，其他号码每一轮逆时针方向轮转一个位置，两两相连，组成整个比赛的轮次表。表 7-1 是 7 个队循环比赛的轮次表。将整个比赛的轮次再重复一次，便是双循环的轮次表。

表 7-1

第一轮	第二轮	第三轮	第四轮	第五轮	第六轮	第七轮
1—7	7—6	6—5	5—4	4—3	3—2	2—1
2—6	1—5	7—4	6—3	5—2	4—1	3—7
3—5	2—4	1—3	7—2	6—1	5—7	4—6
4—0	3—0	2—0	1—0	7—0	6—0	5—0

循环法的号码位置排定：比赛轮次排定后，各队进行抽签，抽签后按照号码代入轮次表中，再把各轮次的比赛编成比赛的日程表。

参 考 文 献

陈蔚松，仲煊维．1997．中国养生知识精华．武汉：湖北人民出版社

陈新新．2005．睡眠与健康（下）．心血管病防治知识，（6）：23-24

陈志勇．2004．现代大学体育教程．北京：北京体育大学出版社

崔熙芳，王怀玉．1997．最新现代交际舞教程．北京：农村读物出版社

付晓华，李鸿培．2003．睡眠与健康．中国医刊．第38卷（8）：25-26

耿国彪．2001．运动——最生动的诱惑．北京：昆仑出版社

谷丽霞．2004．我国古代养生观的发展及其对现代健身理论的意义．山东大学学报．（5）：11-13

侯仲约，程大力．1998．最新女子防身术．北京：人民体育出版社

胡汉平．2007．饮食与健康生活百科．新农村．（7）：21-24

黄汉升．2001．排球．北京：高等教育出版社

黄希庭，郑涌．2000．大学生心理健康与咨询．北京：高等教育出版社

黄正演．1999．读书学习与健康长寿．科技园地．（4）：32-32

姜桂萍，宋璐毅．2000．舞蹈体育舞蹈艺术体操．桂林：广西师范大学出版社

金钦昌．1987．学校体育理论．河北：高等教育出版社

李国忠，杨霞．2007．大学体育实用教程．昆明：云南大学出版社

李震中．篮球．北京：北京人民体育出版社

凌月红．2005．体育健康教育与运动处方．北京：北京体育大学出版社

马定国．2006．高校公共体育管理．北京：北京体育大学出版社

马鸿韬．2006．年现代健美操训练方法．北京：北京体育大学出版社

马鸿韬．2007．健美操运动教程．北京：北京体育大学出版社

裘静芳．2005．传统医学、养生学对学校体育健康观的促进．宁波大学学报（理工版）．18（2）：
　　31-35

全国体育学院教材委员．1991．武术．北京：人民体育出版社

全国体育院校教材编委会田径教材小组．2006．《田径运动教程》．北京：人民体育出版社

饶远，薛斌，王昆来．2003．商务体育．昆明：云南大学出版社

孙民治．1996．篮球纵横．北京：人民体育出版社

孙麒麟．2003．实践教程．大连：大连理工大学出版社

陶然．1991．养生益寿百科辞典．北京：中国国际广播出版社

王崇喜．2001．球类运动-足球．北京：高等教育出版社

王建勋．2013．专家教你打篮球．南昌：江西科学技术出版社

王敬浩．2008．中国传统运动养生方法的历史演变．体育文化导刊．（3）：8-9

吴建军．2001．睡眠与健康．现代养生．（5）：13-14

吴中量，李安格．2000．排球．北京：高等教育出版社

武术教材编写组．1996．武术．北京：高等教育出版社

席占田．2003．体育与健康基础．河南：郑州大学出版社

肖德厚．2004．中国传统养生学初探．鄂州大学学报．11（3）：7-8

阎德亮．1996．养生经．武汉：湖北人民出版社

杨国庆．3003．大学体育．北京：中国社会科学出版社

袁顺兴．2008．运动养生十八法．养生大世界：A版．（4）：11-15

展更豪．2008．排球．南京：江苏科学技术出版社

张高顺．1988．武术．北京：高等教育出版社

张凯．2003．大学体育．成都：四川大学出版社

张清溯．1997．体育舞蹈．北京：北京体育大学出版社

张瑞林．2005．体育舞蹈．北京：高等教育出版社

张孝平．2005．体育竞赛组织编排．北京：北京体育大学出版社

张旭东．2006．足球．重庆：西南师范大学出版社

张延安．2006．现代足球训练方法．北京：北京体育大学出版社

中国武术散手编写组．1990．中国散手．北京：人民体育出版社

周之华，蔡仲林．2001．武术．北京：高等教育出版社

附　　录

附录1　国家学生体质健康标准（2014年修订）

一、说明

1. 《国家学生体质健康标准》（以下简称《标准》）是国家学校教育工作的基础性指导文件和教育质量基本标准，是评价学生综合素质、评估学校工作和衡量各地教育发展的重要依据，是《国家体育锻炼标准》在学校的具体实施，适用于全日制普通小学、初中、普通高中、中等职业学校、普通高等学校的学生。

2. 本标准的修订坚持健康第一，落实《国家中长期教育改革和发展规划纲要（2010－2020年）》、《国务院办公厅转发教育部等部门关于进一步加强学校体育工作若干意见的通知》（国办发〔2012〕53号）和《教育部关于印发〈学生体质健康监测评价办法〉等三个文件的通知》（教体艺〔2014〕3号）有关要求，着重提高《标准》应用的信度、效度和区分度，着重强化其教育激励、反馈调整和引导锻炼的功能，着重提高其教育监测和绩效评价的支撑能力。

3. 本标准从身体形态、身体机能和身体素质等方面综合评定学生的体质健康水平，是促进学生体质健康发展、激励学生积极进行身体锻炼的教育手段，是国家学生发展核心素养体系和学业质量标准的重要组成部分，是学生体质健康的个体评价标准。

4. 本标准将适用对象划分为以下组别：小学、初中、高中按每个年级为一组，其中小学为6组、初中为3组、高中为3组。大学一、二年级为一组，三、四年级为一组。

5. 小学、初中、高中、大学各组别的测试指标均为必测指标。其中，身体形态类中的身高、体重，身体机能类中的肺活量，以及身体素质类中的50米跑、坐位体前屈为各年级学生共性指标。

6. 本标准的学年总分由标准分与附加分之和构成，满分为120分。标准分由各单项指标得分与权重乘积之和组成，满分为100分。附加分根据实测成绩确定，即对成绩超过100分的加分指标进行加分，满分为20分；小学的加分指标为1分钟跳绳，加分幅度为20分；初中、高中和大学的加分指标为男生引体向上和1000米跑，女生1分钟仰卧起坐和800米跑，各指标加分幅度均为10分。

7. 根据学生学年总分评定等级：90.0分及以上为优秀，80.0～89.9分为良好，60.0～79.9分为及格，59.9分及以下为不及格。

8. 每个学生每学年评定一次，记入《〈国家学生体质健康标准〉登记卡》（附表1～6）。特殊学制的学校，在填写登记卡时可以按规定和需求相应地增减栏目。学生毕业时的成绩和等级，按毕业当年学年总分的50%与其他学年总分平均得分的50%之和进行评定。

9. 学生测试成绩评定达到良好及以上者，方可参加评优与评奖；成绩达到优秀者，方可获体育奖学分。测试成绩评定不及格者，在本学年度准予补测一次，补测仍不及格，则学年成绩评定为不及格。普通高中、中等职业学校和普通高等学校学生毕业时，《标准》测试的成绩达不到 50 分者按结业或肄业处理。

10. 学生因病或残疾可向学校提交暂缓或免予执行《标准》的申请，经医疗单位证明，体育教学部门核准，可暂缓或免予执行《标准》，并填写《免予执行〈国家学生体质健康标准〉申请表》（附表 3），存入学生档案。确实丧失运动能力、被免予执行《标准》的残疾学生，仍可参加评优与评奖，毕业时《标准》成绩需注明免测。

11. 各学校每学年开展覆盖本校各年级学生的《标准》测试工作，《标准》测试数据经当地教育行政部门按要求审核后，通过"中国学生体质健康网"上传至"国家学生体质健康标准数据管理系统"。测试和数据上传时间由教育行政部门确定。

12. 本标准由教育部负责解释。

二、单项指标与权重

测试对象	单项指标	权重（%）
大学各年级	50 米跑	20
	坐位体前屈	10
	立定跳远	10
	引体向上（男）/1 分钟仰卧起坐（女）	10
	1000 米跑（男）/800 米跑（女）	20

注：体重指数（BMI）＝体重（千克）/身高²（米²）。

三、评分表

（一）单项指标评分表

附表 1-1　男、女生体重指数（BMI）单项评分表　　（单位：千克/米²）

等级	单项得分	男生	女生
正常	100	17.9～23.9	17.2～23.9
低体重	80	≤17.8	≤17.1
超重		24.0～27.9	24.0～27.9
肥胖	60	≥28.0	≥28.0

附表 1-2　男、女生肺活量单项评分表　　　　（单位：毫升）

等级	单项得分	大一大二（男生）	大三大四（男生）	大一大二（女生）	大三大四（女生）
优秀	100	5040	5140	3400	3450
	95	4920	5020	3350	3400
	90	4800	4900	3300	3350
良好	85	4550	4650	3150	3200
	80	4300	4400	3000	3050

等级	单项得分	大一大二（男生）	大三大四（男生）	大一大二（女生）	大三大四（女生）
及格	78	4180	4280	2900	2950
	76	4060	4160	2800	2850
	74	3940	4040	2700	2750
	72	3820	3920	2600	2650
	70	3700	3800	2500	2550
	68	3580	3680	2400	2450
	66	3460	3560	2300	2350
	64	3340	3440	2200	2250
	62	3220	3320	2100	2150
	60	3100	3200	2000	2050
不及格	50	2940	3030	1960	2010
	40	2780	2860	1920	1970
	30	2620	2690	1880	1930
	20	2460	2520	1840	1890
	10	2300	2350	1800	1850

附表 1-3　男、女生 50 米跑单项评分表　　　　（单位：秒）

等级	单项得分	大一大二（男生）	大三大四（男生）	大一大二（女生）	大三大四（女生）
优秀	100	6.7	6.6	7.5	7.4
	95	6.8	6.7	7.6	7.5
	90	6.9	6.8	7.7	7.6
良好	85	7.0	6.9	8.0	7.9
	80	7.1	7.0	8.3	8.2
及格	78	7.3	7.2	8.5	8.4
	76	7.5	7.4	8.7	8.6
	74	7.7	7.6	8.9	8.8
	72	7.9	7.8	9.1	9.0
	70	8.1	8.0	9.3	9.2
	68	8.3	8.2	9.5	9.4
	66	8.5	8.4	9.7	9.6
	64	8.7	8.6	9.9	9.8
	62	8.9	8.8	10.1	10.0
	60	9.1	9.0	10.3	10.2

等级	单项得分	大一大二（男生）	大三大四（男生）	大一大二（女生）	大三大四（女生）
不及格	50	9.3	9.2	10.5	10.4
	40	9.5	9.4	10.7	10.6
	30	9.7	9.6	10.9	10.8
	20	9.9	9.8	11.1	11.0
	10	10.1	10.0	11.3	11.2

附表 1-4　男、女生坐位体前屈单项评分表　　　　（单位：厘米）

等级	单项得分	大一大二（男生）	大三大四（男生）	大一大二（女生）	大三大四（女生）
优秀	100	24.9	25.1	25.8	26.3
	95	23.1	23.3	24.0	24.4
	90	21.3	21.5	22.2	22.4
良好	85	19.5	19.9	20.6	21.0
	80	17.7	18.2	19.0	19.5
及格	78	16.3	16.8	17.7	18.2
	76	14.9	15.4	16.4	16.9
	74	13.5	14.0	15.1	15.6
	72	12.1	12.6	13.8	14.3
	70	10.7	11.2	12.5	13.0
	68	9.3	9.8	11.2	11.7
	66	7.9	8.4	9.9	10.4
	64	6.5	7.0	8.6	9.1
	62	5.1	5.6	7.3	7.8
	60	3.7	4.2	6.0	6.5
不及格	50	2.7	3.2	5.2	5.7
	40	1.7	2.2	4.4	4.9
	30	0.7	1.2	3.6	4.1
	20	−0.3	0.2	2.8	3.3
	10	−1.3	−0.8	2.0	2.5

附表 1-5　男、女生立定跳远单项评分表　　　　（单位：厘米）

等级	单项得分	大一大二（男生）	大三大四（男生）	大一大二（女生）	大三大四（女生）
优秀	100	273	275	207	208
	95	268	270	201	202
	90	263	265	195	196

等级	单项得分	大一大二（男生）	大三大四（男生）	大一大二（女生）	大三大四（女生）
良好	85	256	258	188	189
	80	248	250	181	182
及格	78	244	246	178	179
	76	240	242	175	176
	74	236	238	172	173
	72	232	234	169	170
	70	228	230	166	167
	68	224	226	163	164
	66	220	222	160	161
	64	216	218	157	158
	62	212	214	154	155
	60	208	210	151	152
不及格	50	203	205	146	147
	40	198	200	141	142
	30	193	195	136	137
	20	188	190	131	132
	10	183	185	126	127

附表 1-6　男生一分钟引体向上单项评分表　　　　　（单位：次）

等级	单项得分	大一大二	大三大四
优秀	100	19	20
	95	18	19
	90	17	18
良好	85	16	17
	80	15	16
及格	78		
	76	14	15
	74		
	72	13	14
	70		
	68	12	13
	66		
	64	11	12
	62		
	60	10	11

等级	单项得分	大一大二	大三大四
不及格	50	9	10
	40	8	9
	30	7	8
	20	6	7
	10	5	6

附表 1-7 女生一分钟仰卧起坐单项评分表   （单位：次）

等级	单项得分	大一大二	大三大四
优秀	100	56	57
	95	54	55
	90	52	53
良好	85	49	50
	80	46	47
及格	78	44	45
	76	42	43
	74	40	41
	72	38	39
	70	36	37
	68	34	35
	66	32	33
	64	30	31
	62	28	29
	60	26	27
不及格	50	24	25
	40	22	23
	30	20	21
	20	18	19
	10	16	17

附表 1-8 男生 1000 米跑跑单项评分表   （单位：分·秒）

等级	单项得分	大一大二	大三大四
优秀	100	3′17″	3′15″
	95	3′22″	3′20″
	90	3′27″	3′25″

等级	单项得分	大一大二	大三大四
良好	85	3′34″	3′32″
	80	3′42″	3′40″
及格	78	3′47″	3′45″
	76	3′52″	3′50″
	74	3′57″	3′55″
	72	4′02″	4′00″
	70	4′07″	4′05″
	68	4′12″	4′10″
	66	4′17″	4′15″
	64	4′22″	4′20″
	62	4′27″	4′25″
	60	4′32″	4′30″
不及格	50	4′52″	4′50″
	40	5′12″	5′10″
	30	5′32″	5′30″
	20	5′52″	5′50″
	10	6′12″	6′10″

附表 1-9　女生 800 米跑单项评分表　　　　（单位：分·秒）

等级	单项得分	大一大二	大三大四
优秀	100	3′18″	3′16″
	95	3′24″	3′22″
	90	3′30″	3′28″
良好	85	3′37″	3′35″
	80	3′44″	3′42″
及格	78	3′49″	3′47″
	76	3′54″	3′52″
	74	3′59″	3′57″
	72	4′04″	4′02″
	70	4′09″	4′07″
	68	4′14″	4′12″
	66	4′19″	4′17″
	64	4′24″	4′22″
	62	4′29″	4′27″
	60	4′34″	4′32″

等级	单项得分	大一大二	大三大四
不及格	50	4′44″	4′42″
	40	4′54″	4′52″
	30	5′04″	5′02″
	20	5′14″	5′12″
	10	5′24″	5′22″

（二）加分指标评分表

附表 1-10　男生一分钟引体向上评分表　　　　　（单位：次）

加分	大一大二	大三大四
10	10	10
9	9	9
8	8	8
7	7	7
6	6	6
5	5	5
4	4	4
3	3	3
2	2	2
1	1	1

附表 1-11　女生一分钟仰卧起坐评分表　　　　　（单位：次）

加分	大一大二	大三大四
10	13	13
9	12	12
8	11	11
7	10	10
6	9	9
5	8	8
4	7	7
3	6	6
2	4	4
1	2	2

　　注：引体向上、一分钟仰卧起坐均为高优指标，学生成绩超过单项评分100分后，以超过的次数所对应的分数进行加分。

附表 1-12　男生 1000 米跑评分表　　　　（单位：分·秒）

加分	大一大二	大三大四
10	−35″	−35″
9	−32″	−32″
8	−29″	−29″
7	−26″	−26″
6	−23″	−23″
5	−20″	−20″
4	−16″	−16″
3	−12″	−12″
2	−8″	−8″
1	−4″	−4″

附表 1-13　女生 800 米跑评分表　　　　（单位：分·秒）

加分	大一大二	大三大四
10	−50″	−50″
9	−45″	−45″
8	−40″	−40″
7	−35″	−35″
6	−30″	−30″
5	−25″	−25″
4	−20″	−20″
3	−15″	−15″
2	−10″	−10″
1	−5″	−5″

注：1000 米跑、800 米跑均为低优指标，学生成绩低于单项评分 100 分后，以减少的秒数所对应的分数进行加分。

附录 2 《国家学生体质健康标准》登记卡（大学样表）

姓名		性别		学号		毕业成绩	
院（系）		民族		出生日期			

单项指标	大一 成绩	大一 得分	大一 等级	大二 成绩	大二 得分	大二 等级	大三 成绩	大三 得分	大三 等级	大四 成绩	大四 得分	大四 等级	毕业成绩 得分	毕业成绩 等级
体重指数（BMI）（千克/米²）														
肺活量（毫升）														
50 米跑（秒）														
坐位体前屈（厘米）														
立定跳远（厘米）														
引体向上（男）/1 分钟仰卧起坐（女）（次）														
1000 米跑（男）/800 米跑（女）（分·秒）														
标准分														

加分指标	成绩	附加分	成绩	附加分	成绩	附加分	成绩	附加分
引体向上（男）/1 分钟仰卧起坐（女）（次）								
1000 米跑（男）/800 米跑（女）（分·秒）								
学年总分								
等级评定								
体育教师签字								
辅导员签字								

注：高等职业学校、高等专科学校参照本样表执行。

学校签章：　　　　　　　年　　月　　日

附录3 免予执行《国家学生体质健康标准》申请表（样表）

姓名		性别		学号	
班级/院（系）		民族		出生日期	
原因				申请人： 年　月　日	
体育教师签字		家长签字			
学校体育部门意见				学校签章： 年　月　日	

注：中等职业学校及普通高等学校的学生，"家长签字"由学生本人签字。